FRIEDRICH SCHLÖGL

EINE ÖSTERREICHISCHE BIBLIOTHEK

Gesamtleitung
Wendelin Schmidt-Dengler

© 1997 Residenz Verlag, Salzburg und Wien
Alle Rechte, insbesondere das des auszugsweisen Abdrucks
und das der photomechanischen Wiedergabe, vorbehalten
Abbildung S. 5: Photographie von J. Gerstinger,
Historisches Museum der Stadt Wien
Satz: Schaber Satz- und Datentechnik, Wels
Printed in Austria by Wiener Verlag, Himberg
ISBN 3-7017-1062-7

Friedrich Schlögl

Wiener Blut und Wiener Luft

Skizzen aus dem alten Wien

Herausgegeben von
Karlheinz Rossbacher und Ulrike Tanzer
Nachwort von Karlheinz Rossbacher

Residenz Verlag

»Allerweil fidel«

> »Bei seiner Anhaltung gestand er, die defraudierte Summe in liederlicher Gesellschaft durchgebracht zu haben, weshalb er in Folge dieses Geständnisses sofort in Haft genommen wurde.«
>
> *Localcorrespondenz X.*

Vielleicht lebt – außer den bekannten oberen Zehntausend – die Mehrheit der Bevölkerung doch noch zu gut?

Ich weiß, daß diese fiskalisch klingende Bemerkung, als dem entmenschten Busen eines passionierten Steuererfinders und -erhöhers entsprungen, von weichherzigen Humanisten klassifiziert zu werden verdiente, aber sie muß trotzdem ausgesprochen werden, denn sie drängt sich selbst dem oberflächlichsten Beobachter, wenn er seine Augen nicht absichtlich schließt, unwillkürlich auf. Gewisse Leute leben wirklich zu gut und nach ihren Verhältnissen in mancher Beziehung sogar verschwenderisch.

Ja, man verschwendet, man verjuxt und verjuckt, verschleudert und vergeudet nicht nur die sauer erworbenen blechernen Zehnerl, sondern auch die papierenen Einserl und Fünfer, und zuweilen noch breitere Noten. Was liegt dran? Eine lustige Stunde, ein lustiger Tag verschlingt den Verdienst einer Woche. Nun, unser Herrgott ist ein guter Mann, er läßt (angeblich) einen echten Wiener nie ganz zugrunde gehen, und was man heute in übermütiger Laune verputzt, für das wird sich schon morgen der Ersatz wieder finden. Oder übermorgen. Oder nächstens. Mittlerweile lebt man »auf Puff«, oder man versetzt Entbehrliches, oder man pumpt und borgt, oder man wagt Schlimmeres.

Und alles oft der schalsten Unterhaltung wegen. Aber man will sich eben unterhalten, und geschehe es mit nachträglich schwerster Buße. Ich kenne und kannte Familien, wo die Kinder hungern und barhaupt und barfuß auf der Straße herumvagieren, während Vater und Mutter mit einem erschnorrten Gulden zum Heurigen wallfahrten und sich dort »anstrudeln« lassen. »Allerweil fidel!« Man johlt und pascht, daß es an den Wänden hallt. Heimgekehrt prügelt man die winselnden Kinder, wenn sie nach Brot verlangen. Aber nachmittags hat man sich doch unterhalten.

»Nur lusti, Augusti!« heißt das Sprichwort. Vor zwanzig Jahren wohnte ein Weib in meiner Nähe, eine arme Wittib, die, um den ersten Maskenball im Theater an der Wien besuchen zu können, ihr Bettgewand verpfändete und ihr Kind beim Greißler zum Aufheben gab. Letzteres abzuholen vergaß jedoch die edle Mutter und rief, als man sie am zweiten Tage daran mahnte: »Jessas, richti, mein' Katherl! Auf den Nickl hab' i gar nimmer denkt!« Und dann erzählte sie lachend vom Ball, und »daß's a Hetz war, wie's nix Zweit's mehr gibt!« Und dem merkwürdigen Weibe konnte man eigentlich nichts sonderlich Schlechtes nachsagen, es war arbeitsam, wusch daheim für die Leute und verdiente sich das Notdürftigste zum Leben auf rechtschaffene Art. Aber ein bodenloser Leichtsinn und ein untilgbarer Drang und Hang, eine Unterhaltung mitzumachen, verleitete dieses unverfälschte Wiener (Voll-)Blut zu Zeiten zu den närrischesten Streichen. Der Sonntag mußte ihr gehören – »wenn's Graz gilt!« So verkaufte sie ein Stück nach dem andern aus dem Nachlasse ihres Mannes, eines kleinen Arbeiters, und als das Letzte beim Teufel, der Zins nicht mehr gezahlt werden konnte und sie delogiert wurde, da ging sie, das Kind an der Hand, eigentlich noch wohlgemut beim Tore hinaus und warf den sie lautlos Anstarrenden die Worte zu: »Na, macht das was? Das is schon noblichern Leuten a g'scheg'n. Dessentweg'n lass'n m'r do no ka Traurigkeit g'spürn und derentweg'n geh'n m'r a no nit unter! Kumm, Kathi, laß dös Volk gaffen, wann s' lang g'nua g'schaut habn, wern s' schon aufhör'n. Kumm!« – Und dann höhnisch: »Ihr' Dienerin allerseits, bleibn S' halt g'sund und denken S' öfter an mi!« – Und sie entfernte sich mit dem Kinde. Wohin sie ging? Ich weiß es nicht. Beide entschwanden für immer meinen Augen. Nur ihre hellen Lachtriller summten mir noch lange in den Ohren.

Mit solchen Auswüchsen, die vielleicht nur im Temperamente ihre Wurzel haben, sei die ehrliche Armut im allgemeinen nicht stigmatisiert. Ich habe in dumpfen, feuchten Kellerlöchern, in ausgepfändeten Kämmerleins, auf elendem Strohlager, mit wirr herabhängendem Haare, mit ausgeweinten, blöde blickenden Augen, mit abgezehrten bleichen Wangen und schlotternden Knien die in Verzweiflung brütende wahrhafteste Not, den herzzerreißendsten Kummer gefunden und kennen und den Seelenkampf solcher Mütter und Väter achten gelernt. Ich beuge mich, wie oft, vor der Größe solchen Unglücks und vor dem Heroismus jener, die es zu ertragen hatten und es ertrugen. Was erzählte mir manch wackerer Armenvater, der es mit seiner Aufgabe ernst nahm; was erlebte ich selbst für Szenen, wo einem das Mark und Blut zu Eis gefriert! Doch das ist, wenn der Ausdruck nicht ungehörig, die edlere Sorte der Armen, denen selten ein Selbstverschulden ihres Loses zum Vorwurf gemacht werden kann, die ich auch nicht unter jene Typen rangiere, von denen ich hier im besonderen spreche und denen es zeit ihres Lebens nicht eingefallen, auf jene Devise zu schwören, die ich an die Spitze meiner Schilderung stellte: »Allerweil fidel!« Sie wußten nie etwas davon, nicht einmal in ihren sonnigeren Tagen. Sie blieben bescheiden, es traf sie nur Schlag auf Schlag.

»Allerweil fidel!« Andere rufen's in greller Lust, wenn's auch an allen Ecken und Enden bei ihnen hapert. Ja, noch mehr. Wenn alles »vergitscht«, dann fühlen sie sich erst auf der rechten Höhe ihrer Stimmung. Wie viele Verbrechen wurden begangen, nicht aus drängender Not, nicht in Hungersqualen, sondern, um mit dem Gelde, woran Blut geklebt, ein paar lustige Augenblicke sich zu gönnen. Und foltert diese Unseligen später etwa doch Reue? Selten. Ich durchschritt Strafhäuser und hörte in den Zellen und Arbeitsstuben die tollsten Lieder plärren. Man nannte es mir Galgenhumor. Ich hatte Briefe von zu lebenslangem Kerker verurteilten Raubmördern in Händen, die an Freunde und Verwandte geschrieben, als Motto und Schluß drastische G'stanzel und die Bemerkung enthielten: »Ich bin ein schlechter Kerl, aber lustig bleib' ich doch!« Einer dieser Auswürflinge versicherte: »Sollte ich doch einmal amnestiert werden, dann gibt's eine Remasuri in Hernals, wo ganz Wien davon reden soll!« Wir werden's wohl nicht erleben.

Es kam mir zuvor das Wort Temperament in die Feder. Vielleicht ist die Bezeichnung nicht genau, vielleicht ganz unrichtig, und ich sollte bei dem Worte »Leichtsinn« bleiben. Aber der Leichtsinn, wie er dieser Spezies Menschen eigen und sie kennzeichnet, ist ja nach Galenus und Heinroth eben ein Produkt des sanguinischen Temperamentes, das, leicht erregbar, für tiefere Eindrücke nicht empfänglich, und mehr für Scherz, Zerstreuung und Erheiterung den damit Begabten prädestiniert, der also folgerichtig für sich und seine Handlungen nichts könne, weil »seine Natur« ihn dazu treibe? Ach, seien wir aufrichtig; glauben wir an eine Selbstbestimmung, an einen freien Willen des Menschen und nennen wir die Sache bei dem rechten Namen: Gemütsverrohung, Nichtsnutzigkeit, Gedankenlosigkeit und – Dummheit, die allerdings auch eine Gabe Gottes ist, der den Menschen erschaffen.

Ja, die Dummheit ist der leitende Faktor bei so vielen unbegreiflichen Fällen. Die Dummheit ist unberechenbar in ihren Taten und weit gefährlicher als absolute Schlechtigkeit. Der veritable Strolch überlegt und kalkuliert und bedenkt die Folgen, der Dummrian handelt nach momentaner Eingebung, nach augenblicklicher Neigung, ohne die nächsten Konsequenzen zu prüfen. Wir haben Gerichtsverhandlungen erlebt, bei denen fünfzehnjährige Burschen und auch dreißigjährige Männer figurierten, die ihre Chefs oder ihre Angehörigen oder die Amtskasse bestahlen, und schon in der nächsten Nacht in einem *Café chantant* oder Tingel-Tangel, wo sie auffällig traktierten, mit dem Geld herumwarfen und überhaupt recht aufhauten, arretiert wurden. Ihre vermeintliche Herrlichkeit, ihre fidele Stimmung dauerte ein paar Stunden, für den Rest ihres Lebens waren sie verloren, Schmach und Schande brachten sie über ihre Familien, aber – wie ein solches Lümpchen beim Abführen zum Kerkermeister sagte: »Is alles eins, wenigstens hab' i a amal guat g'lebt!« Gut gelebt, mit dem Bewußtsein, ein Dieb zu sein.

Und ohne Zweifel auch heiter gewesen. Nun wohl bekomm's! Einer meiner Bekannten, der sich gern mit derlei Menschenrätseln, d. h. mit der Erklärung solcher Probleme befaßt, gelangt am Schlusse seines Deliberierens immer und immer wieder auf die entschuldigende Ansicht von der mangelhaften Organisation manchen Gehirnes. »So wie es Blind- und Taub- und Stummgeborne gibt«, meint mein Anwalt aller Bresthaften, »so gibt es auch geborne Esel! Haben wir Mitleid mit den Unglücklichen, und die Dummheit ist das ärgste Unglück!« Jawohl, aber das Leiden braucht nicht immer unheilbar zu sein und könnten manchmal Versuche nicht fehlschlagen, das Übel wenigstens zu mildern. Doch dazu gebricht's bei manchem meist an wirklichem Wollen, man fühlt sich in dem allgewohnten Dusel heimischer.

»Allerweil fidel!« Es ist dies die Leibmelodie und das Kriegsgeschrei auch jener, deren Mittel es anfänglich noch erlauben, stets in dieser Stimmung zu sein. Fesch Vater und Sohn z. B. schwören nur auf diese Formel, huldigen keinem anderen Prinzipe, kennen keine andere Aufgabe und ergänzen sich sogar gegenseitig in ihren ohnehin gleichartigen Bestrebungen und Tendenzen und helfen einer dem andern mit Ideen und Einfällen aus, wenn das Tages- oder Wochenprogramm monoton zu werden droht. Was der Alte nicht weiß, das weiß der Junge, und auf was der Vater nicht verfällt, auf das kommt der lustige Herr Sohn. Welch Halloh! wenn die Harmonie hergestellt! Man muß in den Hauptquartieren und Stammlagern dieser Gattung Ur- und Originalwiener, in gewissen Cafés, in prononciert altmodischen und altpatriarchalischen Kneipen seine Beobachtungen machen, den Dialogen ein geneigtes Gehör schenken und das Jägerlatein dieser eigentümlichsten Volksschichte verstehen, um sich klar darüber zu werden und es begreiflich zu finden, daß es Leute geben kann, die für ihre irdische Mission sich nur zwei, und zwar identische, Ziele aufgestellt: Jux und Hetz!

Allerweil fidel! Der alte Fesch, ein noch riegelsamer Mann in den sogenannten besten Jahren, Hausherr und Schalweber, in letzterer Eigenschaft nur mehr halb aktiv, da er die Leitung des Geschäftes seinem Sohne übergeben, tritt nach Tische in sein gewohntes Café und selbstverständlich schnurgerade zu dem Häuflein bewährter Spezi, die mit langen »Köllnischen« oder schöngerauchten Meerschaumpfeifen dampfend ausgerüstet, soeben beraten, ob man eine russische Preference oder den üblichen Tapper spielen soll. Zu anderweitigen Erwägungen, zu politischen Kontroversen, zu ernsten Debatten über kommunale Wirtschaftsangelegenheiten und sonstigen Gesprächsstoffen dieser Qualität versteigen sich die Herren nicht – das überlassen sie den anderen, den G'studierten; die Elite, die Crême des zünftigen Pfahlbürgertums interessiert sich für derlei Dinge nicht, sie liest auch nichts, außer (kurze) Notizen des Polizeirapportes und einzelne Stellen aus sensationellen Gerichtsverhandlungen. »Alles and're, was s' in die Zeitungen einidrucken, is ja eh derlogen!« So begnügt man sich als echter und rechter Spießer mit den geistigen Anregungen, die ein angesagter Ultimo bietet oder ein unerwarteter Contra. Damit reicht man schon aus, den Nachmittag und Abend und die halbe Nacht, überhaupt die sogenannte freie Zeit, d. h. jene, die das »Malefizg'schäft z' Haus« übrigläßt, totzuschlagen. »No, so fangen m'r an!« meint ein »vierstöckiger Eckhäusler«, »aufdeckt is schon!« Aber da erscheint eben Vater Fesch.

Vater Fesch ist auch ein »leidenschäftlicher« Tarockierer, und er hat von dem Sechziger, den er am Buckel, gewiß zwei Dritteile am grünen Tischl versessen, aber »a Hetz vor der Liner« ist ihm doch noch lieber. So ruft er denn auch, völlig überrascht von dem gehörten Vorhaben der Freunde und Brüderln: »Ja, was is 's denn? Ös werds bei den schön' Tag (er macht solche Repertoiresänderungen auch im Winter und bei garstigstem Wetter) do nit im Zimmer da knotzen bleibn? Rutsch'n m'r a bißl wohin, außi zum Salvini, oder zum Nußbaumer, oder sunst wo, wo a Tropfen zum Trinken is und a a Jux dabei is. I laß einspannen, wir habn alle Platz!«

»Wahr is 's!« ergänzen rasch die Genossen, »mir können ja die Karten a mitnehmen, wan ma eppa draußt wo ka krieget. M'r muß auf alle Fäll' bedacht sein!« Der gegenseitige Scharfsinn wird bewundert, man zahlt seinen Schwarzen und summt und pfeift und murmelt indessen präludierend einen Vierzeiligen, während Vater Fesch den Marqueurbuben hinüberschickt, dem Micherl sagen lassend, er möge einspannen und vorfahren. »Kann heut a Hetz wer'n! Nur allerweil fidel!«

Diese sämtlich bejahrten Männer haben noch nie im Leben eine Bildergalerie, ein Museum, eine Ambraser Sammlung oder sonst ein wissenschaftliches oder Kunstinstitut besucht, sind im Weltausstellungsraume meist auch nur in der Pilsner oder Kärntner Bierhalle zu finden gewesen; kamen, obwohl gesund und bemittelt, nie auf den Gedanken, eine Reise zu unternehmen, und sahen außer ihrer Vaterstadt, ja oft auch nur außer ihres Grundbezirkes, von der übrigen Welt nichts, als höchstens Liesing des Bieres, Klosterneuburg des Strohweines, Breitenfurt der Milchrahmstrudel und Breitensee der Riesenknödel wegen. Und sie lasen, seitdem sie das Schulbüchel aus der Hand gelegt, auch kein einziges Buch. Und sie blieben doch frisch und wohlgemut und heiter und waren in ihren Kreisen sogar geschätzt und angesehen und waren beliebt, denn sie waren allerweil fidel!

Das macht das Wiener Element ureinzig. Aber hören wir weiter. Der Micherl kann nicht vorfahren, weil – nun, weil Feschs Sohn den Wagen bereits in Beschlag genommen und mit seinen Spezis (jüngeres Blut) soeben ausgeflogen ist. Hm! Der Vater glaubte ihn im Geschäfte, er schüttelt den Kopf, aber da erinnert man ihn, daß heute Freitag, wo die »Harner Buab'n« sich hören lassen und daß es also »everdent« ist, daß der Karl vor die Taborlinie gefahren. Dort beginnt die Geschichte freilich erst spät abends, aber vielleicht sind sie früher zum »Hirschen« im Prater oder zum »Fürst« oder sonst wohin? »Richti, so wird's sein«, beruhigt sich der Alte, »fahr'n m'r ihnen nach, mir wer'n s' schon wo treffen, gibt a Mordgaudi, wann mir a ang'ruckt kommen!« Allgemeine Zustimmung. Und so geschieht es auch, und ein bekannter Fiaker, der sich für ähnliche Unternehmungen schon öfter bewährte und der um drei Fünferln bis früh morgens ein Uhr zu haben ist, bringt die bemoosten Häupter nach Wunsch an Ort und Stelle, und – man findet sich in der Tat. Nun gibt es auf beiden Seiten allerdings einen solchen Freudenspektakel, einen solch inbrünstigen Jubel, ein solch enthusiastisch Geschrei und Gebrüll, wie es in dieser Zügellosigkeit nicht einmal am 15. März 1848, als die Verleihung einer Konstitution proklamiert wurde, zu hören war und wo es an jauchzenden Hochrufen doch auch nicht fehlte.

Aber ich gerate mit meinen Schilderungen, die sich immer mehr ins Weite verlieren, insoferne auch auf Abwege, als ich mich von dem Ziele gänzlich entferne, das ich mir mit dem zitierten Motto vorgezeichnet. Nun, das Einlenken ist nicht so schwer. Ich sprach ja doch nur von Vergnügungen aus Volkskreisen. Die Form ist die gleiche, die einen haben die Mittel, »allerweil fidel« zu sein, die andern haben sie nicht, aber das lustige Beispiel zieht an, verlockt, verführt, sie wagen, wagen ohne Überlegung, ohne Denkfähigkeit, grundsatzlos, den kurzen Traum, den flüchtigen Taumel beendet der Detektiv. Die alberne Posse ist überstanden.

Vom »G'spaß« und »Hamur«

Werden wir etwa plötzlich doch klüger oder nur langweiliger? Volksschmeichler könnten vielleicht für erstere Ansicht einige Belege bringen, dennoch glaube ich, daß die Verfechter der gegenteiligen Behauptung mit einem weit größeren Vorrate von Beweisen zu dienen vermöchten, und daß es ihnen nicht schwer fiele, die ernsthaftere Physiognomie der Stadt an der allmählichen Gedankenverarmung unserer heimatlichen Witzlinge zu demonstrieren, welcher Umstand allein schon genüge, ohne daß auch eine gleichzeitige Philosophenübervölkerung oder sonstiger Massennachwuchs von Denkern schuld an jenem neuesten Gepräge wäre. Mit anderen Worten: Die Spaßmacher sterben aus, aber auch die Weisen wollen nicht recht sonderlich gedeihen, so bleibt denn jenes fatale Mittelgut, das stets langweilig und umso langweiliger ist, je ärger die Quantität ist.

Die Spaßmacher sterben aus. Was in den diversen Ären des Nachmärz das Genre noch kultivierte, brachte nichts Einschlagendes mehr zustande. Mühselige Kopisten jener unvergeßlichen Heroen der lustigsten Tollheit und des dreistesten Schabernacks, womit das Bäuerle-Deinhartstein-Castellische Konsortium unseren Eltern Fluten von Lachtränen entlockte, quälen sich die Erben des Geschäftes ab, das beneidenswerte Renommée von »Teixelskerlen« zu erlangen, obwohl sie keinen Augenblick anstehen, dafür einen Fufzger springen zu lassen. Dieser schöne Ehrgeiz kostet sie wohl öfter auch noch mehr, aber das ersehnte Renommée bleibt trotzdem unerreichbar, höchstens, daß statt des Rufes eines Teixelskerls der eines dummen Kerls eingetauscht werden kann.

Die Spaßmacher sterben aus, und die gigantesken Späße, die eine ganze Stadt zum Lachen zwangen, sind mit ihren Schöpfern begraben worden. Auch die kolossaldummen Anekdoten, in denen wir einst so Großes leisteten und die den Zuhörern immer einige Westenknöpfe kosteten, sind aus der Mode. Ein paar schöngeistige Börsenjünglinge üben sich zwar noch in ihren Mußestunden mit Wortspielen, aber es lächeln darüber nur die vertrautesten Freunde. Wir sind in allen Dingen kühler und besonnener geworden.

Und auch zahmer sind wir geworden. Wenn der österreichische Anakreon es in der terroristischesten Epoche des Sedlnitzkytums wagen konnte, einen »Schweiniglverein« zu gründen und klangvolle Namen darauf stolz waren, ein »Saubartl-Diplom« von dem Großmeister der Zote zu erhaschen, so begnügen sich die gesitteteren Epigonen, Mitglieder des »Taschenfeitlvereines« zu sein, oder in irgendeiner vorstädtischen stillen Rittergesellschaft das übliche Samstagzehnerl erlegen zu dürfen. Große, lärmende Juxapparate eines gleichgesinnten Männerzirkels werden immer seltener, die Ansprüche der Teilnehmer bescheidener und wie aus der barocken, von schäumendem Aberwitz triefenden »Ludlamshöhle« die wohlgepflegte, solide »grüne Insel« entstanden, so fügten sich auch die Matadore der wildesten Hetze in mildere Formen, lösten ihre ungebärdigen Verbindungen und vertreiben sich nunmehr die Zeit mit sanfteren Spielen, als da sind: »Zuchipassen«, »Anbugeln«, »Kopf oder Wappen«, »Grad oder Ungrad«, »Hacklzieg'n«, »Auszipfeln« usw. Nur die sogenannten »Narrenabende« machen alljährlich noch einigen Rumor, aber auch ihre Stunden sind schon gezählt.

Gewissen aufgeweckten Geistern, namentlich aus der Branche der Kunstdilettanten, mußte dieser Zustand nachgerade unerträglich werden, und sie gingen deshalb wieder an die Bildung von *soi-disant* Geselligkeitsvereinen. Dutzendweise schossen diese ungefährlicheren Gründungen denn auch bald empor; in jedem Bezirke, in jedem Wirtshaussalönchen, zwischen den unakustischesten Verschlägen schlugen die Präsidenten und Vizepräsidenten und übrigen Ehrenchargen der unter den romantischesten Firmen intabulierten, deklamierenden und musizierenden Konnexe ihre Sitze auf, und Prochs »Alpenhorn« und das Duett aus den »Puritanern« und Saphirs »Lied vom Frauenherzen« und J. N. Vogls Balladen kamen wieder zu Ehren. Aber die zweiten Baritone wollten mitunter dieselben gesellschaftlichen Rechte wie die tiefen Bässe beanspruchen, oder einige ungebildete Gäste zündeten sich zuweilen ihre Zigarren an, noch ehe der erste Tenor die »Adelaide« gesungen, oder die Harfenspielerin kam mit einer längeren Schleppe als die Pianistin, oder der kleine Mucki, der hoffnungsvolle Sohn des Präsidentenstellvertreters, wurde nach der berühmten Deklamation des »Stiergefechtes« aus Müllners »Schuld« nicht genügend applaudiert, oder während eines Flötensolos wurde laut dem Kellner gerufen, oder während der Produktion der beliebten Stimmporträts fing ein Hund zu heulen an (trotzdem das Mitnehmen der Hunde strengstens untersagt!), oder es verlöschten die Gasflammen, als die sechsjährige Arabella die »Cachucha« zu tanzen begann, oder der zweite Vizepräsident hielt die Dankrede, indessen sie unstreitig von dem ersten Vizepräsidenten (in Verhinderung des Präsidenten) zu halten gewesen wäre – genug, es gab der Anlässe in Hülle und Fülle, um die meisten dieser ausübenden »Künstler«-Verbindungen trotz der harmonischesten Programme in eitel Disharmonie enden zu lassen, wenn nicht schon der Vereinskassier durch seine unerwartete Abreise der Geschichte überhaupt den Garaus gegeben.

Und darum taten sich wieder Männer zusammen, welche jedoch durch derlei unliebsame Erfahrungen gewitzigt, der ganzen »dalketen langweiligen Musiziererei und Deklamiererei« Fehde und Urfehde schwuren und von nun an nur dem »G'spaß und Hamur« eine freundliche Pflegestätte bieten wollten. »Nur ka Politik nit!« war der zweite Paragraph der Statuten dieser anspruchslosen Assoziationen von gewisse Quantitäten Liesinger oder Hütteldorfer und Markersdorfer oder Mailberger vertilgenden Männern, die an bestimmten Tagen zur bestimmten Stunde im Hinterstübchen beim »Roten Ochsen« oder »Blauen Fuchsen« oder »Goldenen Stiefel« gar gewissenhaft sich einfanden und hoch und heilig gelobten, sich »g'müatli« zu unterhalten.

»An erlaubten G'spaß – ka Silb'n Politik – und an Dischcurs voll Hamur!« so lautete das Programm dieser ungefährlichsten Sekten, dieser Muster-Untertanen, bei deren Symposien die p. t. Regierungsvertreter (vulgo Polizeikommissäre) nicht als feindselige Späher und grimmige Zensoren, sondern als lachlustige Spezi erschienen, die ebenfalls zustimmend und beifällig mit dem Kopfe nickten, wenn eine kleine Verschwörung im Zuge war: in das Pfeifenspitzel des Herrn von Grausgrueber ein Zündhölzl zu stecken, in das Salzfassel gestoßenen Zucker zu geben, das Paprikabüchsel von innen zu verkleben, die Speiszettelpreise auf die Hälfte abzuändern, eine gewisse Tür zu verriegeln, die Pelzärmel des Herrn von Hammergschwandtner heimlich zuzunähen, das Hutleder des Herrn von Hausleitner mit Kienruß zu bestreichen usw. usw.

»Mir woll'n an G'spaß und weiter nix!« Das war die Devise jener Männer vom Grund, denen übrigens auch viele Stadtherren die Hand zum schönen Bunde reichten und als notorische Kreuzköpfeln mit ihrem Witze gerne aushalfen, wenn es galt, einen etwas kostspieligeren Jux zu arrangieren. Und weder die Fundamentalartikel der Tschechen noch die Forderungen der Polen, weder Thronreden noch Diplomatenreisen genierten diese Extrazimmerbesatzungen, an deren erprobter (nicht selten auch dekorierter) guter Gesinnung die alarmierendsten Depeschen machtlos abprallten. Nichts störte die kollegialste, fidelste Eintracht. Wurde vielleicht in vierteljährigen Intervallen ein »käwiger Preuß« vor die Türe gesetzt, so schwemmten ein paar Maßl G'rebelten das ärgerliche Intermezzo bald aus ihrem Gedächtnisse hinweg, und die alte Ordnung war wieder hergestellt.

Diese idyllischen Zustände mahnten fast an jene denkwürdige Zeit, wo der alte Gräffer mit schönem Eifer für die Konstituierung von förmlichen Lachanstalten plädierte und beispielsweise theatralische Vorstellungen von Buckligen beantragte, wobei die Zuschauer vor Lachen zerplatzen müßten. An solch phantastische Projekte wagen wir uns jedoch nicht, der heutigen Generation genügen harmlose Wirtshausvereine mit der Produktion oberwähnter Späße, wobei höchstens noch als Zugabe (auf allgemeines Verlangen) die köstliche Rezitation des ABC oder Einmaleins von rückwärts der allzeit lachbereiten Gesellschaft geboten wird. Ist auch dieses Kunststück zu Ende, so geht man noch auf ein paar Besetzpartien ins Stammkaffeehaus, und sind die Spieler besonders animiert, dann verstecken sie einer dem anderen den Karamboleballen oder lassen die Kreide in einem kleinen Schwarzen verschwinden. »Kummts morg'n zeitlicher!« heißt der Abschiedsgruß, und ein Dutzend Händedrücke besiegelt den Schwur. Sind diese Leute nicht glücklich? Und man will sie durch Lärmartikel über direktes Wahlrecht etc. aufrütteln, d.h. ihre Aufmerksamkeit auf ernsthaftere Dinge lenken? Vergebliches Bemühen.

Da, wie eine Bombe platzt die Nachricht in die herkömmlichen Tagesnotizen, daß der »Verein der Lachbrüder wegen Mangel an Teilnehmern sich aufgelöst habe«! – Eine Lokalkorrespondenz mit dem bedeutungsvollen Namen »Fortschritt« brachte die überraschende Kunde. Wie ist die Sache zu erklären, wie zu verstehen? Haben die Leute keine Lust mehr am »G'spaß«, hat sie ihr »Hamur« verlassen, und haben sie das Lachen verlernt? Sind wir doch klüger oder nur noch langweiliger geworden? Ach, vielleicht kommt der Exvorstand des falliten Vereines und motiviert die Krida auf die natürlichste Weise und sagt: »Wegen Erhöhung der Bierpreise und des Kartengeldes sind wir momentan etwas verdrießlich; ist die Geschichte verwunden, dann gibt es wieder Hetzen genug, z.B. eine ›Schlittasch‹ nach Schellenhof oder in die Bieglerhütte, einen kostümierten Faschingszug nach Ottakring oder sonst a ›Remasuri‹, denn ›lang lassen mir ka Traurigkeit nit g'spür'n, weil's das bei uns nit gibt!‹« – Und so ist es und wird es sein! –

»'s is a Leben bei der Nacht!«

Der obige Ausruf ist nicht mein Leibsatz und nicht von mir erfunden. Ich hörte ihn nur einst in vorgerücktester Mitternachtsstunde in einem vorstädtischen Café, das mich nach schwerer Korrekturarbeit noch gastlich aufnahm und den stürmisch-schneeigen Heimweg mit einem heißen Punsch zu belohnen verstand. Ein Rudel wilder Gesellen saß in einer Nische und lärmte und spektakulierte und trieb mit den paar anwesenden Dirnen zweifellosesten Berufes tolldreistes Geschäker. Da war's, daß ein Bursche, todbleichen Antlitzes, mit bleifarbenen Ringen um die Augen, taumelnd aufsprang, das geleerte Cognacglas auf den Tisch stieß, daß es zerschellte, seine Mütze in die Höhe warf und, den Zigarrenstummel an der Gasflamme anzündend, lallend ausrief: »'s is a Leben bei der Nacht!« Dann sank er in die Ecke zurück und schlief ein. Ein widerlich Bild!

Von dieser Episode einigermaßen unangenehm berührt, blickte ich etwas scheu um mich und musterte das Kontingent der offiziellen Nachtschwärmer, die da ihr Hauptquartier aufgeschlagen. Eine bunt zusammengewürfelte Gesellschaft, meist dem Mittel- und Arbeiterstande angehörig, untermischt von einigen Theaterleuten, die noch nicht völlig abgeschminkt, ein paar Kadetten, die sich die Erlaubnis über die Zeit selbst gegeben, etlichen vazierenden Volkssängern und Notizenschreibern letzter Sorte usw. Hie und da noch eine Physiognomie, eine Erscheinung, die Bedenken einflößen könnte. Alle aber waren, ungeachtet der schlechten Zeiten, kreuzfidel. Man spielte, trank, lachte und plauderte. Zwei oder drei Bürgersfrauen taten recht schläfrig, desgleichen ihre Kinder, welche ihre Äuglein kaum mehr offen halten konnten. Trotzdem blieb man und dachte lange noch nicht daran, die häuslichen Pfühle aufzusuchen, obschon es dieser oder jener, schon des nächsten Arbeitstages wegen, längst dringend nötig gehabt hätte. Was fesselt diese Menschen bei knappesten Mitteln an die kostspielige Spelunke? Welche Macht hält sie zurück, welcher Zauber, welcher Reiz liegt in dem Gedanken, in dem Willen, eine Nacht zu durchwachen, zu durchschlemmen? »Warum gehen diese Leute nicht nach Hause?« würde der staunende Philister fragen, dem die »Ordnung« seine Lebensaufgabe; warum quälen sie sich beinahe, um munter zu bleiben, wenn die Natur ihre Rechte fordert und nebenbei die drückendsten Verhältnisse sie nötigen, vor geldheischenden Extravaganzen sich zu hüten? Es ist der Wiener Leichtsinn, antwortet vielleicht der oberflächliche Kritiker, indessen diese summarische Diagnose doch eine ungenügende und das Geheimnis des Rätsels vielmehr in dem klassisch-urwüchsigen Dogma liegt: »'s is a Leben bei der Nacht!«

Bei der Nacht! Ich kannte im Vormärz einen Mann, der allerdings ein arger Sonderling oder vielmehr ein ausgesprochener Narr war, der die Eigenheit hatte, tagsüber zu schlafen und nur zur Nachtzeit zu leben, das heißt, was er unter leben verstand. Er haßte den Tag des Lärmens und der störenden Helle und liebte die Nacht ihrer traulichen, anheimelnd düsteren Ruhe wegen. Die vorzitierten Kumpane lieben die Nacht wegen ihrer Ungebundenheit, wegen der Ungeniertheit, wegen der Toleranz, die sie gegen gewisse Ausschreitungen übt, und weil sich der Betreffende losgelöst und ungemahnt fühlt von der Misere und dem Sorgentrubel, der ihn zwischen seinen vier Mauern umgibt.

Mein Original hatte andere, edlere Motive. Er verließ Winters- und Sommerszeit und überhaupt alltäglich kurz vor der Torsperre sein Haus, begab sich in die nebenan befindliche Schenke, wünschte allseits einen schönen guten Morgen, erhielt von der Wirtin eine Schale Suppe zum Frühimbiß, trank sie mit Wohlbehagen, grüßte artig und begann seine Wanderung, die bis zum Erwachen der übrigen Zeitgenossen währte. Ich traf ihn einst in einer Faschingsnacht, als ich die selige »Birn« verließ, auf der Kanalbrücke oberhalb des Münzamtes stehen und den Hesperus betrachten. Er kam von der Brigittenau und ging auf Umwegen nach Döbling und beklagte nicht die achtzehn Grade Kälte, sondern nur, daß eben Karneval sei, was die Straßen »etwas lebendig« mache und ihn die erwünschte Ruhe nicht recht finden lasse. Es gab damals auf dem Neustift ein Kaffeehaus, das die »Augsburger Allgemeine« hielt, dort traf er, wenn das Geschäft geöffnet wurde, regelmäßig ein, las sein Lieblingsblatt, trank, wie wir zum Abschlusse unserer Vespermahle, seinen Schwarzen und ging heim, um zu schlafen, während alle übrige Welt auf die Beine kam. Wo der Mann um Mitternacht sein Mittagsmahl hielt, konnte niemand erfahren, genug an dem, daß die Nacht sein Heiligtum war. »Ach, die Nacht! die Nacht!« rief er oft, »die Menschen kennen die Nacht gar nicht!«

Nach seiner Anschauung, seiner Empfindung und seinen Bedürfnissen freilich nicht. Den meisten dient sie naturgemäß zum Schlafen, vielen zur Arbeit oder zum Studium, anderen zur Lustbarkeit und Schlemmerei, und wieder anderen ist sie Gelegenheitsmacherin für Verbrechen. Für meinen feinfühligen Sonderling, *recte* Narren, war sie die Quelle der sinnigsten Betrachtungen. »Der Sterngucker lauft schon fort!« riefen ihm die Lehrjungen und sonstigen schlimmen Buben nach, wenn er eiligst aus der Torfahrt trat; er hörte den Hohn nicht und huschte nur ängstlich um die Ecke, um möglichst bald das Glacis zu erreichen, wo der erste Dankesseufzer seiner befreiten Brust entstieg. Und so, wie gesagt, allnächtlich, jahrelang. Als die Revolutionsstürme hereinbrachen, verschwand der Mann auf Nimmerwiedersehen. Die Alarm- und Barrikadennächte waren nicht für ihn. In welcher Einöde endete er?

Die Nacht! die Nacht! Wer sie, Kummer und Sorgen und Verzweiflung im Herzen, schlaflos durchwachte, kennt ihre Schrecknisse. Wer sie, das Haupt an den Busen eines geliebten Wesens gelehnt, durchkoste, kennt ihre Süßigkeiten. Wer sie, über ein fesselnd Buch gebeugt, durchlas oder selbst schaffend sie durchbrütete, kennt ihren Segen. Wer sich verlassen und vergessen weiß, fühlt sich nachts noch vereinsamter. Birgt sie in den Falten ihres dunklen Mantels mehr Glück und Freude oder mehr der Schmerzen und Leiden? »Die Nacht ist keines Menschen Freund!« lautet ein Sprichwort uralten Datums, es ist platt und trivial, aber es vererbt sich von Geschlecht zu Geschlecht. Wie töricht es aber auch ist! Da umgibt mich schäumende Lust, Gläsergeklirre, und fröhliche Lieder schallen an meine Ohren, vor meinen Augen flimmert's, da rings nur Karten- und Würfelspiel zu sehen, und aus der Ecke ruft es aufjauchzend in ungezügeltem Entzücken: »'s is a Leben bei der Nacht!«

Aber welches! Ich spreche nicht von pompösen Festen, nicht von Bällen jeglicher Gattung und Façon, nicht von großen öffentlichen und nicht von privaten und intimen Lustbarkeiten und Unterhaltungen, nicht von lärmenden Ausnahmsgelagen und nicht von vertraulichen Orgien, überhaupt nicht von sporadischen Anlässen und einzelnen durch Zeit und Umstände und Gelegenheit veranlaßten Fällen. Ich spreche von dem usuellen nächtlichen Trubel gewisser Zechbrüder samt Kind- und Kegel-Anhang;

von jenen stabilen nächtlichen Hetzen notorischer Aufbleiber; von jenen unheilbaren Anhängern des Systems: »Überall ist's gut, nur nicht daheim!«; von jenen passionierten Herumlungerern, denen der »Dischcurs«, und sei er der konfuseste und gelallteste, Labsal und Bedürfnis, von jenen Schlemmern, die nebst einer frappierenden Menge von allen denkbaren Flüssigkeiten auch noch eine ungeheuere Quantität von Zoten zu konsumieren gewohnt sind; von jenen wüsten Naturen, denen Sitte und Ordnung Unbehagen bereitet; von jenen nimmersatten, sogenannten Hallodris (richtiger »Lumperln«), denen der verjuxte Tag zu kurz und die das Morgen dem Heute anfügen, nachdem sie mit dem Gestern das Auslangen nicht gefunden. Ich spreche von Leuten, die in jeder Nacht und zu jeder Stunde der Nacht, nicht aus Beruf, sondern aus Tendenz, aus Neigung zur Liederlichkeit oder Zwanglosigkeit immer nur außerhalb ihrer Häuslichkeit zu finden.

Denn viele reizt nicht die Völlerei und Schlemmerei, sie begnügen sich damit, die Straßen zu durchschlendern. Nun ist für manchen die Häuslichkeit allerdings kein Magnet, und er kauft sich mit einer durchwachten oder durchzechten oder durchbummelten Nacht wenigstens los von Xantippen-Vorwürfen, von Gezänke und Gekeife oder anderem ehelichen Ungemach. Als Ludwig Devrient, der große Mime und größte »Sektierer« (er trank nur Sekt), im Winter 1828 sein unsterbliches Gastspiel in Wien absolvierte, sagte er eines Morgens zu Gustav Anschütz, dem Bruder des Meisters, der ihn auf seinen Kneipgängen begleiten mußte und nachdem sie aus der Weinstube in der Rauhensteingasse getreten, auf die Frage: »Wo gehen wir jetzt hin, Louis?« in tiefster Seelenangst: »Überall hin, Bruderherz, und sei's in die Hölle, nur nicht nach Hause!« Der Ärmste hatte eben mit seinem dritten Weibe eine Folter sich aufgebürdet.

Dieser zwingende Grund, die Stätte des perpetuierlichen Unfriedens zu meiden, ihr zu entfliehen, oder sie so spät als möglich aufzusuchen, fällt aber bei vielen Nachtvögeln weg; sie sind entweder fessellos oder sie haben eine liebende, nachsichtige, verzeihende oder schweigende Dulderin; sie lieben und werden geliebt und sind die enthusiastischesten Väter, dennoch zieht sie ein noch stärkerer Magnet mit nicht zu besiegender Kraft fort von all ihren sogenannten Lieben und bannt sie nächtelang in den Dunstkreis der mesquinsten »Kalupe«. Ist's die Macht der Kameraderie? Die Genossen sind des Opfers einer Nacht selten wert und würdig, und es gibt sogar oft heftige Mißhelligkeiten und Verdrießlichkeiten mit den rüden Kumpanen. Ist's der unbezähmbare und nicht zu stillende Durst? Nicht alle machen sich roher Völlerei schuldig. Was also ist's, das diese Leute treibt, die Nacht zum Tage zu formen und in diesen dem Schlafe abgerungenen Stunden sich just am lustigsten oder wohlsten zu fühlen? Die bequemste Antwort wäre, da ein vernünftig ausreichender Grund hiefür tatsächlich nicht zu finden, es ein undefinierbares Etwas zu nennen, dennoch sollte man versuchen, die Sache näher zu erklären.

Neben all den Motoren, die ich bereits oben zitierte, liegt der Hauptgrund vielleicht doch in dem Reize, welchen die Regellosigkeit als solche besitzt. Der kaum flügge gewordene Flaumbart fühlt sich schon bemüßigt, ein Übriges zu tun, um der Welt zu zeigen, daß er dem Gängelband und der Zuchtrute entwachsen, nun Herr seiner selbst ist und über die Zeit verfügen kann. Dieses sein erstes Avancement zur Männlichkeit ist nun sein stolzester Anlaß, seine Selbständigkeit *ad oculos* zu demonstrieren, und er tut es in bemerkbarster Weise und wäre um keinen Preis zu bewegen, wie ein alter Spießer schon um zwölf Uhr nachts heimzutreiben. Das ist Pfründnersitte.

Ist es doch stets verlockend, als verflixter Kerl zu gelten, sei's in diesem oder jenem Fache. Unsern jugendlichen Helden lohnt vorläufig das Bewußtsein, die frühreifste Mannheit und Ungebundenheit genügsam manifestiert zu haben. Er findet Gleichgesinnte und bemerkt unter einem, daß der Ton, der nachts angeschlagen wird, ein freierer; daß die Umgangsformen der nächtlichen Coterien weitaus kordialer; daß die Basis, auf welcher Erlebnisse und Abenteuer aufgebaut, eine günstigere; daß die Gesellschaft in ihren Forderungen und Gestattungen eine gleichgültigere. Die punsch- und mokkadurchglühte Atmosphäre zeitigt rasch die innigsten Allianzen.

Das lockt, reizt, regt an und erlustigt. Mephisto wirft den Köder, die unerfahrenen Fischlein drängen heran und schnappen nach dem Leckerbissen. Wie sie zappeln! Der Satan hat seine Beute.

Bei allen Spittelberger Nächten – ich nenne gleich das Stärkste –, die unsere Vorfahren gesehen und mit durchlebt und die der allzeit fröhlichen Kaiserstadt den separaten Ruf der Leichtsinnigkeit verliehen, ich will nicht moralisieren! Ich bin am Abende meines Lebens noch kein Griesgram und wende mich nicht moros und entsetzt ab, wenn mein Nachbar Purzelbäume schlägt, oder ein Glas über den Durst trinkt, oder das junge Blut sich in erotischen Scherzen (moderierter Fassung) exerziert. Ich stimme auch kein ethisches Lamentabel an, oder sehe das Hereinbrechen des Chaos, wenn in Ausnahmsfällen ein paar alte Knaben über die Schnur hauen oder deren temperamentvolle Söhne in übermütigen Stimmungen der Welt ein Loch zu schlagen gelaunt sind. Mir gefallen diese Exzentrizitäten nur dann nicht mehr, wenn sie zur Lebensrichtung und, wie erwähnt, zum System werden.

»'s is a Leben bei der Nacht!« Wer schwört zu dieser Parole und wem ist sie es? Betrachten wir die Gruppen, die uns umgeben. Sind die Gesichter auch aufgedunsen, die Augen verschwollen, ist die Zunge auch schwer und der Gang torkelnd, dennoch ist die heitere Stimmung die vorherrschende. Nur einzelne sitzen still und abseits und in sich gekehrt und überdenken Vergangenes und Künftiges. Einige schlafen und schnarchen. Die Lustigen sind also in der Mehrzahl. »Sind wir nicht lustig? daß Gott erbarm'!« heißt's in Brentanos Liede. Daß Gott erbarm'! So ist's. Sie tun zwar, als ob sie sich den Kuckuck um das, was der nächste Tag bringen kann und bringen wird und muß, scheren würden; sie treiben zwar allerlei aberwitzig Zeug und hänseln sich wechselseitig, sie werden generös und traktieren einander und werfen sich lachend die schwersten Insulten an den Kopf; sie lassen Weib und Tochter mit den beliebigsten Nächsten charmieren und gestatten sich dasselbe angesichts ihrer kichernden Gesponsin mit Hausiermamsells und Blumenmädels. Man ist demnach *sans gêne* bis zur Unerlaubtheit und ist es allenthalben. Man ist's in Worten und Taten und johlt dazu. Wenn ihr aber die Physiognomien aufmerksamer studiert, findet ihr vielleicht doch, daß sie noch anderes ausdrücken, als eitel Vergnügen und schäumenden Übermut, und daß das äußerliche mit dem innerlichen Wohlbefinden der meisten dieser Leute etwas im Widerspruche steht.

Mir däucht es wenigstens so. Ich glaube nämlich, daß die imposante Majorität dieser Herren und Damen (oder Weiber) keine oder nur geringe Ursache haben, lärmoder juxvolle Saturnalien zu feiern, wenn sie plötzlich nur eine approximative Bilanz ihres Vermögensstatus ziehen wollten. Einigen fehlt vielleicht das Sperrsechserl, und andere begehren einen Nachtragskredit beim Zigarrenburschen für eine simple Cuba. Dort flunkert zwar einer mit einem zerknitterten Fünfer, und sein Nachbar gar mit einem veritablen nagelneuen Zehner, aber fragt nicht nach der Genesis dieser Wertzeichen, deren früherer Besitzer (vor ein paar Stunden noch) ein Inkassogeschäftsinhaber, respektive Pfandverleiher war. Hier liebelt einer mit der bereits verdrießlichen Aufschreiberin und flüstert ihr die equivokesten Anekdoten zu, obwohl er erst nachmittags mit seinem »Doktor« gesprochen, um einen billigen Zwangsausgleich zuwege zu bringen, wofür übrigens diesmal wenig Aussicht, da sich dieser Fall mit dem unternehmenden Manne schon das dritte Mal ereignete – und dort läßt einer fünf Knickebeine aufmarschieren, trotzdem er abermals nicht imstande war, das Schulgeld für seine Kinder zu entrichten und die nötigsten Lehrbücher anzuschaffen. Sehen wir weiter. Der Zins ist vor der Tür, eine Pfändung in Aussicht, Hebamme und Arzt noch nicht gezahlt, aber jenes Ehepaar, das von solchen Lasten zu Boden gedrückt sein sollte, ist »aufgereimt« wie noch nie, und die hochgerötete Lebensgefährtin des gewaltig angetrunkenen Hetzbruders prätendiert einen Extra-Eierpunsch, wenn er kein Schmutzian sein wolle. »Sollst 'n habn, Julerl!« schreit der Aufgeforderte und schleudert seine letzten vierzig Kreuzer auf die Tasse.

»'s is a Leben bei der Nacht!«

Nun beginnt auch die Spieluhr ihre Tätigkeit, und man begleitet die animierendsten Walzer mit Gestrampfe und Gepasche. Einige pfeifen die elektrisierenden Melodien oder singen sie. Die allgemeine Temperatur hat die rechte Höhe erreicht, als die Türe aufgestoßen wird und ein frischer Trupp turbulentester Jungens lachend hereinstürmt. Man kommt aus der Kneipe, oder vom Heurigen, oder aus einem Tingel-Tangel, oder vom Schwender oder vom Zobel etc. Die Spätlinge haranguieren die etwa Aufbrechenden zum Bleiben, und man läßt sich bereden und bleibt. Warum Zichy seinen »Waffen des Dämons der

Verwüstung« nicht auch den Hang zum Nachtschwärmen zugezählt?

Aber – »'s is a Leben bei der Nacht!« Mag sein. Wir aber, was wir honette Leute sind, nämlich ich und meine teuern Leser, wir gehen doch lieber heim und schlafen. Darum allseits »Gute Nacht«!

Die Unheilbaren

Aus so manchen Zeichen und Wundern könnte der Deutungskundige vielleicht ersehen, daß es mit dem stark bespöttelten politischen Indifferentismus der Wiener, ihrem verlästerten Stumpfsinn gegenüber welterschütternden Ereignissen und ihrer Empfindungslosigkeit für externe Angelegenheiten im allgemeinen doch nicht mehr so arg sei. Denn, daß es überhaupt Parteien – wenn auch mitunter fatale – gibt, ist eine nicht genug zu preisende Errungenschaft der Neuzeit, und je ärger sie sich befehden, um desto sicherer werden die allfälligen Versuche scheitern, die sogenannte Glückseligkeitsära des bevormundeten Untertanentums zu restaurieren und uns willenlos in die Stickluft des leidigen Patriarchalismus zurückzuführen. Und weiters wehrt diese rege Teilnahme der Wiener an ernsteren Dingen, an Affären, die außerhalb der Linienschranken, ja außerhalb der Landesmarken passieren, der Befürchtung einzelner Hyperängstlicher, daß die so lange gehöhnte Metropole der Denkfaulen eines Tages von irgend einer abgekarteten und arrangierten Begebenheit dennoch ahnungslos überrumpelt werde, daß wir erst dann aus dem Duselschlafe erwachen, wenn uns der Nachbar auf das unsanfteste emporgerüttelt, und daß wir mit blödem Auge vielleicht ein *fait accompli* anglotzen werden, zu dessen ungenierter Szenierung man anderwärts Zeit und Muße fand, während wir »alleweil fidel« im Possen-, Harfenisten- und Maskentrubel die kostbarsten Stunden verschlemmen.

Und deshalb ist es auch Pflicht der ehrlichen Patrioten,

der von frivolen Spekulanten genährten (oder doch angestrebten) Verflachung der Wiener, der Geistesversumpfung ganzer Schichten unserer kommunalen Zeitgenossen mit allen Kräften entgegenzuarbeiten, alltäglich und allstündlich denen, die es zur Heilung bedürfen, schonungslos den Spiegel vorzuhalten, der ihre Fratze zeigt, die Einschläferungspläne der Volksverführer zu durchkreuzen und es zu hindern, daß uns das sattsam bekannte Distichon-Brandmal des Phäakentums unvernarbt erhalten bleibe. – Wie gesagt: im großen und ganzen steht die Sache nicht schlimm, dennoch will es mich bedünken, als ob wir von jener ersehnten antiken Klassizität noch etwas entfernt seien, und daß nicht sämtliche Wiener Spartaner geworden.

Man muß sich durch eine oberflächliche Umschau nicht täuschen lassen. Wohl brodelt und prasselt es, gärt es und zischt, wie wenn Wasser mit Feuer sich mischt, wenn in gewissen öffentlichen neumodischen Lokalitäten von den jugendlichen Heißspornen der City ein Telegramm diskutiert, eine Nachricht der Norddeutschen mitgeteilt, eine Demokratenarretierung, eine Hinrichtung von Franc-Tireurs oder ein zurückgeworfener Ausfall u. dgl. bejubelt oder bejammert wird; wohl funkeln da die Augen, wohl setzt es da gewichtige Worthiebe, wohl lärmt es und tobt es da zeitweilig und geraten im Gefechte der Meinungen, im Gemetzel der Vorurteile und Ansichten, im Guerillakriege der Sympathien und Antipathien die Gegner nicht selten hart aneinander; aber diese heißblütige Bierhallen-, Weinstuben- und Kaffeehausbesatzung in den Quartieren des Zentrums und dessen nächsten Bezirken ist noch nicht Wien. Diese heißblütigen Toll- und Brauseköpfe, die, wenn sie nicht als Ballkomitee fungieren oder über die Form der Cotillonorden und Damenspenden sich beraten, so heldenmäßigen Spektakel treiben können und in ihrer leidenschaftlichen Parteinahme sogar bis zum todesmutigen Kampfe mit Bierkrügeln bereit wären, repräsentieren nicht das alleine und einzige Temperament Wiens, denn die Väter dieser ungeratenen und entarteten Söhne sitzen vielleicht in demselben Augenblicke in stiller Eintracht und völlig unberührt und unerschüttert von jedem telegrammatischen Einflusse in irgendeiner angestammten, soliden Bierklause, sich um das Schicksal der fremden Könige und Völker wenig kümmernd und nur dann zu einem energischen Faustschlage an der Tischecke sich vergessend, wenn der Partner nicht rechtzeitig die »Könige schmiert«. Dort sucht also den Stock des eigentlichen historischen Wienertums, den Urtypus der unverbesserlichen und unheilbaren Landsleute Ehren-Bäuerles, jenes vielbesungene Urbild der Alt-Wienerschen Harmlosigkeit, das Bürgerideal aller Behörden, und ihr werdet die tadellosesten Muster, die dickbäuchigsten Exemplare noch immer gut konserviert und von den Stürmen der zwanzig Bewegungsjahre völlig unbeschädigt vorfinden. Ja, man raucht dort sogar noch aus den geschichtlichen silberbeschlagenen »Mirfamenen«!

Es ist meine alte Marotte, an ereignisvollen denkwürdigen Tagen, wenn ich den Eindruck, den irgendeine Katastrophe auf meine städtischen Mitbürger gemacht, zur Genüge geschaut, auch eine kleine Physiognomienvisitation außerhalb der Barrieren vorzunehmen und vergleichende Anatomie der diversen Spezies zu treiben. Im Weichbilde der sinnlichen Residenz sind die Stammcharaktere im Laufe der Zeiten fast abgestorben, der dichte Wald voll köstlicher Chargen und Typen und Originalgestalten ist so gelichtet, als ob ein Hirschl-Minister mit der rationellen Abstockung betraut worden wäre; die urkräftigen Farben sind abgeblaßt oder bis zur Unkenntlichkeit verwischt, aber draußen, in den Vororten oder auf den »entern Gründen«, glaubte ich noch den echten, unverfälschten Wiener, das Rassen-Vollblut zu finden, und ich fand noch immer, was ich suchte oder vielmehr, was ich zu finden fürchtete.

So war's auch an jenem 4. Juli 1866. Mit bleichen Gesichtern, zornentflammten Blicken, geballten Fäusten durcheilten die Wiener die Straßen der Stadt. Man hatte nur ein Wort, das man sich zuflüsterte, zurief oder mit einem wilden Aufschrei der Verzweiflung begleitete: »Die Armee auf regelloser Flucht!« – Ich wanderte hinaus in die Vorstädte, in die Arbeiterviertel, ich erwartete – gerade herausgesagt – eine Demonstration patriotischen Impulses, ein Anbieten von hunderttausend Armen: Ich fand nur vereinzelte Gruppen, welche sich die Neuigkeit zischelnd mitteilten. Dann trennte man sich seufzend und huschte seiner Behausung zu, vielleicht ging man auch in die Kneipe.

Da, als es Abend wurde, kam mir plötzlich der lüsterne Gedanke, nachzusehen, welch ein Bild ein echtes Wiener Wirtshaus an dem Tage böte, wo eine Schlacht verloren und Hekatomben von Söhnen des Vaterlandes erschossen, zertreten, ersäuft oder zusammengeritten wurden. Wie mag es, frug ich mich, heute dort oder hier wohl triste und öde sein, wo sonst die trinklustige Menge Kopf an Kopf gereiht saß und schäumende Bierkrüge und Maßflaschen voll perlenden Markersdorfer etc. in der Runde kredenzt wurden! Und da ich bei meinen Forschungen immer die untrüglichsten Quellen aufzusuchen pflege, so wähle ich auch diesmal für meine kulturhistorischen Studien ein sicheres Objekt: den populären »Weichselgarten«, das Eldorado unwandelbarer, verläßlichster Stammgäste. – Ach! So vollgepfropft fand ich jene geräumige Herberge begeisterter »Biermanen« noch selten, und als ich *vis-à-vis* der lärmenden Sektion der Königrufer ein Plätzchen mir eroberte, wo mein Tischnachbar unaufhörlich nach seinem üblichen »Niernbratl« schrie, da konnte der Klampferer, der antiquarische, aber noch immer brauchbare Speisenträger des weitläufigen Etablissements, nur sein Bedauern aussprechen, daß dem geehrten Wunsche nicht mehr willfahrt werden könne, welche entsetzliche Resolution er mit dem abweisenden Achselzucken eines Siegers in die knappe Redeformel zu bringen wußte: »Nix mehr da! War heut' unser stärkster Tag! Hab' drei Kalbl'n braucht!« – Welch Appetit nach dem Nebel von Chlum!

Ist's heute anders? Ein halber Weltteil stand in Flammen, keine europäische Assekuranzgesellschaft übernahm unsere eigene volle Versicherung, aber fragt den Sebastian, den schärfsten Menschenkenner bei der »Kohlkreunze«, oder die achtzigjährige Frau Resel, die stille Beobachterin der »Abfahrer« und nebenbei unsterbliche Eßzeugputzerin bei der »Flaschen« – sie werden gestehen, keine sonderliche Veränderung an ihren Stammgästen bisher wahrgenommen zu haben. Im Laufe der Jahre sind die Herren freilich dicker geworden und teilweise auch in der Achtung der Nebengäste avanciert; viele hätten es nämlich vom Akzessisten zweiter Klasse bis zum Rechnungsrat erster Klasse, oder vom einfachen bis zum zwei- und dreifachen Hausherrn gebracht, aber sonst wären sie ganz dieselben geblieben. Sie trinken ihr normales Quantum und halten sich streng nach dem Register des Speisezettels. Nur wenn der Wursttag wäre, sei eine gewisse Aufregung bemerkbar, indem für Späterkommende meist keine Plunzen mehr vorrätig, was immer eine gewisse Verstimmung, ja sogar heftige Dispute im Gefolge habe, welche Gemütsaffektion oft bis zum nächsten Tage andauere, wenn es nicht doch gelänge, den verletzten Ehrgeiz, das beleidigte

Stammgastbewußtsein durch ein exquisites Spanfadlköpfl zu versöhnen.

Und sie sitzen auch heute noch auf demselben Flecke, und es werden ihrer auch nicht weniger! Denn jeder durch einen Todesfall leer gewordene Platz zählt zehn Aspiranten, die sich alle längst schon gesehnt, an den Symposien teilzunehmen, die allabendlich an derlei nahrhaften Zufluchtstätten von solch gleichgearteten Männern abgehalten werden, denen bei dem melodischen Deckelklange ihres eigenen Krügels, in der bewundernden Betrachtung eines anzurauchenden Bocksbeutels, bei der nachträglichen eingehenden Kritik einer Preferanze- oder Kegelpartie, unter dem Meinungsaustausch über den Wert von ein Paar »schwarzgscheckerten Burzeln« oder eines dressierten »Daxels«, bei der Beratung eines Juxes für den Taschenfeitlball, in der sehnsuchtsvollen Erwartung, ob der X. *Contra* angesagt, und mit der Aussicht auf ein Paar starkbratene Leberwürst wirklich alles andere in der Welt »Wurscht« ist. »Mir kinnen's eh nit ändern!« lautet die gemeinsame Parole dieser ungefährlichsten Staatsbürger, deren einziger Kultus der nämliche und deren Lebenserfahrungen sich stets nur um den einen Punkt drehen: »daß man vom Pilsner um gute fünf Seitel mehr trinken kann«.

Die Sorte bleibt sich gleich. Ob es ein Patrizier der Fleischselcherzunft oder ein Kanzleibonze, ob es ein Häuptling der Leimsieder oder ein Amtsscheik, ob es ein Oberbefehlshaber der Lebzelter oder der Chan der Nagelschmiede, die Spezies kennt, wie der Freimaurerorden zwar Grade, aber das Band der gemeinsamen, gleichgesinnten Bruderschaft umschließt sie alle, und haben sie einen traulichen Winkel entdeckt, wo sie verschont von dem dummen Zeitungsgewäsche ihren friedlichen Neigungen sich widmen können, so kehren sie allabendlich dahin zurück, wie der Vogel in sein Nest.

Alte »Achtundvierziger«

(Ein Wiener Straßenbild aus der Märzwoche 1881)

Sie hatten sich wieder einmal eingefunden. Fast vollzählig kamen sie und stellten sich auf die gemeinsamen Sammelplätze. Sie folgten keinem namentlichen Aufruf, keiner allgemeinen Verabredung – in spontaner Herzensregung trieb es sie nach den Orten, wo man sich selbstverständlich treffen mußte, wo man sich nach Jahren wieder sah und sich stumm begrüßte und bewegt die Hände reichte. Ohne Kommando erschienen sie, aber trotzdem pünktlich und gewissenhaft: Sonntags auf dem Schmelzer Friedhofe vor dem Grabe der Märzopfer, und montags am Sarge Füsters. Ein sehenswerter Anblick, diese Zivilveteranen, die letzten lebenden Überbleibsel aus der glorreichen Sturm- und Drangperiode! ...

Schon frühmorgens konnte man am ersten Fest- und Trauertage markante Gestalten bemerken, die uns jahrüber gar nicht auffällig und die erst da wieder ihre Bedeutung bekamen, durch die Bedeutung des Tages. Meist grauhaarig, eilten oder trippelten und humpelten sie vorwärts, alle nach einem und demselben Ziele. Ein herber, eiskalter Orkan strich über den weiten Plan, aber die Unbill des Wetters hinderte sie nicht, den harten Marsch zu machen, aus fernen Vorstädten, von den entlegensten Punkten. Manchem fiel's sichtbar schwer, und schier mit Mühsal und Anstrengung schleppte er sich fort, aber dabei sein mußte er, und so achtete er nicht der brutalen Witterungslaunen, die sich ihm entgegenstellten, und daß es ihm bei jedem Schritt den Atem verlegte. War man einmal draußen, so vergaß man leicht die paar Fatiguen und stand mit gehobener Brust vor dem imposanten Denkmale. Ein beredtes Bild! Wortlos die Menge, doch wie Ehrfurcht spricht es aus ihren Mienen. Die Zeugen jenes Tages entblößen das Haupt, sie falten die Hände, ihre Lippen bewegen sich, und sie lispeln ein kurzes Gebet. Feuchten Auges nehmen sie dann Abschied und kehren heim zu den Ihren und erzählen den Söhnen und Enkeln von jenen großen Geschehnissen, wie das arg verlästerte Wien für ganz Deutschland das Zeichen zur Erhebung gab, welche Männer mit zweifelloser Todesverachtung die hehrsten Menschengüter uns eroberten und mit welchem Heldenmute die wackere Jugend allen voranstürmte!

Die Goldjungen! Am nächsten Tage umstanden ihre Erben einen toten Mann, der einst das lebendigste Symbol begeisterter Freiheitsliebe war! Wer da auf den Stufen der Karlskirche Heerschau hielt über die tausendköpfige Schar edelster Fortschrittskämpfer und sah, wie sie mit flammenden Blicken und geröteten Wangen den empfundenen Worten lauschten, die ein treu gebliebener und bewährter Streiter von damals mit vor Erregung zitternder Stimme sprach, der konnte den Glauben an die Zukunft nicht verlieren und atmete völlig erleichtert auf. »Noch gibt es eine Jugend«, sagten sich die Greise, die der Totenfeier beiwohnten, »sie wird das von uns Errungene bewachen!« Vernahmst du, den sie unter Lorbeer- und Immortellenkränzen begruben, diesen Trostesspruch? Blumen gab man dir mit auf die trübselige Fahrt, bleiche Schneeglöckchen und duftige Märzveilchen, als Scheidegruße und zugleich als Lenzboten, als Erstlinge des erwachenden neuen Lebens!

Gerührt sahen die Alten dem Wagen nach, der so reich mit Liebesspenden behangen, gerührt und erschüttert, und sie murmelten so etwas vor sich hin, das klang wie eine bittere Klage: »Wieder einer! Bald sind's ihrer alle!« Dann trennte man sich und sagte sich ein ernstgemeintes Lebewohl, für lange Zeit, vielleicht zum letzten Male und für immer.

Gerührt und erschüttert, aber nicht in unmännliches Schluchzen aufgelöst. Manche blickten sogar stolz und erlabten sich an ihren Erinnerungen. Waren sie doch stets dabei, wo Gefahr drohte oder wo es heiß herging! Der unterschrieb schon am 6. März die Arthabersche Bürgerpetition, jener die Schriftsteller-, dieser die Studenten-Adresse. Der eine war am 13. März in der Herrengasse, als die erste Todessalve krachte, der andere hob einen Redner auf die Schulter, der das »System« und seinen Repräsentanten stürzte, und sein Nächster half in der Nacht zum 14. März das – nicht in Wien geborene – Brand- und Raubgesindel, das vor den Linien, zur Entheiligung des Tages, sein Unwesen trieb, abwehren und die Stadt vor Plünderung schützen. Allüberall gab's zu tun, und man legte Hand an in selbstloser, aufopfernder Hingebung. Welch eine Zeit! Welch Frühjahr, welch Sommer, welch fürchterlicher Herbst und schließlich welch ein entsetzlicher Winter! Ging's doch einigen nachmals auch recht schlecht und verseufzten sie die Jahre in dumpfenden Kasematten, oder auf ruheloser Flucht, unablässig verfolgt und wie ein Wild gehetzt von der blutgierigen Meute der Spione und Angeber! Müde und gebrochen kehrten sie später in die Heimat zurück, nichts mit sich bringend als die alte Liebe im Herzen, die Liebe zur »Sache«, die sie einst hieß, wenn's sein sollte, auch in den Tod zu gehen.

Die alten Achtundvierziger! Sind's doch ohnehin nicht mehr ihrer allzu viele! Längst deckt die meisten die Erde; hier und dort, in weiter Ferne scharrte man sie ein, fremd unter Fremden schlossen sie ihre Augen, aber gewiß noch einmal des Tages gedenkend, an dem die Menschenwürde ihre Auferstehung fand. Das Häuflein, das sich noch erhielt und seinen Schwüren treu blieb, das schlüpft jedoch bei solchen Anlässen aus seinen Kämmerlein hervor und steigt hinab auf die Straße und hält Umschau nach jenen, die ebenfalls pflichttreu dahergekommen. Eine Kontrollversammlung, eine Ehrenparade von Gesinnungsgenossen! Man teilt sich in kleine Gruppen und plaudert von entschwundenen Zeiten. Das eine Pärchen saß in der Reitschule und beriet die Grundrechte, das andere tagte im Sicherheitsausschusse und machte die fatale Exkursion nach Innsbruck und die riskante und gefahrvolle nach Prag mit. Täglich neue Kämpfe, Straßenschlachten und Hinrichtungen und so weiter. Sie hatten viel erstrebt und viel erreicht, zu viel verloren und zu viel gelitten, um die gewaltigen Einzelheiten jenes denkwürdigen Jahres je vergessen zu können. Wie eine Fata Morgana dämmert's nun in ihrem Gedächtnisse auf und zaubert ihnen die tragischesten Ereignisse wieder vor Augen. Ehret doch, ihr blühenden Jungens von heute, die Vorkämpfer eures Strebens, die Verteidiger von Licht und Recht und Wahrheit!

Ich spreche immer nur von jenen, die sich unter allen Umständen und Verhältnissen und in allen Lebenslagen als echtfärbig bezeigten und es heute noch sind; von jenen, von denen A. Grün singt:

Wem ihren Strahl die Freiheit einmal durchs Herz gegossen,
Abfällt der nie und nimmer, trotz sond'rer Kampfgenossen!

– von jenen, an denen jegliche Versuchung scheiterte, sie ins andere Lager zu bringen, die Armut, Not und Entbehrung litten und annoch leiden und den schnöden Judaslohn zurückwiesen, den ihnen gewisse Söldlinge anboten, wenn sie sich herbeiließen, zu Verrätern zu werden an der heiligen Sache. Ich spreche nicht von jenen feilen Seelen, die einst groß getan mit ihrem Heldentum und dann jedem zu Füßen krochen, der ihnen einen Brocken zuwarf. Ich spreche, wie ich sie schon genannt, von den Treugebliebenen, nicht von den Überläufern und Glücksspekulanten, ich spreche von der allerdings arg zusammengeschmolzenen Garde der wahren und richtigen Achtundvierziger, die ihren Glauben nie verleugneten und die in ihrem Glauben sterben werden. Ja, auch diese »Garde stirbt, aber sie ergibt sich nicht!«

Es wurde in letzter Zeit, als die Glücksjägerei in alle Schichten der Gesellschaft drang und ihre Proselyten machte, fast schon Mode, über einen unbeugsamen Achtundvierziger zu spötteln und über die damalige Bewegung und ihre Anhänger faule Witze zu reißen. Namentlich der Idealismus dieser guten Leute wurde stark ins Zeug genommen und *ad absurdum* geführt. Der Idealismus! Wie lächerlich erscheint er den pfiffigen, verschmitzten, gefinkelten Praktikern! Nun, diese läppischen Idealisten erkämpften damals die gigantischeste Umgestaltung der staatlichen Organisation und begnügten sich mehrenteils mit dem Kampfesbewußtsein; daß an dem Gewinne später andere partizipierten, kümmerte sie nicht. Sie ebneten die Wege; daß sich auf dem ausgereuteten Raume mitunter das bedenklichste Gezücht dann breit machte, war nicht ihre Schuld, sie selbst drängten sich nicht herbei, von ihrer Saat zu ernten. Das taten die sogenannten »Klugen«, welche sich den Teufel darum scherten, wem sie es eigentlich zu danken haben, daß sie an so reicher und vollgefüllter Krippe ihr täglich Futter finden. Wenn die Neuzeit so manchen aufs üppigste nährt, denkt er daran, wer diese Neuzeit schaffen half? Die ehrlichsten »Gründer«, und wie höhnte man sie!

Die alten Achtundvierziger! Bewegt reichte mir vor

dem Monolith einer die Hand, mit dem ich vor dreiunddreißig Jahren im Hofe des Landhauses stand, der in den Oktobertagen mir und meinem jungen Weibchen mit brennender Fackel den Weg über die Barrikaden zeigte und der dann aus meinen Augen entschwand. Jetzt traf ich ihn wieder. Die Jahre und das Exil haben ihm das Haar gebleicht und Furchen in die Wangen gezogen, aber die Augen blitzten noch immer. Lächelnd erinnerte er mich an unser bescheidenes Kneipenleben im frühesten Vormärz, wie wir da eine kleine Verschwörerbande bildeten und nur zu einer Göttin schwuren: zur gebenedeiten Freiheit! Der holden Dame durften wir jedoch unsere Huldigung nur in maskierter Weise darbringen, und so feierten wir sie unter dem Namen »Ännchen von Tharau«. Wenn dann ein Delegierter der vorstädtischen Hermandad die Ohren spitzte und unsern Gesprächen seine geneigteste Aufmerksamkeit schenken wollte, dann intonierte der Kantor das Dachsche Lied, und wir sangen verständnisinnig den für uns parabolischen Text:

> Ännchen von Tharau, mein Reichtum, mein Gut,
> Du meine Seele, mein Fleisch und mein Blut;
> Käm' alles Wetter gleich auf uns zu schlahn,
> Wir sind gesinnet, bei einander zu stahn:
> Krankheit, Verfolgung, Betrübnis und Pein
> Soll unsrer Liebe Verknotigung sein!

Die naiven Idealisten! »Nun, komme es, wie es sei!« meinte mein Jugendgefährte, »aber zusammenhalten müssen wir, was, wir alten Bursche von damals! ›Noch muß man spüren Treu'!‹ ruft Hutten; Tröpfe mögen lachen, Lumpe mögen abtrünnig werden, eitle Gecken Tand und Flitter ergattern, der Rest ist doch gediegen Gold! Und sollte es schlimm und schlimmer werden, ich harre aus, und Sie wohl auch? Was? Ist's so oder nicht? Mag der große Haufe nach seinem Pläsier denken und leben und nach seiner Façon selig werden, wir sind's in unserer Art. Gedenken Sie Schenkendorfs

> Wenn alle untreu werden,
> So bleiben wir doch treu!«

Dann eilte er fort. Wahrhaftig, ein Unverbesserlicher – ein rechter alter Achtundvierziger! –

Alte »Neunundvierziger«

Warum spricht man nicht auch von ihnen? Von jenen plötzlichen Normalpatrioten, die ja ein förmlicher Gattungsbegriff gewesen, die sich in so prägnanter Weise in den Vordergrund zu stellen wußten und in dieser vorteilhaften Position der allgemeinen Beachtung nicht entgehen konnten? Warum spricht und erzählt man auch nicht von dieser Sorte, dieser Spezies, diesen merkwürdigen Leuten, die gleich den geschultesten Schauspielern je nach der Szene entweder in Entrüstungsattitüden paradierten oder in Zerknirschungsposen machten? Immer und immer nur von diesen leidigen Achtundvierzigern, diesen unheilbaren Trotz- und Tollköpfen, diesen ungebärdigen Gesellen, die, weil sie gegen den Strich gebürstet, wenn man sie anfaßte, gewissen heiklichen Händen ein Gruseln verursachten, diesen unpraktischen Phantasten, deren Herrschaft ohnehin nur ein paar Monate dauerte; immer und stets nur von dem Rebellenpack zu erzählen und zu berichten und der Repräsentanten und Stützen der wiederhergestellten »Ordnung«, der triumphierenden Partisane der nachfolgenden Ära mit keinem Sterbenswörtlein zu gedenken! Das ist eine unkluge und sträfliche Vergeßlichkeit. Denn sie verdienten doch ebenfalls eine eingehende Beleuchtung und sollten von gewissenhaften Chronikenschreibern in den bezüglichen Geschichtsbüchern mit der gehörigen Seitenanzahl bedacht werden. Aber niemand gedenkt ihrer mehr – verschollen die Namen, ausgelöscht ihre Taten, verdorrt und verwelkt ihre Kränze, mit denen man sie einst geschmückt! Warum diese Gleichgültigkeit gegen eine einst allmächtige Klasse, dieses Ignorieren, das empfindlichere Menschen wie Mißachtung deuten könnten?

Aber – ich täusche mich vielleicht und man hat dieser Leute nicht vergessen und denkt im Gegenteile sogar noch recht lebhaft an sie, in jenen Kreisen, wo man zu denken pflegt, und es basiert sich mein Irrtum etwa nur auf den Umstand, daß sie nicht unter der in meiner Überschrift angegebenen Benennung, sondern unter ganz andern, und zwar recht garstig klingenden Titulaturen im Munde des Volkes fortleben und im öffentlichen Urteile sich erhalten haben. Und so ist es denn auch. Während die Wortführer und Tribunen und Kämpfer des Sturmjahres unter der populären und allen geläufigen Bezeichnung: »ein Achtundvierziger« völlig und ehrbarst legitimiert sind, hat man die Koryphäen des nächsten Jahres, die richtigen »Neunundvierziger«, nicht einmal unter diesen Namen firmiert, sondern ihnen andere, für jedermann noch verständlichere Kennzeichen aufgedrückt, und schleichen sie, für den Wissenden mit dieser Brandmarke versehen, noch immer wohlpräpariert herum. Nein, und abermals nein – man hat ihrer nicht vergessen; ich sehe soeben, wie eine Gruppe grauhaariger Männer einem Altersgenossen, der scheu vorüberhuscht, höhnisch nachblickt; wie sie mit den Fingern nach ihm deutet, sich etwas in die Ohren wispelt und wie man dann gemeinschaftlich – ausspuckt. Es war ein Denunziant, ein freiwilliger Angeber von damals; wer unter ihrer Macht geseufzt und gelitten, gedenkt dieser Kreaturen bis zu seiner letzten Stunde!

Die meisten dieses saubern Freiwilligen-Korps gehen heute, wo sie erkannt zu sein glauben, abseits, biegen rasch um die Ecke, schlagen die Augen zu Boden und vermeiden es überhaupt, offenen Blicken zu begegnen;

lastet doch vielfacher Fluch – *in perpetuam rei memoriam* – auf ihnen! Andere spielen wieder die Allerliebsten und sind unerschöpflich in Jux und Spaß und im Erzählen von Anekdötlein, manchmal selbst gewagtesten Inhaltes. Das sind jene, die angeblich (oder vorgeblich) »in sich gegangen«; die, wie sie im Vertrauen sagen, vieles bereuen, wozu sie im Übermaß der Angst und in allzu beschleunigter Dokumentierung ihrer politischen Tadellosigkeit sich hinreißen oder wieder durch andere sich verleiten ließen. Ein erbärmlich Pack, das seine Gesinnung wie seine Beinkleider je nach der Jahreszeit wählt und wechselt; ein widerlich Gezücht, von dem sich schließlich selbst die bezüglichen Stellen und Ämter, Behörden und Personen, denen man zu dienen und gefällig zu sein glaubte, ekelerfüllt abwendeten; eine traurige Sippe, deren Aufdringlichkeit man überdrüssig ward und der man die Tür weisen mußte, um doch auch zeitweise zu Atem zu kommen. Denn das löste sich so ab: Spitzel, Speichellecker und Petenten – letztere unersättlichster Art!

Ja, die richtigen Neunundvierziger! Nur Eingeweihte und Verständige kannten diese Signatur, die man sich nachmals zuraunte, wenn einzelne über eine plötzlich auftauchende mystische Persönlichkeit im unklaren waren und betreffs deren Verläßlichkeit billige Zweifel hegten. »Ein Neunundvierziger!« – »Verstanden!« Das genügte, und man wendete sich ab und mied den also Gezeichneten demonstrativ.

Aber der wienerische Ostrazismus ging noch weiter. Als die Aushebungen, Arretierungen und steckbrieflichen Verfolgungen, zu denen das »Zivil- und Militär-Gouvernement« durch unaufhörliche Anzeigen nimmermüder »Forscher« fast gewaltsam gedrängt wurde, zu solcher Ausdehnung gelangten, daß die gesamte Bevölkerung beinahe nur mehr in zwei Klassen: in Verdächtigte und Verdächtiger, geschieden war, und jeder gesellschaftliche Verkehr nur unter den größtmöglichen gegenseitigen Vorsichtsmaßregeln gepflogen wurde, da begann jene Sitte Platz zu greifen, die heute noch gang und gäbe, und die Wien, der legitimen Hauptstadt der Gemütlichkeit, so schlecht steht, zu der es sich aber bequemen mußte, als es die Beute der ansteckendsten Krankheit, des allgemeinen Mißtrauens, und zwar in rapidester Schnelligkeit, geworden war. Ich meine die nur von jener Zeit datierende unliebenswürdigste Mode des Absonderns und Separierens jedes einzelnen in öffentlichen Lokalitäten. Wer den Nächsten nicht kennt, betrachtet ihn mit Argwohn und meidet ihn. An zwanzig Tischen sitzen zwanzig Personen, die sich verstohlen beobachten. Wie war das einst hier anders, wo die lustigen Wiener noch dem muntern Geschlechte der »Inséparables« zugezählt wurden, wo man kordialst beisammen saß und wo der nächste Tisch sich erst belegt sah, wenn der erste bereits vollgepfropft besetzt war! Denn man liebte Mitteilungen und engagierte sich gern zu Gesprächen.

Nun wurde es plötzlich anders. Die Achtundvierziger schwiegen und wurden stumm gemacht, und die Neunundvierziger, die Partei der »Gutgesinnten«, kamen zu Wort. Aber man kannte den Text und die Melodie ihrer Hymnen und auch ihre Lockgesänge zur Genüge, und man trachtete, sobald sie ihre Stimme erhoben, rasch aus dem Gehege und Netzgestränge dieser gierigen Vogelfänger zu kommen. Nicht immer gelang es. Mancher verwickelte sich durch ein Wort, das man als Köder ihm hinwarf und das er unwillkürlich aufgriff, in den aufgerichteten Maschen, und hatte seine liebe Not, aus dem Gestrüppe und Gewirre von Kreuz- und Querfragen sich herauszuwinden.

Eine entsetzliche Zeit, in der auch das Dümmste kolportiert und von der durch tausend Gerüchte betäubten und eingeschüchterten Menge geglaubt wurde. Sogar die Schulbuben waren gefährlich; man munkelte etwas wie von einer Verschwörung und daß sie nichts Geringeres beabsichtigten, als – die Kanonen, mit denen die Basteimauern rings garniert waren, zu vernageln, selbstverständlich nachdem vorerst die Schanzen erobert, die Bewachungsmannschaft überfallen und kampfunfähig gemacht worden. Dann sollte die Stadt mit Sturm genommen und die Burg demoliert werden. Daß das große Werk gelänge, mußten auch die Erwachsenen einstweilen durch Erkennungszeichen sich verbinden, um von der Anzahl der Gesinnungsgenossen sich zu überzeugen; und nun waren es bald lange Haare, bald breite Hutbänder, ein anderes Mal rotfärbige Uhrschnüre oder derlei Krawatten, gewisse Stockformen und Kleidertrachten etc. die als Signalement der Umstürzler geeigneten Ortes »verzunden« wurden. Welch Halali nun in allen vierunddreißig Vorstädten!

Eine trübsel'ge Zeit, eine Zeit des Jammers und der Verzweiflung! Die Aburteilungen über tätliches Vergehen im traurigen Oktober wollten kein Ende nehmen, da seitens dienststeifriger Personen täglich und wohl auch nächtlich und zu jeder Stunde immer neue Anzeigen einliefen. Viele Mitteilungen wurden auch anonym gemacht, wie es ja das alte Vorrecht der unverfälschten Niedertracht ist, die giftigsten Pfeile aus sicherm Versteck abzusenden. Der perfide Schütze steht dann meist bei dem Verwundeten oder zu Tode Getroffenen und reicht seinem Opfer mitleidsvoll die Hand und weint bittere Zähren. Ich war wiederholt Zeuge solcher Szenen, wo alles Blut mir zum Herzen drang und wo ich schweigen mußte und nichts tun konnte, als einen Blick zum Himmel werfen, erwartend, daß ein Blitz den Schurken, der neben mir stand, zerschmettern müsse. Aber der Allmächtige zauderte, das Maß war vielleicht noch nicht voll, und so sparte er sein Zornesgewitter, mit dem er später allerdings so manchen Frevler zermalmte.

Aber in der Zwischenzeit ruhte die Meute nicht eine Stunde und nahm sie an der Hatz mit ungeschwächtem Mute teil. Gab's doch auch immer Neues zu entdecken und neue Formen von Verbrechen zu enthüllen! Da fielen die noch heute unaufgeklärten Schüsse, von denen jede Patrouille zu erzählen wußte, die nachts, von Seressanern angeführt und von Kroaten gedeckt, die Straßen durchstreifte, um sich von der »Ruhe« der Stadt zu vergewissern. Wie gesagt, es fielen, wie es heißt, regelmäßig Schüsse, aus dem Hinterhalt, von unsichtbarer Seite; getroffen wurde niemand, aber die Kugeln hörte man, wie die Rotmäntler schwuren, ganz deutlich pfeifen. So war kein Zweifel, daß es auf einen demnächstigen Angriff auf das Militär abgesehen, daß noch immer Waffen und Munition in schwerer Menge vorhanden waren, und nun ging die Suche nach diesen verborgenen Werkzeugen der Aufständler von vorne an. Man fand übrigens nur mehr Weniges, und die Überwiesenen wurden ohnehin standrechtlich erschossen.

Eine fürchterliche Zeit! Deutsche Offiziere klagten damals häufig, daß sie von Zivilpersonen, oft sogar nobelsten Exterieurs, mit Anzeigen gegen deren Mitbürger in aufdringlichster Weise und geradezu bis zur Qual behelligt wurden. War es Loyalität, war es Servilismus, der in der Tat nun seine wahnwitzigsten Orgien feierte? Ach, es war mitunter das gemeinste Motiv: hier Rache an einem Geschäfts- oder sonstigen Rivalen, und dort Befriedigung persönlicher Eitelkeit, die Hardiesse, für seine »patriotischen« Leistungen sichtbar sich auszuzeichnen zu lassen.

Man schlug maßgebenden Orts manchmal voll Abscheu und entsetzt die Hände über dem Kopfe zusammen, wer alles und für was man einen Orden zu verlangen die eherne Stirne hatte.

Eine böse und schreckliche Zeit, welche die Menschheit entarten zu machen schien! Alle Bande der Freundschaft waren gelöst, unanknüpfbar zerrissen, und selbst in viele Familien zogen Haß und Zwietracht ein, denn der Verrat umspann mit seinen Saugarmen auch die intimsten Kreise. Die Bessern und Edelgesinnten erfaßte schier Verzweiflung; in dumpfem, schweigendem Hinbrüten verbrachte man die Monde und Jahre und sah in banger Beklemmung in die dunkle Zukunft. Das Regiment dieser freiwilligen und ungebetenen Offizianten der neuesten Gegenreformation dauerte nämlich etwas gar zu lange. Es begann eigentlich schon am Allerheiligentage 1848, nach der Einnahme Wiens, und mit dem Truppeneinmarsche, aber die Herren wirkten und arbeiteten vorläufig doch nur meist im stillen und im verborgenen; man war Ungarns wegen noch nicht vollkommen sicher, da jedoch die russische Hilfe und Unterstützung im nächsten Sommer eingetroffen, die Sache bei Világos ihren Abschluß gefunden, die Insurrektion besiegt war und die »Pazifikation« allerorten begann, da konnte auch hier die »Partei der Ordnung« endlich ungescheut ihr Haupt erheben und in Aktion treten. Und sie tat es sodann auch und mit Vehemenz. Nichts genügte ihr mehr; man rannte die Türen der Würdenträger ein und überbot sich in Anträgen und Vorschlägen, die freilich nicht samt und sonders akzeptiert werden konnten, denn es waren darunter einige Ideen, die nur dem Gehirne eines Verrückten entsprungen sein konnten. Projektierte doch einer allen Ernstes, als es im März 1850 ruchbar wurde, daß einige Exgarden und Exlegionäre den Schmelzer

Friedhof besuchen und auf das damals noch simple Grab der Märzgefallenen einen schlichten Kranz legen wollten, daß man ein Dutzend Fanghunde von patriotischen Fleischern ausleihen und auf die Demonstranten loslassen möge! Er selbst würde das Ganze mit Freuden arrangieren. Und Anno 1851 lief sich ein anderer die Füße wund, um es bei allen Amtsvorständen durchzusetzen, daß diese darauf drängen, von ihrem Personale im Jahre mindestens zweimal die Beichtzettel abgeliefert zu bekommen. Als man ihn auslachte, prophezeite er das Hereinbrechen des Chaos und ging, damit doch jemand für die Religion etwas tue, zu den Dominikanern ministrieren. Wieder ein anderer trachtete seine, wenn auch unmaßgeblichen, so doch wohlerwogenen Ansichten bezüglich der Staatsgefährlichkeit der Knebelbärte zur Geltung zu bringen; während wieder ein anderer treugehorsamst auf die breitkrämpigen Hüte hinwies und sich anzuempfehlen erlaubte, auf Kopfbedeckungen überhaupt ein scharfes Auge zu haben!

Und so fort. Später kam gar die Severinusperiode, der Abschluß des Konkordates, die Heilighaltung des Sonntags mittelst Arretierung der Wäscherinnen, wenn sie mit Butten und Tragkörben betreten wurden, und der rigorosesten Schließung aller Läden und Gewölbe (mit Ausnahme der Kaffee- und Gasthäuser und Branntweinschenken) und was der Dinge mehr waren, die einen ehrlichen Achtundvierziger nicht entzücken konnten, und wobei in hellster Begeisterung immer nur der Neunundvierziger figurierte, das große Wort sprach und an der Tête marschierte. Eine wunderliche Zeit und wunderliche Menschen!

Apropos – was ich zum Schlusse sagen wollte: Danken wir Gott, daß der ganze Trubel vorüber! Man hat freilich die schönsten Jahre unter ihm verseufzt, hat viel geduldet und gelitten, ist dabei alt und mürrisch und verdrossen geworden und hat, von odiosesten Kämpfen zusammengerüttelt, fast die Freude am Leben verlernt. Aber man kann doch ohne Beschämung Rückschau auf sich selbst halten – was ist's und wie steht's mit den andern?

Fastenpredigten und ihr Publikum

(März 1869)

Die Wettrennen in der Freudenau, die Wacheablösung auf dem Burgplatz, eine Hinrichtung bei der Spinnerin am Kreuz, der Mariabrunner Kirchtag, der Eisstoß, »Der Müller und sein Kind« am Allerseelentag, ein großes Dachfeuer, ein schwimmender Pudel in der Donau, ein Benefice der Gallmeyer, eine Taubenjagd beim »Hasel«, ein amtlicher Rundgang des Abdeckers, eine neue Harfenistin, dann die Gerichtsverhandlungen, der Heurige beim »Gschwandtner«, die Plenarversammlungen des Gemeinderates und die Sitzungen der beiden »hohen Häuser«, eine Leichenfeier der *Entreprise*, ein neues Ballett, eine Häuserdemolierung, die Eröffnung einer neuen Bierhalle, und wie die verschiedenen Schaustellungen, öffentlichen Funktionen und Gemütsemotionen der Wiener heißen mögen, sie haben alle ihr eigenes Stammpublikum. Natürlich haben es auch die Fastenpredigten (ich spreche von den modernen), die für eine gewisse Gattung Menschen nunmehr ein besonderer Seelen-*haut-goût* geworden sind.

Als vor fünf Dezennien der phantastische Renegat und Poet Zacharias Werner das »Wort Gottes« (meist in der Ligourianerkirche) lehrte, da strömte ganz Wien, ohne Unterschied des Standes, des Alters und selbst der Konfession herbei, um den geistreichen Mann mit dem entsetzlichen preußischen Dialekte zu hören und sich von ihm tatsächlich »erschüttern« zu lassen. Aber schon Werner begann, durch seine außerordentlichen Erfolge irregeführt, immer mehr auf den Effekt loszuarbeiten; weniger das Seelenheil seiner Zuhörer im Auge, war es ihm in letzter Zeit nur mehr darum zu tun, durch Ungeheuerlichkeiten des Ausdruckes zu glänzen, ja man sagt, daß er sogar Wetten machte, gewisse Bilder ungefährdet auf der Kanzel zu gebrauchen. Und er tat dies auch in seiner berühmten Predigt über das »kleene Stückchen Fleesch« (Fleisch), das alles Unheil über die Welt gebracht und dessen Fluchwürdigkeit er in zahllosen Beispielen andeutete. Die Zuhörerschaft schlug scheu die Blicke zu Boden. Plötzlich rief Werner kreischend: »Soll ich euch das kleene Stückchen Fleesch nennen!« Totenstille. »Soll ich es euch zeigen?!« Entsetzliche Pause. »Da, seht her, hier ist es!« Und Werner reckte seine Zunge heraus. Ein Gekicher war die Antwort.

Werner war überhaupt drastisch in seinen Gleichnissen. In der wahrhaft großartigen Predigt »Die Posaunen des Weltgerichts«, wo Worte von dichterischer Begeisterung von seinen Lippen strömten, rief er, seinen Herrn und Meister gar sonderbar zitierend, in unheimlicher Ekstase: »Früh oder spät, in irgendeinem künftigen Zeitpunkte, den alle menschliche Weisheit nicht bestimmen kann – ein entsetzliches Geheimnis im Buche des Schicksals –, vielleicht in dieser Stunde, oder nachdem tausende von Jahren hinabgerauscht sein werden, wird plötzlich und unversehens, wie ein Blitz, wie ein Dieb in der Nacht hereinbrechen das Weltgericht, dem kein menschliches Wesen entrinnen kann etc.«

Kurz vor seinem Tode verfiel Werner, der geniale Titane des Wortes, in blöden Mystizismus, in gedankenlose Bigotterie, in aberwitzige, frömmelnde Spielerei, und die goldene Schreibfeder, ein Geschenk des Fürstprimas von Dalberg, die Werner als das »Hauptwerkzeug seiner Verirrungen und Sünden« der Kirche, respektive der Schatzkammer in Mariazell, verehrte, damit die Mutter Gottes ihm all das verzeihe, was er je geschrieben (auch seine wunderprächtigen Dramen), ist ein wehmütiges Zeugnis der Geistesnacht, in welcher der Dichter des »Vierundzwanzigsten Februar« und des »Attila« sein sturmbewegtes Leben endete.

Werner fand bald eine Menge Nachahmer, die ihm jedoch nicht bis an das Kniegelenk reichten. Selbst der bedeutendste, der 1832 verstorbene Ruttenstock, der bei St. Stephan predigte und viel Zulauf fand, konnte ebensowenig, wie Zocek (bei den Schotten) Werner aus der Erinnerung verdrängen. Nur Veith, gleichfalls ein Konvertit, ein Mann von universaler Bildung, von durchdringendem Verstande und umfassendem Wissen, ragte, obwohl ihm nicht die mindesten äußerlichen Mittel zu Gebote standen, um auf seine Zuhörer zu wirken, doch als geistiger Riese unter den Kanzelpygmäen hervor und ergriff sein Auditorium durch die Schärfe seiner Gedanken und die sieghafte Gewalt einer unerbittlichen Logik. Aber auch Veith kam mit den Jahren auf Abwege. Die Reaktion gewann den sinnigen Kopf und feinen Denker, er wurde ihr getreuestes Sprachrohr, und die politischen Fastenpredigten des heute fast neunzigjährigen erblindeten Greises, welche er vor anderthalb Dezennien in der Stephanskirche, bei den Franziskanern und Kapuzinern hielt, und die von Ausfällen auf die Bewegungsepoche und die Partei des Fortschrittes strotzten, sind ein trauriges Vermächtnis der einstigen Geistesgröße des populären Mannes und zartfühlenden Gelehrten.

Die gleichzeitigen Rivalen Veiths erhoben sich nicht über die Alltäglichkeit. Sedlaczek, ein Schüler Löwes, des feurigen Deklamators, bestach nur durch die geschmackvolle Vortragsweise, die jedoch stark an die viel applaudierten Monologe Alboins, Rustans und Mortimers erinnerten. Sedlaczek war ein Liebling der Aristokratie, die Damen verehrten den frommen Mann abgöttisch, er wurde Hofprediger und zuletzt Prälat in Klosterneuburg.

Diese irdischen Erfolge des Vielbelohnten spornten andere gottesfürchtige Männer, welche gleichfalls das Zeug in sich zu fühlen glaubten, durch die Macht der Rede die sündhafte Welt auf die Pfade der Tugend zurückführen zu können, an, sich ebenfalls auf der Kanzel hervorzutun. Eine Legion von deklamatorischen Streitern der Kirche erstand, aber die meisten der neuen Kapistrane wählten die Methode des Eklatmachens, sie gefielen sich in Absonderlichkeiten und sprachlichen Wagnissen, wie Werner, oder in hämischen Ausfällen auf die liberale Richtung des Zeitgeistes, wie Veith, betrübenden Andenkens.

Die Fastenpredigten, welche, weil sie das »vierzigtägige, bittere Leiden und Sterben des Herrn und Heilands Jesu Christi« alljährlich in das Gedächtnis der vergeßlichen Menschheit zu rufen haben, gerade durch die Weihe des Gegenstandes wirken und das Wort Gottes in seiner hehrsten Erhabenheit lehren sollten, bekamen gar bald ein ganz anderes Renommée und zeichneten sich durch die weltlichsten, um nicht zu sagen frivolsten Stoffe aus. Denn obwohl noch in einzelnen Kirchen ein paar finstere Fanatiker mit geballten Fäusten auf die Brüstung der Kanzel losschlugen, von den Schrecknissen der Hölle ein Schauergemälde entwarfen, von dem siedenden Öle, von dem brennenden Schwefel und Pech, mit dem die Sünder Millionen Jahre hindurch gemartert würden, von den glühenden Steinen, mit denen der Aufenthalt der Unbußfertigen gepflastert, und dem Flammenmeere, in das der Frevler, der nur eine Sünde nicht gebeichtet, von dem zürnenden Cherubim getrieben, die haarsträubendsten Mitteilungen machten, so konnten diese dialektischen

Höllen-Breughels auf ein Residenz-Publikum doch nicht nachhaltig wirken. Einige hysterische Frauen fröstelte es, und sie zogen die Mantille knapper über die Achsel, die alten Weiber schlugen wiederholt das Kreuz, hie und da rollte ein an eine Säule gelehnter, dem religiösen Wahnsinn halb verfallener Privatzelote, der ohnehin eines Tages sein bißchen Hab und Gut der Kirche testiert, wild seine Augen, oder grinste so recht boshaft vergnügt bei der Schilderung der greulichen Szenerie, die der himmlische Regisseur als Abschreckungstheorie in den unteren Räumen seiner Schöpfung arrangiert haben sollte, aber die große Masse des leichtlebigen Wiener Völkchens glossierte leichtsinnig lächelnd diese drastischen höllischen Berichterstattungen, die Wiener in Bausch und Bogen glaubten nicht an Schwefel und Pech und blieben endlich ganz weg. Die Wiener bedurften einer anderen Kost, als dieser bäuerischen, ihre Ohren eines anderen Kitzels.

Diesen Moment erfaßte der Orden der Jesuiten und seine Kollegen, die Lazaristen und Redemptoristen, und sie sandten ihre sogenannten »Talente« aus, um den indifferenten Wienern wieder einigen Geschmack an den Predigten und an den Fastenpredigten insbesonders abzugewinnen. Die berühmtesten Apostel, welche nun die Heiden und Ungläubigen des V. U. W. W. zu bekehren hatten, waren: Der nun bereits verstorbene Jesuit Staffler, die Jesuiten Josef und Ferdinand Klinkowström, wovon Josef, der heuer auf Predigergastrollen in Straßburg weilt, wohl der bedeutendere ist (Ferdinand starb mittlerweile), der Redemptorist Graf Coudenhove, dermalen jüngster Domherr, dann Kassewalder, jetzt Prior der Redemptoristen, ferner die Lazaristen Kramer, Koppi, Muhm (gest. 1860), Nachtigall (ein geborner Wiener) usw. Und diese Herren brachten denn in der Tat auch wirklich Neues, sie erfanden die »Missionen«, die Predigten für Jungfrauen, wobei den Männern der Zutritt strenge verwehrt wurde, und diese sich gutmütig genug die Türe des doch für alle geöffneten Gotteshauses durch die Sakristeibüttel vor der Nase zuschlagen ließen, dann die Predigten für Frauen und Wittfrauen und noch mehreres anderes.

Die Presse war damals geknebelt und lag starr in dem Banne der Segnungen des Konkordates. Es war nicht gut möglich, über jene geheimen Geschlechts- und Standespredigten etwas in die Öffentlichkeit zu bringen. Man sah nur die Mädchen nach beendigter Predigt die Kirche in verwirrtem, aufgeregtem Zustande verlassen. Man erzählte sich die wunderlichsten Dinge. Besonders zwei Predigtstoffe gingen in Wien von Mund zu Mund: Über eine gewisse Mehlspeise, die man des Anstandes wegen anders nennen sollte, und wie die Kaffeemühle zu handhaben wäre.

Diese pikanten Predigten brachten ganz Wien in Aufruhr. Eine Menge skandalöser Szenen wurde von der Fama damit in Verbindung gebracht; Jünglinge sollten sich, um ihre Neugierde zu befriedigen, als Mädchen verkleidet und in die Kirche eingeschmuggelt haben, wo sie sodann erkannt und arretiert worden seien. Ohnmachten, Wahnsinnsfälle, Selbstmorde, ja sogar Veruntreuungen und Diebstähle, um Opferspenden bringen zu können, waren das Material für die Chronik jener merkwürdigen Tage. Ich weiß nun nicht, wieviel daran Wahres sei; genug, daß die öffentliche Meinung derlei glaubte und kolportierte.

Die neuen Matadore der Kanzel behielten natürlich ihr erobertes Terrain nun inne und nützten die Macht ihrer gefeiten Stellung und Würde auch weidlich aus. Vornehmlich waren es die Fastenpredigten, in denen sie sowohl auf gewisse Stände, als auf die große Masse überhaupt zu wirken suchten. Einzelne Fastenprediger liefen nun ihren Kollegen bald den Rang ab, sie überboten sich in der Originalität ihrer Themata oder Vortragsweise, und das Publikum lief wieder diesen neuen Wortführern der Kirche um die Wette zu. (Josef) Klinkowström und Graf Coudenhove waren die gesuchtesten, sie wurden die Modeprediger und eine Fastenpredigt schließlich zur Modesache.

So stehen die Dinge auch heute noch. Die Namen der Kämpen haben sich zwar momentan geändert, aber die Sache ist dieselbe geblieben. Unter tausend Zuhörern stellen deshalb auch die neugierigen das größte, und die andächtigen das kleinste Kontingent.

Man stößt sich und drängt sich und läßt sich Plätze reservieren, wie im Theater, denn gewisse Prediger der neuesten Ära amüsieren die Neugierigen aufs beste. Die Kanzel ist nämlich mit einigen wenigen Ausnahmen zum Tummelplatz der Polemik geworden. Man erwiderte bereits auf Späße von Witzblättern, man kritisierte die Feuilletons Kürnbergers usw. Von dem bittern Leiden und Sterben Jesu Christi wird nur nebenbei gesprochen, dagegen aber werden über Aktienschwindel, Maskenbälle, den schändlichen Liberalismus und die schlechte »Judenpresse«, über Gemeinderat und Gesetzgebung die launigsten Ausfälle gebracht. Man nennt gewisse Predigten heutzutage nur mehr, und mit Recht, Causerien, man weiß bereits, wie bei einer Rede des witzigen Abgeordneten vom Neubau, »Heiterkeit« zu registrieren, und gelingt es dem Meßner, ein paar »Notizler«, die dieses originelle »Wort Gottes« (natürlich nur für die »Judenblätter«) aufschreiben wollen, bei solcher Schandtat *in flagranti* zu ertappen und sie unter Faustschlägen und Rippenstößen vor die Türe zu setzen, so ist die Hetz fertig, und das Publikum erhält auf diese Weise gratis noch eine Superdividende an Amüsement.

(...)

Wie leicht hätte es mir noch vor einem Dezennium, unter der Regierung jener exquisiten Gesellschaftsretter, geschehen können, daß ich wegen »Verspottung der Religion« usw. auf soundso viele Monate zu k. k. Erbsen und ärarischer Amtsdienergrobheit verurteilt worden wäre, wenn ich mir hätte einfallen lassen, es laut zu sagen, daß ich von jenen Leuten nie viel gehalten habe, die – statt zu arbeiten – täglich in einem halben Dutzend Kirchen stundenlang auf den Knien herumrutschen, sich die Brust zerschlagen und die schmutzigsten Kehlheimer Platten mit den inbrünstigsten, zerknirschtesten Küssen reinlecken. Heute darf man sich zu solch freigeistiger Konfession wohl ungestraft bekennen, und deshalb erkläre ich bei meinem heiligsten Gottvertrauen, daß ich von jenen Leuten auch jetzt noch nicht viel halte.

Desto mehr rührt und ergreift mich die wahre, stille Andacht, die innige, gläubige Zuversicht an die Gerechtigkeit des himmlischen Vaters, und es schneidet mir z. B. jedesmal tief in die Seele, wenn ich nachts über menschenleere Plätze nach Hause kehre und auf dem Betschemel vor dem Lämpchen einer Muttergottessäule, einer Kapelle oder dem Bilde des Gekreuzigten an einer Kirche eine Gestalt hingegossen sehe, die, taub für das Gejohle der in den anstoßenden Straßen heimziehenden Zecher, ihre heißesten Gebete flüstert. Dort lachen und kichern sie und treiben unzüchtige Scherze, und hieher hat sich ein Geschöpf geflüchtet, das ungesehen sein Herz vor dem Ewigen ausschütten will und in dieser Beichte des Schmerzes vielleicht Trost findet. Welches Leid mag eine solche Brust bedrücken, welch Kummer mag sie erfüllen, und wie stark und echt muß ihr Glaube an den Herrn des Erbarmens, an den göttlichen Erlöser sein!

Und ebenso habe ich immer Achtung empfunden vor jenen einsamen Betern und Beterinnen, die die dunkelsten

Winkel der Kirche aufsuchen und, blind für die geräuschvolle Andacht der übrigen Kirchengänger, in sich versunken dastehen und die Angelegenheiten ihrer Seele ohne äußeren Apparat zu dem Ohre des Ewigen bringen.

Und wenn ich zur Zeit der Fastenpredigten die entlegeneren Räume des Stephansdomes durchschreite und in einer entfernten Ecke, abgeschieden von der hin- und herwogenden oder festgekeilten Menge, in einem Betstuhle eine verschleierte Gestalt sehe, zu der das rauhe Wort des Predigers nur selten dringt, die aber vielleicht in ihrem Innern es liebevoller und milder ergänzt, dann hüte ich mich, sie in ihren stillen Träumen zu stören und wende mich scheuen Schrittes zurück. Wenn aber die bunte Masse, die sich um die Kanzel und den Donnerer auf ihr drängt, in ihren einzelnen Exemplaren mitunter einen ernüchternden, um nicht zu sagen erheiternden Anblick gewährt, so ist es nicht meine Schuld, denn ich gehe wahrlich nicht, wie Pater Steiner uns Zeitungsschreiber speziell verlästert, in das Gotteshaus, um mich zu amüsieren.

Ach, es amüsieren sich dort ganz andere Leute als wir, denn, wie ich selbst bereits angedeutet, besteht das Fastenpredigtpublikum bei dem heutigen Charakter der Predigten meist aus Neugierigen, dann solchen, die die Sache als Modesache mitmachen, und nur der verschwindend kleinste Teil rekrutiert sich aus jenen, die aus religiösem Bedürfnis herbeieilen, um über die »Judenwirtschaft« schimpfen zu hören und ihr Herz an der Schilderung der Höllenqualen zu erquicken, welche den Fastentänzern, Freimaurern oder Aktiensammlern in dem besseren Jenseits bevorstehen.

Der ausgediente Soldat und nunmehrige Kanzleidiener ist der passionierteste Fastenpredigtbesucher. Du erkennst ihn an dem glattrasierten Kinn, dem noch immer reglementsmäßig kurzen Backenbart (anderthalb Zoll vom Ohrläppchen und dieses mit einer goldenen Linse geschmückt), der niederen Stirne, den breiten, vorstehenden Backenknochen, den schmalgeschlitzten Augen und dem weit aufgerissenen Munde, mit dem er das »Wort des Herrn«, wie es frischweg von der Kanzel kommt, begierig auffängt. Er ist von seiner militärischen Dienstzeit her für den Besuch der Fastenpredigten gedrillt, er hat sich gewöhnt an sie und ist täglich bei den Dominikanern oder Michaelern zu finden, ehe er in den Dominikaner- oder Michaeler-Keller, oder in die Herberge der Amtsdiener, die »Mistgrub'n«, auf »gruß' Seitl Vierundsechziger« geht. Er haßt die Neuzeit und ist ein Feind aller Neuerungen, besonders des beschränkten Holzdeputates, des kleineren Papierausmaßes und des verringerten Kerzenpauschales. Er perhorresziert den Gedanken einer Anerkennung der Staatsgrundgesetze, nach welchen, wie ihm sein Hofrat gesagt, die jährlichen Aushilfen strengstens untersagt und sogar die Rebschnüre für die Aktenfaszikel verrechnet werden müssen. (Pfui Teufel!) Und deshalb kann er dem hochwürdigen Eiferer auf der Kanzel nur beifällig zustimmen (er tut dies unter fortwährendem Kopfnicken), wenn dieser von den verderblichen Folgen des sogenannten Liberalismus die grellsten Schilderungen entwirft.

Wenn auch nicht aus denselben Motiven, so doch mit ähnlich instinktiver Aversion gegen die sündhaften Bestrebungen der Neuzeit, nicken aus den Fenstern der Fremdenloge der Kirche, d. h. dem Oratorium, die Fürstin A, die Gräfin B und die Baronin C den Zornesausbrüchen des Gottesstreiters zu. Sie werfen zwar zeitweise einen Blick in das Gebetbuch, das der schwarz gallonierte Diener auf ihren Betschemel gelegt – (die Fürstin benützt »Das reuige Herz« von Alexander Fürst zu Hohenlohe, die Gräfin: Gundingers »Lilienblüten« und die Baronin:

»La journée du Chretien«) –, oder mustern auch mit der Lorgnette die frivole Toilette diverser weiblichen Gäste im Schiff der Kirche, zumeist konzentriert sich aber doch ihre Aufmerksamkeit auf den Prediger, wenn er ein interessantes Thema gewählt, z. B. das Laster, das sich öffentlich zur Schau trägt, die frevelhafte Mutter, welche die Reize der Tochter veräußert, den elenden Spötter, der die Liebesgaben dem notleidenden heiligen Vater verweigert, das wuchernde Judentum, welches das Mark des Landes (das nach den Begriffen auf dem Oratorium doch nur der Adel sein kann), aussaugt usw. O, man möchte den hochwürdigen Mann heute abend so gerne zu Tee bitten, wenn man nicht wüßte, daß erstens der fromme Mann keinen Tee trinkt und man zweitens nicht selbst schon den Abend vergeben hätte, da eine Proverbe einstudiert werden soll.

Dicht unter der Kanzel sitzt ein Weib aus dem Volke, die Hausmeisterin Frau Nani, über die bereits viel Ungemach gekommen und die deshalb in der Kirche Trost für ihr geknicktes Herz sucht. Ihr Mann, der, »was ohnehin am ganzen Grund bekannt is«, allabendlich seinen Trunk hat, prügelt sie seit vierunddreißig Jahren allabendlich; ihre zwei Söhne, der Pepi und der Schorsch, haben, »jeder a liederlich's Tuch«, nirgends »gut getan«, weshalb man sie zum Militär gab, wo sie erst recht nicht »gut getan«. Dann ist der Malefiz Siebenundsiebziger, den sie seit drei Jahren *estratto* nach Linz setzt, noch immer nicht auf den ersten Ruf gekommen, und da sie ihn jetzt um keinen Preis mehr auslassen kann, so wird sie halt recht gottesfürchtig, hofft – »wann nit eppa do a die Juden dabei in Spiel san, no ja, wissen kann man's nit« – das Beste von unserm »liab'n Herrgott« und läßt so lange keine Fastenpredigt aus, bis nicht der Siebenundsiebziger in Linz auf den ersten Ruf »heraus is«.

Weiter rechts von ihr steht der Totentruhentischler Herr Peter, ebenfalls ein gottesfürchtiger und nebstdem gelehrter Mann, der in seiner Jugend zwei lateinische Schulen absolviert, nun Mitglied sämtlicher frommen Vereine und wütender Kalvarienberggeher ist, und der jede freie Stunde entweder in der Kirche oder beim Heurigen verwertet, an welch letzterem Orte er sein gehöriges »Maßl« von fünf Seiteln (keinen Tropfen mehr!) tradierend trinkt, d. h. seinen Tischgenossen dabei die Legende der Heiligen erzählt oder die schauderhafte Geschichte mitteilt, wie die Studenten im achtundvierziger Jahre die Religion abschaffen wollten.

Im Dunstkreise dieses braven Mannes stehen wie angenagelt, steif und ernst zwei Burgwächter (im Volksmunde Staberlgarde genannt), welche als Märtyrer der Beschäftigungslosigkeit die vielen Stunden bis sieben Uhr abend, um welche Zeit erst die Hanni und die Mali beim Röhrbrunnen erscheinen können, mit verschiedenen Fastenpredigten ausfüllen und, ohne sich einer nachhaltigen Begeisterung oder sonstigen heftigen Gemütsbewegung zu überlassen, in apathischester Seelenruhe den Berichten über den ersten Sündenfall und die wachsende Sittenverderbnis der Menschheit zuhören.

Diese harmlose Absicht des sogenannten unschädlichen Totschlagens der freien Zeit, mit welcher der Zehnte nichts anzufangen weiß, treibt nämlich viele »Andächtige« den Fastenpredigten zu. Jener dicke pensionierte Rechnungsrat z. B., der dort an dem linken Pfeiler mit halb geschlossenen Augen den Auseinandersetzungen über das Verbrechen einer Zivilehe lauscht und sich nun ernstlich vornimmt, die bisher doch unsichere oder wenigstens zweifelhafte Stellung seiner Wirtschafterin durch den Segen der Kirche in eine legitime häusliche Charge zu modifizieren, ist froh, bis halb sechs Uhr, wo ein Tapper bei Weghuber ihn erwartet, diese ewig-lange Zeit auf eine anständige Weise ausgefüllt zu haben. Ebenso geht es den beiden, in seiner nächsten Nähe sitzenden ledigen Wittfrauen (gleichfalls in Pension), wovon jede um fünf Uhr bei einer anderen Freundin auf ein Schalerl Kaffee und einen kleinen Plausch sich einzufinden gewohnt ist und zu diesem Behufe (dem Plausch) ihr Strickzeug im Ridicule bei sich trägt. Um halb fünf Uhr ist die Predigt zu Ende, und da kommt jede noch zur rechten Zeit, die eine in die Leopoldstadt und die andere auf die Landstraße zu dem präliminierten Schalerl Kaffee, welche praktische Zeiteinteilung sich ganz prächtig macht.

Und nun komme ich auf jene markanteste Staffage der Fastenpredigten, auf jene unheimlichen Figuren *utriusque generis*, die der frivole Beobachter in dem Namen Betschwester oder Betbruder bezeichnet, die in dunkler Kleidung, mit zu Boden gesenkten Augen scheu an dir vorüberhuschen und in demutsvoller Verzückung und fieberhafter Erregung aus einem abgegriffenen Gebetbuche, etwa Pater Cochems »Seraphische Jagdlust, oder Portiunkula-Büchlein«, oder auch Pater Donins »Nachfolge Christi« die phantastischesten Stilwendungen halblaut vor sich hinmurmeln. Sie hören nicht auf das Wort des Predigers, denn ihre Seele ist abwesend und schwirrt in unfaßbaren Räumen umher; sie bewegen mechanisch ihre Lippen, aber das tausendmal Gelesene vermag ihr Geist doch nicht zu behalten, denn er ist erfüllt von dem aberwitzigsten Kunterbunt himmlisch lächelnder Engel und grimmiger Teufelsfratzen. Die Bedauernswerten eilen aus einer Kirche in die andere, bis sie eines Tages als »Braut Christi« oder »Bräutigam Mariens« hinter Eisengittern ihre zu Tode gemarterte Seele aushauchen.

Und einen gleich fröstelnden Eindruck machten stets auf mich jene, trotz ihrer Jugend doch schon abgehärmten und trotz des in den Adern wild tobenden Blutes dennoch bleichen Gestalten, jene jungen Kleriker mit der frischen Tonsur auf dem Scheitel, die, die Augen starr auf ihr Brevier geheftet, meist rückwärts an den Kirchentüren knien und die gekommen waren, um die modernen Heroen der Kanzel zu hören, von ihnen zu lernen und einst ebenso segensreich zu wirken. Und weiters, glaube ich, wirkt nicht erhebend oder sympathisch der Anblick jener spekulativen Frömmlerinnen, die sichtlich nur mit ihrer Andacht kokettieren, bei idealer Drapierung des dunklen Longshawls an der scheinbar unbeachtetsten, aber eigentlich auffälligsten Stelle, an den Stufen eines Seitenaltars sich niederlassen, als reuige Magdalena und Büßerin ihr Haupt in das Gebetbuch neigen – es ist meist Eckhartshausens »Gott ist die reinste Liebe« oder Veiths »Jesus, meine Liebe« –, und in den Zwischenpausen unter einem tiefen Seufzer mit einem blendend weißen Batisttuch sich die Augen trocknen und auf einen Moment ihren schwärmerischen Blick durch die Kirche schweifen lassen.

Und oben auf der Kanzel erhebt noch einmal seine dräuende Stimme der Mann Gottes und schüttet den vollen Becher seines Zornes über die Sünder dieser Welt aus – in seinem heiligen Eifer läßt er sich zu den ungöttlichsten Wutausbrüchen verleiten –, da stoßen sich die Neugierigen mit dem Ellbogen, denn nun kommen gewiß die sehnlichst erwarteten Sticheleien auf diesen oder jenen Stand, der Zeitungsreporter skizziert sich, in einem Beichtstuhle verborgen, rasch ein paar fulminante Sätze, draußen auf der Straße stampfen die Pferde der harrenden Equipagen ungeduldig das Pflaster, die Bedienten der vornehmen Gäste trippeln in gleicher Stimmung auf und ab, die armen Leute an der Kirchentüre flüstern einander zu: »heunt dauert's aber lang!«; selbst der dicke Rechnungsrat sieht bereits auf seine Uhr, ob er den Tapper nicht versäume, aber der Prediger klagt erst jetzt, daß die wahren Andächtigen fehlen, daß die meisten nur müßige Neugierde in die Kirche getrieben und daß jene immer seltener und seltener werden, die nur, um das Wort Gottes zu hören, das Haus Gottes betreten usw.

In der Fastenzeit bin ich durch mancherlei gestört, aber wenn sie vorüber, will ich selbst wieder einmal recht inbrünstig zum Himmel beten!

»Ein Tröpferl noch!«

»Denn sie haben auch Weinsammlungen.«
(Weiland Minister Stremayr, bei Gelegenheit der konfessionellen Vorlagen, 1874)

Freilich haben sie auch derlei Sammlungen, aber wenn man mich selbst mit Kunstwein foltern würde, ich nenne weder Ort noch Namen, erstens: damit mich das »Vaterland« nicht beschuldigt, ich denunziere den plünderungssüchtigen Massen die Klosterschätze, und zweitens: weil ohnehin jedes Kind die Firmen kennt, wo der echteste zu finden wäre. Nämlich in den Kellerräumen der geweihten Paläste, unter denen der vielberühmte »Zum rinnenden Zapfen« nicht einmal der berühmteste ist.

Ja, sie haben samt und sonders guten Wein, und ich erfülle nur eine Pflicht der Dankbarkeit, wenn ich es offen ausspreche, daß mich ein Trunk in den schlichten Refektorien des bescheidensten Bettelordens stets mehr labte und erquickte, als die generöse Ration an (dubiosem) »Moet« und »Lafitte«, welche Seine vizekönigliche Hoheit Ismail Pascha auf alttestamentarischem, also klassischem Boden mir seinerzeit bewilligte. Ich trank diese kostspielige Mischung wohl auch, aber mein Herz erwärmte sie nicht, es flossen keine begeisterten Hymnen von meinen Lippen, das Naß tiefinnerster Rührung strömte nicht aus den funkelnden Augen, wie in jenen gottbegnadeten Momenten, wenn der respektive Pater Kellermeister mir den gefüllten Heber darreichte und schmunzelnd mir ins Ohr lispelte: »Ein Tröpferl noch!

Den müssen Sie auch versuchen! Der ist auch nicht schlecht!« – Bei allen Heiligen! er war es nicht.

Ein Tröpferl noch! Warum sind alle Patres Kellermeister so liebenswürdige Männer?! Ich habe auf meinen bunten Kreuz- und Querzügen mit diversen Würdenträgern und Funktionären in solch heiligen Räumen verkehrt, habe die Schatzkammern besichtigt und von überaus freundlichen Cicerones die erbetenen Auskünfte bereitwilligst erhalten; ich habe in den Bibliotheken nach seltenen Ausgaben Virgils und Horaz' gestöbert, ja selbst nach unkastrierten Klassikern, und man zeigte mir in loyaler Courtoisie die deliziösesten Exemplare. Die mineralogischen, entomologischen, numismatischen und sonstigen Kabinette durchwanderte ich, und an meiner Seite hatte ich einen gelehrten Herrn in schwarzem oder weißem Habit, der nicht müde wurde, mir die Raritäten und Kostbarkeiten der Kollektion zu erklären, aber jene sympathische Verschmelzung oft divergierender Naturen, jenes seelische Verständnis für unausgesprochene Wünsche, jenen erratenden Blick der geheimsten Gedanken, und das rasche Eingehen auf leicht hingeworfene, forschende Bemerkungen fand ich doch nur, und zwar in Nord und Süd, in Ost und West bei dem jeweiligen Pater Kellermeister, wenn endlich dieser Mann der exakten Wissenschaft herantrat und meine instruktiven Rundgänge mit dem elektrisierenden Aviso zum schönen Abschluß brachte: »Nun müssen Sie aber auch unserer Kellerwirtschaft ein paar Augenblicke schenken!« – »Ein paar Augenblicke nur, hochwürdigster Mann? Ich will an Ihrer Seite bleiben, bis die Ewigkeit grau wird!«

Und dann ging's durch weite hallende Gänge, Eisengitter schlossen sich vor uns auf und fielen rasselnd zurück in ihre Angeln; immer fort – an den schön getünchten Wänden die blutbedeckten Konterfeis legalster Märtyrer – ich grüßte sie schaudernd und lobte Gott den Herrn ob der milden Wandlung der Zeiten – noch eine Türe, auch sie öffnete sich, und wir standen vor einer mächtigen Eichenpforte. Warum fühle ich's wie Beben in meinen Gliedern? Warum pocht mein Herz und glüht meine Zunge? Unsichtbare Genien umflattern mich, und süße, würzige Düfte steigen aus dem dunklen Abgrund empor. Balsamische Kühle labt vorahnend mir Stirn und Wangen und Schläfe, und alle Wohlgerüche, nicht Arabiens, sondern Bisambergs, Oberretzbachs, Perchtoldsdorfs, Merkensteins usw. senden ihren Willkomm mir vielverheißend entgegen! »Nur behutsam! Es sind zweiundzwanzig Stufen, bitte achtzugeben – es geht um die Ecke – reichen Sie mir die Hand – so, da sind wir. Wir brauchen keinen Küfer. Wir bleiben allein!« – Allein! Allein mit ihm! Hört ihr's, ihr Ewigen?

»Wie Sie sehen, sind unsere Keller nicht übermäßig groß; wir haben auch keine kostbaren Weine – nur Mittelgut. – Seine bischöfliche Gnaden halten dafür, daß – was meinen Sie, wohin diese Tür führt? Zu ein paar kleinen Nebenkellern – es sind einige Sorten, die – bitte, wollen Sie mir hieher folgen. Diese Fässer sind für den Haustrunk des Stiftes. Wollen Sie versuchen? Ein Tröpfchen nur. Ganz leichter Landwein. Läßt sich übrigens wässern, wer ihn wässern will. – Hier ist eine etwas bessere Qualität. Für Gäste, die uns an hohen Feiertagen beehren, und auch sonst. Bitte zu versuchen, Weidlinger vierunddreißiger. Noch etwas gefällig? Das hier ist Pfaffstädter achtundsechziger. Der mundet schon ausgezeichnet. Nicht wahr? Das ist des Herrn Pater Kämmerer Lieblingswein. Schmeckt vortrefflich! Was? Ein Tröpfchen noch! Ja? Nun, wie's beliebt! – Das hier ist Maurer. Alt. Sehr alt. Ein Geschenk von einer hohen Dame. Fast wie Dessertwein. Nicht wahr? – Diese Reihe hier ist Mailberg, und diese Gumpoldskirchen. Gefällig? Das große Mittelfaß ist ebenfalls ein frommes Legat. Nun geben Sie auf den Unterschied acht zwischen zwei Jahrgängen. Das ist zweiundfünfziger. Bitte ihn eine Sekunde lang auf der Zunge zu behalten – so. Und nun hier dreiundfünfziger. Was sagen Sie dazu? Wie Veilchen, nicht wahr? Ein prächtiger Tropfen. War anfänglich unterschätzt. Würde heute hundertzwanzig Gulden kosten. – Auch der Bockfließer hier ist nur für Kenner. Bitte. Der erste Schluck befremdet. Nicht wahr? Nun versuchen Sie nochmal. Was? He! Nun?«

»Wir kommen nun zu den Roten. Hier Höbesbrunn. Wir bekamen ihn damals billig. Wie finden Sie ihn? Herb? Das ist eben der Charakter der Rotweine. – Was Sie hier sehen, ist Schrattenthaler. Wird zuweilen auch nicht recht gewürdigt, ist aber doch ein Kapitalwein. Bitte! Nur, daß Sie ihn kennenlernen! – Das hier ist Vöslau, Sie suchen einen Platz zum Niedersetzen? Hier, wenn ich bitten darf. Wollen Sie nur ganz ruhig bleiben. Ich werde Ihnen die Probe schon bringen. So. Bitte. Ist sehr beliebt. Der Abt von N. wollte uns vierundachtzig Gulden bieten, leider ist unser Vorrat so gering, daß wir auf den freundlichen Antrag nicht gut eingehen konnten. Herrscht seitdem eine kleine Verstimmung. Noch ein Tropfen gefällig?«

»Wollen Sie mir Ihre Hand geben, bitte, zwei Stufen nach aufwärts. Nur fest aufgetreten! Im Freien wird's dann schon besser. So, geht ja vortrefflich – bitte sich nicht anzustoßen. Hier ist eine Bank, wenn's gefällig ist.« –

»Wir sind nun in Ungarn und Siebenbürgen. Nach Steiermark und Tirol kommen wir auf dem Rückwege. Eine Flasche Brauneberger sollten wir übrigens auch noch versuchen – oder ist vielleicht Oppenheimer gefällig? Goldberg fünfundsechzig! Gar nichts mehr? Aber wir dürfen doch mindestens den Ujhelyer hier, weil wir ihm schon eine Visite abgestattet, nicht kränken. Neusiedler würde Ihnen jetzt nicht mehr munden. Sonst nicht übel. Also hier ein Gläschen aus der edlen Hegyalja, das ist die wahre Gottesgabe! Was? Ich verstehe Sie nicht – bitte lauter zu sprechen – fehlt Ihnen etwas? Nichts? Also ein Tröpfchen noch gefällig?«

Ach, wie ruht sich's so kühl im dunklen Klostergarten, auf moosbedeckter Steinbank, beschattet von duftigen Lindenbäumen, die ihre Blüten auf mein Haupt schütten. Lustige Träume umgaukeln mich. Auf bäumendem Rosse durchfliege ich Ungarns Steppen, ich halte vor den Mauern Tokays und fordere die Stadt zur Übergabe auf. Statt des Bürgermeisters erscheint der Kellermeister, in Gestalt meines ehrwürdigen Paters, und bringt auf rotsamtnen, von Weinlaub umkränzten Kissen einen Bund Schlüssel, die sämtliche Keller der Abteien und Stifte des gemeinsamen teuren Vaterlandes öffnen würden. Ich lange nach ihnen, ich halte sie in freudig zitternder Hand und schwöre in längerer Rede mit all meinen Partei- und Gesinnungsgenossen, dafür einzustehen, daß »geistliche Güter nicht besteuert werden dürfen!« Da schwebt aus lichten Höhen Semeles goldlockiger Sohn herab und kredenzt aus funkelndem Pokale mir echten Nachtigaller. Ich schlürfe in langen Zügen und fühle das flüssige Feuer meine Adern durchtoben. »Noch ein Tröpferl gefällig?« lispelt Dionysos – ich aber stammle: »Da – da – danke, für heute gen – ug!« Ach, mein armer Kopf! – – –

Der Fasching der Armen

Wer gerne tanzt, dem ist bald gepfiffen, und wer seinen Fasching haben muß, findet ihn ohne viel kopfzerbrechendes Arrangement und macht auch kurzen Prozeß bei Vervollständigung der erforderlichen Toilette. Genügsame Naturen – und die Armut zwingt wohl zur Genügsamkeit – überraschen dann geradezu durch den bescheidenen Apparat, den sie zu ihren karnevalistischen Vergnügungen benützen, und sie beschämen mit der Einfachheit der *mise-en-scène* auch die kunst- und mühevollen Anstrengungen der Millionen-Chefs, indem zwischen den vier schlecht geweißten, mit farbigen Papierketten dürftig aufgeputzten Wänden einer zu einem Tanzsaal rasch improvisierten Tischlerwerkstätte doch mehr freudestrahlende Gesichter erglänzen als in den goldstrotzenden Appartements einer beliebigen Finanzgröße.

Ich habe nämlich noch nie gehört, daß sich arme Leute, wenn sie unter ihresgleichen gewesen, selbst bei den kümmerlichsten Ballversuchen je gelangweilt hätten – was bei der gegenteiligen Partei mitunter passieren soll; ich habe ferners nie gehört, daß die Ballgäste des holperigsten Tanzbodens über die Juchtenstiefel mancher hausknechtischen Solisten die Nasen rümpften, während die zierlichsten Juchten-Bouquets der ätherischsten Komtessen eine Walzertour zur Höllentour machen können, und schließlich habe ich auch noch nie gehört, daß der Unternehmer eines kleinen »Tanzlätizel« im dumpfsten Wagenschuppen nachträglich davon so viel Verdruß gehabt hätte, wie der generöseste Veranstalter jener rivalisierenden Ballfeste in gewissen rivalisierenden Palais. Denn man ist, wo nur Talglichter den Produktionen vorstädtischer Terpsichoren leuchten und man die Erfrischungen in der Raststunde aus einem Ziment kredenzt, schon von Haus aus bescheidener und genügsamer und mit Wenigerem zufrieden, als in den exquisiten Regionen, die von Brillanten erhellt werden. –

»Du, beim Greißler is am Irtag a Ball, er hat die Krautkammer auskramt, a Zehnerl is Eintritt, 's kummen lauter Bikennte aus der Nachbarschaft – daß di daweil z'sammrichst, mir gengan a übri!«

Mit dieser schmucklosen und unparfümierten Einladung avisiert ein ausgedienter Deutschmeister und nunmehriger Stiefelputzer die Seinige, die am ganzen Grund bekannte Wäscherin und kreuzbrave Frau Kathel, von dem bevorstehenden Faschingsgenuß. Und nun wird gewaschen und gebügelt, die Unterröcke werden gestärkt und das blaugetupfte Kammertuchkladl, worin s' vor neununddreißig Jahr' bei der Hochzeit so sauber ausg'schaut hat, daß alle Mannsbilder auf sie »gschiärng'lt« habn, wird aus dem Archive hervorgesucht und noch einmal ins Treffen geführt.

Und am Irtag ist wirklich der Ball in der Krautkammer des Greißlers. Es kommen übrigens tatsächlich nur »Bikennte«. Da ist z. B. der Herr Alois, der Laternanzünder, mit seinen fünf Madeln, wovon vier ins »Nähen gehn«, und eine fürs Ballett ausgebildet wird. Ferner ist der »Mussi Franz« anwesend, der durch einundzwanzig Jahre Himmeltrager war, aber seines Brustleidens wegen den Dienst verließ und nun dem Greißler beim Krauteintreten hilft. Dann die »Mamsell Schanett«, eine ältliche Person, die in ihrer Jugend eine reiche Partie hätte machen können, indem ihr ein vornehmer Herr einmal von den Klepperstallungen bis in die Reißnerstraße »nachg'stiegn« ist, und die nun vom »Umsetzen«, »Krankenwarten«, »Platzaufheben« und der Bereitung eines sehr gesuchten schwarzen Gichtpflasters lebt. Weiters die Frau Susi, die Auskocherin, mit ihrem Sohne Ignaz, der »ins Läuten« geht. Der Werkelmann vom hintern Hof, der nicht nur sein Instrument, sondern auch elf lebendige Kinder mitgebracht, die älteste Tochter sogar in der Maske; der Herr Jakob, der Holzhacker; Herr Wenzel, der Flickschneider aus der Dachwohnung, und Herr Peter, der Zettelanpapper, der nicht lange bleiben kann, weil er zeitlich ins G'schäft muß, sind ebenfalls, und zwar samt ihren Ehehälften und dem vollkommen legitimen Nachwuchs erschienen usw.

Das Fest selbst ist einfach, aber gemütlich. Ist der Saal (die Krautkammer) auch etwas überfüllt, man findet doch Platz, um einen ehrsam gemäßigten Walzer zu je vier oder fünf Paaren durchzumachen. Herr Wenzel, der Flickschneider, ein durch und durch musikalisch gebildeter Mann, sozusagen ein Tausendkünstler, besorgt die Musik, d. h. er spielt abwechselnd Gitarre oder bläst Klarinette. Auch der Werkelmann gibt sein Repertoire zum Besten, auf allgemeines Verlangen aber muß Herr Wenzel Csakan blasen und die Frau Kathel mit dem Ihrigen, der zu diesem Zwecke, »obwohl's a damische Hitz hat«, sogar seinen Rock anzieht, ein Menuett tanzen. Den Schluß bildet ein Polsterltanz, bei welcher Gelegenheit der »Mussi Franz« der »Mamsell Schanett« unter lautem Bravogeschrei ein Bußl zu geben hat, worüber diese feuerrot wird und, an ihrem Platze angelangt, den neben ihr sitzenden Frauen noch einmal die Geschichte erzählt, wie sie in ihrer Jugend eine reiche Partie hätte machen können, denn jener noble Herr schien doch ernste Absichten gehabt zu haben, sonst wäre er nicht (notabene ohne ein Wort zu reden!) den weiten Weg von den Klepperstallungen bis in die Reißnerstraße ihr nachgegangen.

Das Buffet ist selbstverständlich gleichfalls nicht lukullisch. Der Greißler ließ eine Rein Gollasch kochen, das allgemein Beifall fand, und besorgte auch den nötigen Trunk. Die Frau Susi, die Auskocherin, lieferte die Krapfen (solide, kompakte Ware), die sich eines reißenden Absatzes erfreuten und ihr den Ruhm, die erste Krapfenbäckerin weit und breit zu sein, verschaffen. Die Frau Susi wird deshalb auch um das Rezept förmlich bestürmt; sie macht übrigens kein Geheimnis daraus, und während die Jugend walzt, erklärt sie den wißbegierigen Müttern ihr System. »Mein Gott!« sagt sie, in ihrem Siegesbewußtsein etwas schmunzelnd, »es is ka Kunst und ka Hexerei! I nimm halt auf hundert Krapfen a groß's Maßl Mundmehl, vier Eier, ein Vierting Schmalz – 's Schmalz von unsern Herrn Greißler (dieser nickt bejahend), nit mehr und nit weniger, dann das übrige Zugehör, ein Löffel voll Salz, ein Vierting Powidl – vom Herrn Greißler (ganz richtig! ergänzt dieser), um zwei Kreuzer Germ, ein Seitl Mili, nur a ablasene, die Frau Sali soll's sagen – (›Ja, nur a ablasene‹, bestätigt die Aufgeforderte), no, und Zucker, was man eben braucht.« – »Delikat!« ruft der ganze Cercle, und jeder und jede langt noch nach einem solchen Wunderkrapfen. Nur der Herr Jakob, der Holzhacker, refüsiert sie mit der Entschuldigung: »I trau mi nit, mir san s' z' fett, mein Magen is seit a sechs Wochn nit ganz in der Urdnung, i bleib bei dem, was i g'wohnt bin, der Herr Nachbar macht mir nachher a paar Würst in Essig und Öl an, denn man kann net wissen...«

»Recht haben S', Herr Jakob!« kommentiert die Versammlung, »bleibn S' bei Ihrer Ordnung, über Ordnung geht nix!« –

»Segn S'«, sagt die Hausmeisterin, »der Meinige lebet a noch, wann er nit gestorbn wär, das heißt, wenn er bei seiner Ordnung blieben wär. Sein Lackerl Bier auf d'

Nacht hätt' ihm nit g'schadt, aber da hat er mit dem Malefiz-Wein anfangen müssen, der hat 'n z'sammbissn. Gott tröst'n!«

Unter solch anregendem Geplauder der Alten naht das Ende der Ballnacht und beginnt der Morgen zu grauen. Nun heißt's in aller Eile den Kaffee auftragen, da jeden seine Pflichten zur Arbeit rufen. Die Greißlerin bringt ein Häfen Schwarzen und einen Topf Milch, die Schalen werden herumgereicht und mit Dank akzeptiert, mit Ausnahme von Seite des Herrn Jakob, der »'n Kaffee nit ästamiert« und der vom Nachbar »a Glasl Sie wissen schon« verlangt. Darauf gegenseitiges Bekomplimentieren, Händeschütteln usw., und man geht auseinander unter der ungeheuchelten Versicherung, sich sehr gut unterhalten zu haben, denn »es war sehr hübsch und nicht der mindeste Verdruß«!

Soll ich über die Leute nun spötteln? Soll ich ihr harmloses Bestreben, dem Faschingskultus nach ihren bescheidenen Kräften ein kleines Opfer bringen zu wollen, höhnen? Soll ich Witze darüber reißen, daß die anwesende eine Maske, die Fräul'n Rosi, die Werkelmannsche nicht zu intriguieren verstand, oder daß es hier nicht von Patchouli duftete, sondern nur vom Schweinschmalz oder höchstens Bagamotenöl? Es fällt mir nicht ein. Die Leute haben sich ja standesgemäß unterhalten, sie haben weder sich selbst, noch andere mit pathetischer Großtuerei zu düpieren und nicht die Schnackerlbälle der sattsam bekannten spekulativen Familien Maxenpfutsch, Bettelutti etc. zu kopieren oder gar zu überbieten versucht. Sie blieben in ihren Schranken. Sie mögen euch komisch dünken, diese ungraziösen Tänzer und Tänzerinnen, und ihr mögt über sie lachen, aber verlachen dürft ihr sie nicht! »Strecken wir uns nach der Decken«, heißt ihre Lebensregel. Das Ballgollasch wurde gezahlt, niemand ist einen

Kreuzer schuldig geblieben, es kommt nun weder die »Kapäunlerin« noch irgendein Hausknecht »federn«, auch die Musik machte nicht viel Auslagen und tat ganz gut ihre Dienste, denn wer gerne tanzt, dem ist bald gepfiffen – und damit Punktum! –

Aschermittwoch

Trotz der liberalen Konzession des Weitertanzens bis mitten in die Fasten hinein ist der eigentliche Rummel heute doch zu Ende. Ein paar offizielle Nachzügler, wie z. B. der Fiaker-, dann der Wäschermädelball, etliche verspätete sogenannte Eliteballe, hie und da die simple, reizlose Tanzunterhaltung eines nimmersatten Wirtes – das ist der ganze sündhafte Faschingsnachtrag, der noch zu erwarten; die Hauptschlacht ist geschlagen, einzelne Scharmützel versprengter Tanzwütiger mögen folgen, doch sind sie ohne Bedeutung, denn der große, sinnberückende, börsenleerende, uns den Schlaf stehlende, das Oberste zuunterst kehrende, tobende, springende, kichernde Maskentrubel ist vorüber.

Wir haben unsere Aufgabe wohl auch gelöst; wir haben getanzt und tolles Zeug getrieben, wir haben gekost und geschäkert und im Übermute sogar freiwillig Narren aus uns gemacht; wir haben mit unserer Gesundheit hasardiert und unsere Kreditfähigkeit bis zur Neige ausgenützt; wir haben bezaubert und entzückt, aber auch vielleicht Herzen gebrochen, wir haben von dem Freudenbecher nicht nur genippt, wir haben in vollen Zügen daraus getrunken, wir taumelten, unserer nicht mehr mächtig und vom Wirbelwinde der allgemeinen Lustbarkeit und Leidenschaften erfaßt, umher – endlich sanken wir erschöpft zusammen. Heute ist der süße Rausch verflogen; der Katzenjammer ist geblieben.

Der Katzenjammer! Es gibt verschiedene Stadien dieses Zustandes und auch zweierlei Arten desselben. Der sozusagen leibliche Katzenjammer ist bald zu heilen. In der Volksapotheke ist hiefür der Gebrauch des »Haarauflegens« ein beliebtes und meist auch untrügliches Mittel. Dieses Haarauflegen variiert nun wieder in den Nuancen der dazu verwendeten Säure und richtet sich nach dem habituellen Geschmacke, dem Bildungsgrade und den Geldmitteln des betreffenden Patienten.

Der Mann aus dem Volke z. B., den der liberale Geist des Jahrhunderts unter den Wahlzensus rangierte, greift in solch unbehaglicher Magenstimmung nach einem Hering, um ihn, ohne jegliche zivilisatorische Zutaten und wie er gewachsen, zu verschlingen. Das hilft, man kann um einen Eimer Bier darauf wetten.

Der Mann aus der dritten Wählerklasse wählt, weil er überhaupt wählen darf, das wohl sehr populäre, aber bereits um einen Grad edlere »saure Bäuschl« oder Sardellen in Essig und Öl und als Nachkur sechs bis acht Pfiff Markersdorfer. Die zweite Wählerklasse versucht es mit ein paar exquisiten Sardinen, und die erste (und was sich dazu rechnet) mit Kaviar, wällischem Salat und einem Vierteldutzend Flaschen Bordeaux. Diese respektiven Medizinen durch zwei, drei Tage repetiert, und das Übel ist gehoben.

Was anderes ist es mit dem moralischen Katzenjammer. Eine nur einigermaßen peinigende Rückschau auf gewisse fatale Intermezzos, verblüffende Wahrnehmungen, beschämende Niederlagen oder nicht mehr zu reparierende Fehltritte – und du laborierst an dem Übel vielleicht so lange, als du auf diesem mangelhaften Planeten herumschleichst und kannst noch von Glück sagen, wenn die milde Zeit die Wunde nur etwas vernarben läßt, und der moralische Katzenjammer durch den moralischen Heringsschmaus der Reue ein heilend Remedium findet.

»Streut Asche auf euer Haupt und tut Buße!« steht es geschrieben. Welche Buße legt ihr euch auf? Zehn Monate nicht zu tanzen? Oder die Schulden zu bezahlen, die ihr unnötig gemacht, oder die Pfänder auszulösen, die ihr leichtsinnig versetzt? Oder nicht mehr zu lügen und zu betrügen eines schalen Vergnügens, einer vermeintlichen Glückseligkeit wegen? Ihr werft vielleicht nun den Maskenplunder weit weg von euch und kehrt zu euren Pflichten zurück und schwört, daß ihr nun – so wahr euch Gott helfen möge! – solid und ordentlich werden wollt? Tut's, ich bitte euch, denn seht, was für eine Verwüstung diese paar kurzen Wochen Fasching in allen Verhältnissen und – auch in eurem Innern angerichtet.

»Froh bin i«, sagt eine arme Witwe, welcher die Töchter bereits über den Kopf gewachsen, »daß die Remasuri a End' hat. A Wochen noch, und es hätt' mi unter d' Erd bracht. I war a amal jung, aber mit aner kurzen Hosen auf an Ball gehn und von fremde Mannsbilder bis zum Tor begleiten lassen – mein Vater hätt' mi daschlagn! No, euer Vater muß si im Grab umkehren!«

»Du warst auf dem Maskenball!« beginnt ein eheliches Zankduett. »Ja, ja, du bist gesehen worden! Ein grauseidener Domino – dann beim Buffet ein rosa... du hast gelacht, du warst ganz vergnügt, so heiter, wie man dich noch nie gefunden... Das ist elend von dir, das ist schlecht von dir... ich bin unerhört betrogen, schändlich hintergangen von einem falschen, hinterlistigen Mann, der der Treue seines Weibes nicht würdig ist – o! – ich werde wissen, was ich zu tun habe, ich werde mich rächen, fürchterlich rächen... ich will nun auch zu leben anfangen... o meine arme Mutter!«

»Junger Mann!« apostrophiert der Chef einen seit einiger Zeit sehr zerstreut manipulierenden Beamten seines Kontors, »ich habe Sie unter der Bedingung in mein Haus aufgenommen, daß Sie meinem Hause keine Schande machen. Sie scheinen jedoch von anderen Grundsätzen geleitet zu werden als Ihr seliger Vater, der seinerzeit das Muster der Hamburger Jugend gewesen. Sie schlemmen ganze Nächte durch, Sie bewegen sich in zweideutigen Kreisen, Sie geben in einer Woche mehr Geld aus, als Ihr seliger Vater in einem ganzen Monat. Sie machen Schulden... ich habe Ihrem seligen Vater versprochen, meine Hand nicht von Ihnen zu ziehen – es tut mir leid, mein Wort brechen zu müssen, allein – der Ruf meines Hauses zwingt mich zur Unnachsichtigkeit, und ich eröffne Ihnen deshalb, daß ich Ihren Platz mit einem würdigeren Mann zu besetzen fest entschlossen bin. Adieu!«

»Pepi! So weit is mit dir kuma«, heißt es in einem andern Dialoge, »daß d' als Debatär zum Zobel gehst? Schamst di nit? I bin nur a armer Bandmacherg'sell, aber a Madl, dö als Aufmischerin um fünfzig Kreuzer auf an Maskenball geht, is ka Madl für mi und heut oder morgn a ka Weib für mi. Aus is mit uns!«

»Falsche Schlange!« lautet ein mit Bleistift geschriebener zerknitterter Zettel. »Das deine Schwüre! Ich weiß alles. Der Oberleutnant ist nicht dein Cousin, er hat gar keine Cousine, und du bist nur eine falsche Betrügerin. – Wenn du diese Zeilen erhältst, bin ich nicht mehr. Ich will in den Fluten der Donau meinen Leiden ein Ende machen oder mich in den Strudel der Welt stürzen, denn mich siehst du nie wieder. Adolf.«

Ach, wieviel Kummer und Herzeleid mögen die paar Wochen leichtfertiger Lust in ihrem Gefolge haben! Vielleicht fließen nun mehr Tränen als Champagner geflossen, und reihen sich an die durchtanzten Nächte zehnfach so viele schaflose Nächte. Der Fasching, meint einer meiner Freunde, wäre eine so üble Erfindung nicht, auch der Cancan ist ein lustig Zeug, aber was meist darauf folgt, verleidet einem die ganze Geschichte. Was darauf folgt? Nun, nicht selten: Gerichtsverhandlungen, Wechselproteste, Blausäure, Kindbettfieber, verfallene Pfänder, Ehescheidungsprozesse, Delogierungen, unfreiwillige Urlaube usw. usw.

Nun, gar so arg, erwidere ich darauf, ist's wohl nicht, aber es könnte nicht schaden, wenn ihr euch doch an das Gebot halten würdet, das da heißt: Streut Asche auf euer Haupt und tut Buße, Amen!

In der Firmwoche

Fielen in den Monat Mai nicht zufällig die Wettrennen, welch hochadeliger Sport doch einen großen Teil der sogenannten besseren Gesellschaft noch an Wien fesselt, die arme Stadt hätte in dem privilegierten Wonnemond bereits das Aussehen einer (allerdings weitläufigen) Dorfgemeinde, da gleich nach dem Ostermontag, respektive nach der feierlichen Eröffnung des Praters durch die obligate Korsofahrt, die staubbedachte Residenz wohl so ziemlich alles flieht, was auf Ton Anspruch macht und ihr Glanz und Ansehen zu verleihen gewohnt ist. Aber, wie gesagt, die noblen Passionen, die erst am Freudenauer Turf zum vollen Ausdruck kommen, erhalten uns im Gefolge der Jockeys, Grooms, Trainers und sonstigen englischen Vollbluts auch noch anderweitiges reines Blut genügend am Lager, und der Stadt bleibt ungeachtet der hervortretenden rotwangigen, pausbackigen Firmlings- und dickbäuchigen Göden-Staffage sogar während der Pfingstwoche ihre metropolische Physiognomie bewahrt.

Denn in der Pfingstwoche gehören von Gott und Rechtswegen nicht nur das teure Würfelpflaster der Stadt, sondern auch die (schon von Zedlitz verlästerten) holperigen oder kotigen Vicinalstraßen ihrer nächsten Umgebung, und zwar von Dornbach über das Krapfenwaldl, an dem Rosenhügel vorbei, bis in die romantische sagenreiche Brühl, eigentlich doch nur den Firmlingen und ihren Paten, d. h. letztere Ausflugsorte nur der distinguierten, Backhühner verzehrenden ersten und zweiten Wählerklasse des Firmungspublikums an, während der demokratische Wurstelprater und das populäre Schönbrunn vom nur Salami oder Weinberlkipfel hinabwürgenden dritten Wahlkörper mit seinen Göden und Godeln in Besitz genommen wird.

Und somit habe ich gleich hier den Unterschied zwischen Paten und Göden bezeichnet, der ebenfalls am schärfsten am Stephansplatz zum Ausdruck kommt, wenn nach beendigter kirchlicher Funktion sich die Massen wie zur Zeit der Völkerwanderung scheiden, und ein Teil, ich möchte sie die urbaneren Goten nennen, seine mit goldenen Anker- und Zylinderuhren ausgerüsteten Heersäulen mittelst Fiaker und Equipagen in die genannten Sommerfrischen entsendet, während der andere, mit zahllosen Bünkeln Lebzelten beladene Teil gleich den urwüchsigen Hunnen in ungestümen Scharen durch die Bischofsgasse hinabzieht, um zur Beängstigung des k. k. Oberstjägermeisteramtes in den Prater einzudringen und dort zwar nicht den Forstkulturen und Damhirschen Schaden zu bringen, so doch sämtlichen Ringelspielschimmeln die pappendeckelnen Weichen wundzureiten.

Und wie der Wurstelprater das Stigma des Gödentums und der Rosenhügel etc. die Domäne des Patentums ist, so tritt, das Äußere der Persönlichkeit gar nicht in Betracht gezogen, der Kontrast zwischen Göd und Godel und Pate auch in allen übrigen Firmungs-Gestionen bedeutsam zutage.

Das Gödentum z. B. fährt in offenen, das Patentum in geschlossenen Wagen. Der Göd oder die Godel bepackt den Firmling vor aller Welt mit den Geschenken; der oder die Pate erfreut den Schützling daheim mit einer sinnigen Gabe. Der Göd oder die Godel machen es sich zur gewissenhaftesten Aufgabe, dem Firmungsopfer, unbekümmert um die allernächsten Konsequenzen, den Magen vollzustopfen; der oder die Pate wird sogar darüber wachen, daß selbst die Aufregung, welche der heißersehnte Festtag in dem kindlichen Herzen erweckt, ohne Gefahr vorübergehe und deshalb auch die unvermeidliche Festatzung auf die humanste Diät beschränken. Die Godel möchte es übel vermerken, wenn ihr Firmling – und sei das Wetter auch das unfreundlichste – nicht mit bloßem Hals und Nacken – denn »das g'hört si« – und im luftigsten Fähnchen bis zur Beendigung der oft in die Nacht währenden Firmungsparade anwohnen würde; die Pate wird die Kleine vorsorglich in ein Tuch oder eine Mantille hüllen.

Der Göd führt seinen Firmling, »daß er si do a unterhalt«, vielleicht zu Fürst, um die Schellerltanz zu hören; der Pate überrascht den Kleinen mit einer Fahrt nach Dornbach und erklärt ihm die Schönheiten des Parks. Der Göd und die Godel werfen sich selbst in den prunkvollsten Sonntagsstaat und flunkern mit sämtlichen Kostbarkeiten ihres Gläserkastens; der oder die Pate schmücken sich mit dem herzinnigen Vergnügen des entzückten Firmlings usw. Und nach dieser autonomen Klassifikation rangiere ich denn auch den einen oder die eine, mögen sie auch in eigenem Wagen vorfahren und selbst bei Dommayer mit dem Firmling debütieren, doch unter die Göden und Godeln, und umgekehrt, mag dieser oder jene nur in einem kläglichen Comfortable oder gar bescheiden zu Fuße erscheinen, unter die Paten, denn Patentum ist das innerlich veredelte Godel- und Gödentum.

Welch buntes, fröhliches Aussehen erhält aber die Stadt in der Firmwoche durch das Zusammenwirken der vielköpfigen Firmungstruppe, mit ihren festlich dekorierten Akteurs und übereifrigen Komparsen, dann durch die zur verlockendsten Schau ausgestellten Geschenke und die ebenfalls aufs festlichste herausgeputzten öffentlichen Lokale, Produktionsbuden etc. In den Straßen zunächst der Domkirche wogt ein Menschenschwarm, der Stephansplatz ist durch eine Wagenburg abgesperrt, schreiende Bandverkäuferinnen, laut anpreisende Bilderhändlerinnen umstürmen die Passanten, die sich mühsam ihren momentanen Lebensweg erst erobern müssen. Und wohin sich dein Auge wendet, nur freudestrahlende oder neugierige Gesichter, denen der Stempel der Überraschung, der Verblüffung unverkennbar aufgedrückt, Gestalten, die dir noch nie begegnet und die aus fernen Ländern zu kommen scheinen.

Da ist vor allem anderen der ländliche Import, der uns auffällt, der schlichte Weinbauer, der primitive Waldviertler, jeder mit einem halben Dutzend ihm vom Dorfe anvertrauten Firmlingen, die feiste Landwirtin, die nicht minder begabte Landkrämerin mit ihren weiblichen Schützlingen, die die Gugel über den Kopf, das weiße Schnupftuch an den Mund gepreßt, nicht gar so unpfiffig in die Menge blinzeln. Aber alle sind sie sprachlos vor Staunen, betäubt von dem ungewohnten Lärm, verwirrt von dem wirren Durcheinander von Menschen, Wagen und Pferden, in das sie geraten, und außerdem wie eingeschüchtert von dem Glanz und den Herrlichkeiten und den riesigen Prachtbauten, die sie fast zu erdrücken scheinen. Und haben diese biederen Landleute Verständnis für die ungeahnten Wunder der imposanten Residenz? Gewiß! Als ich vor einigen Jahren einen solchen Hinterwäldler, von dem ich wußte, daß er das erste Mal in Wien gewesen und drei Tage sich hier aufgehalten habe, also apostrophierte: »Nu, Vetter, sagts amal, was hat Eng am besten g'fall'n? Ihr warts im Theater, warts in Schönbrunn, im Prater, lauter Herrlichkeiten, von denen ihr Euch habts nie was träumen lassen!« Da erwiderte er, einigermaßen verlegen sich hinter dem Ohre kratzend, aber dennoch treuherzig: »Wann i aufrichti sein soll, 's Komödig'spiel hab' i nit recht verstanden, der Elefant in Schönbrunn hat ma schon a wengl besser g'falln – aber was s' da unt'n im Prater, in aner Hütt'n ausg'stellt habts, dö siebn Zentner schware Sau, dös is schon a Pracht! Unser Gmoanwirt hat a a schwar's Viech, lauter Mastviech, aber auf siebn Zent'n hat er 's do no nit bracht, so was kann man do nur bei Eng in Wiarn segn – d'rum reut 's mi a nit, daß i awa ganga bin!«

Der wackere Mann war wenigstens aufrichtig. Er anerkannte das Große, wo er es fand, der leidige Lokalpatriotismus war ihm fremd, er war gerecht und billig und hatte ein empfängliches Gemüt auch für fremde Sehenswürdigkeiten. Aber dieser unparteiische Sinn stak schon in jener patriarchalischen Familie, denn als ein paar Jahre später der älteste Sohn, der Loisl, zum Militär abgestellt und durch eine rätselhafte Fügung des Himmels und in Folge eines noch wunderbareren Geschmackes des Betreffenden zum Privatdiener auserschen und von seinem Herrn sogar für eine große Urlaubsreise, die sich bis nach Rom erstreckte, mitgenommen wurde, da frug ich den Heimgekehrten mit veritablem Neid im Herzen: »Glücklicher! Warst in Rom! Hast die ewige Stadt gesehen! Wie war dir dabei und was hast du empfunden?« – Aber der unfreiwillige Tourist auf klassischem Boden tat sehr unwirsch über mein naives Vorurteil und brummte, ärger als jener berüchtigte Berliner Nicolai: »Mi solln s' in Ruah lassen mit dem Römischen! Was sieht ma denn? Häuser und Kirchen, dö sieht ma bei uns z' Haus a, wann s' a nit so hochmächtig san. Und der Heurige, den s' dort ausschenken – Falerner haßen s' 'n, dös is erst 's wahre G'säuff, da muaß da Vetter unsern G'rebelten kosten, dös is a Tropfen und der schmecket a 'n Papst!« –

Mit dieser flüchtigen Skizzierung wollte ich in ein paar Figuren nur den Typus jener ländlichen Gäste zeichnen, die Wien in der Firmwoche alljährlich zu beherbergen hat. Aus diesem Teig sind so ziemlich alle geknetet. Und wenn ihr euch deshalb auf die residenzlichen Reize vielleicht etwas zugute tun und die Gebirgseinfalt damit wahrhaft überraschen, blenden und innerlich belohnen wollt, so seid ihr groß im Irrtum. Das ländliche Herz fühlt gerade im städtischen Rummel sich einsam und verwaist und sehnt sich in ungeheucheltem Heimweh nach den idyllischen Gefilden Maissaus oder Stammersdorfs zurück und atmet erst wieder auf, wenn die melodischen Hammerschläge des Dorfschmiedes den wiehernden alten Schimmel begrüßen, der ebenfalls froh ist, aus dem Bereich des harten Pflasters, einer drakonischen Fahrordnung und der Kameradschaft übermütiger Renner gekommen zu sein.

Zu Hause erst ist ihnen allen zusammen wieder wohl, und wenn das heimatliche Geselchte und die engeren vaterländischen Knödel im weitesten Umfange in der gewohnten Schüssel dampfen, dann – aber auch dann erst schmilzt allmählich das starre Eis, das den rustikalen Busen vor äußeren Eindrücken bewahrt, und ist die Kruste durch Vermittlung einiger Schluck eigenen Bodenerzeugnisses aufgetaut, so ist es möglich, daß der Zwangsreisende sich sogar dieser oder jener großstädtischen Merkwürdigkeit erinnert und nicht nur überhaupt von seiner gefahrvollen Odyssee von Zeiselmauer bis zum Rehböckel am Tabor etliche Vorkommnisse zu berichten weiß, sondern selbst einiger Späße schmunzelnd gedenkt, die der *primo buffo* eines Marionettentheaters im Prater für das übliche Trinkgeld produzierte – ferners, daß der berühmte Wellington, wie der Postknecht im Orte, einen roten Frack getragen habe, daß vor der Mariahilferlinie ein Kalb mit drei Füßen ausgestellt war und was des narrischen Zeugs noch mehr ist, mit dem wir Wiener so reich gesegnet sind. Mehr aber dürft ihr von dem ungeübten Reporter nicht verlangen.

Nun, die aufregende Woche ist vorüber. Die Großen brauchen das Lied mit dem angsterfüllten Refrain:

> Nehmt euch in acht, schaut euch nicht um:
> Der Göden- und der Godelfang geht um!

ein Jahr lang nicht mehr zu singen, und die Kleinen beschäftigten sich jetzt nur mehr mit der Kritik der Geschenke. Ob die Geber die Zufriedenheit der p. t. Nehmer errungen? Wer weiß! Die heutige Jugend ist in Folge der billigen Volksausgaben der deutschen Klassiker und der Verwohlfeilung der Selbstbelehrung vielleicht bereits so klug, daß sie recht gut den Nettowert einer Gabe zu taxieren versteht und genau anzugeben vermag, wo der fiktive Preis, d. i. die Façon oder das Agio beginnt, und für wie viele Gulden ö. W. man sich eigentlich zu bedanken hätte. Um deshalb einer abfälligen Kritik auszuweichen, sind praktische Naturen von jeher dafür gewesen, nur Reelles und Positives zu geben oder zu nehmen, und man einigte sich zu beiden Teilen und kaufte einen hübschen Sommeranzug, eine Mantille oder eine kompakte Uhr, und man war zufrieden, denn das hatte doch Sinn.

Weniger einverstanden bin ich hingegen mit den idealen Gaben, d. h. jenen, wozu eine starke Dosis Fantasie gehört, um den vollen Betrag des *pretii affectionis*, den man dafür beansprucht, sich herausschlagen zu können. In dieser Beziehung sind die schwärmerischen weiblichen Paten nur mit außerordentlicher Vorsicht aufzunehmen, welche das hoffnungsvolle Patchen einzig und allein mit dem höchst eigenen Konterfei, nämlich einer Photographie zu fünfzig Kreuzer zu beglücken geneigt sind. Diese gefährliche Sitte ist heuer besonders stark eingerissen und hat in

Familien, die davon betroffen wurden, viel Tränen hervorgepreßt. So sah ich eine solche allerliebste blauäugige Betrogene, der die Frau Pate statt jeder anderen Gabe ihre photographische Verewigung, und zwar unter der würdevollsten Ansprache einhändigte und ausdrücklich betonte, daß sie erwarte, diese Gabe – das Porträt der Pate – werde der Kleinen mehr Freude machen als ein plumpes Bracelet. Nun, der Geschmack ist eben verschieden, mir wäre das allerplumpeste Bracelet von Nummer zwei lieber gewesen, denn die Photographie war zwar ein kleines Meisterstück von Gerstinger, allein die Geberin vergaß, daß sie selbst kein Meisterstück der Schöpfung sei. Was tun in solchen Fällen? Eine bezirksgerichtliche Klage auf Schadenersatz für getäuschte Hoffnungen? Vielleicht findet sich ein Verteidiger, der den Fall übernimmt, vielleicht aber haben wir heut' übers Jahr, um ehrsame Familien vor derlei Schäden, die ärger als Hagelschlag, zu bewahren, eine Firmungsgeschenk-Versicherungs-Aktiengesellschaft, denn das täte doch wahrlich not! Wer meldet sich als Gründer?

Wiener Feiertage

Selbstverständlich meine ich nur die Feiertage des Mittelstandes. Die Aristokratie und Geld-Noblesse hat deren alle Tage, die Masse unter dem Wahlzensus hat ihrer Lebtage nicht einen einzigen – so bleibt eben nur der Mittelstand, das Bürgertum, welches Feiertage zu feiern hat und bei dem die rotangestrichenen Tage eine wirkliche Ausnahmestellung in der werkelmäßigen Tagesordnung bilden.

Weiters habe ich zu bemerken, daß ich nur die Feiertage des Katholiken im Auge habe, und da ich mich in weißen Socken für einen ebenso guten Christen halte, wie meine hochverehrten Mitbrüder in violetten Strümpfen, so mag mir der »Volksfreund« gestatten, daß ich als Sachverständiger mein Separatvotum abgebe.

Wir haben nun den heiligen Abend, zwei Feiertage und den Sonntag – *summa summarum*: vier Festtage nacheinander in einem Strich verlebt. Die glaubwürdige Korrespondenz »Rottert« bringt bereits den partiellen Totenzettel über die in Folge der gewissenhaften Gebräuche einer katholischen Hauswirtschaft gefallenen Tiere, und wenn auch gerade keine hundert weißen Stiere, wie von den römischen Barbaren, den frommen Festen geopfert wurden, so sind doch die Hekatomben der geschlachteten gewöhnlichen Rinder und Kälber, Lämmer und Schweine ein ansehnliches Festopfer, das den Mysterien der Tage und dem Moloch des christlichen Appetits gebracht wurde. Und da fehlen noch die statistischen Ausweise über die Leichenzahl der Hasen und Kapaune, der geschoppten Gänse und gemästeten »Pockerln«, der Hühner und Enten, und was eigentlich die Hauptsache: der erschlagenen Fische. Denn wir konsumieren viel und vielerlei an den gebotenen Fast- und Festtagen und hat dieser lokale Usus den ewig nörgelnden, kühl denkenden protestantischen Norden leider auch schon längst zu dem lieblosen kritischen Urteile verleitet: der Wiener Katholik hat und kennt keine Fest-, sondern nur Freßtage.

Und die strenggläubige Vorsteherin einer geordneten Wiener Hauswirtschaft hat beim Herannahen hoher Feiertage tatsächlich eine sorgenvolle schwere Aufgabe. Es muß das vorgeschriebene Repertoire genau eingehalten werden, worüber schon die Nachbarschaft wacht, und es muß, soll das Haus nicht in Mißkredit und die gesamte Familie nicht in den Ruf der Ketzerei oder gar Bettelhaftigkeit kommen, alles aufgeboten werden, um das für jeden einzelnen Feiertag prädestinierte Bratel zur geschmorten oder gebackenen Vorlage bringen zu können. Eine echte Wiener Bürgerfamilie bleibt deshalb nicht nur den ehrwürdigen mündlichen Überlieferungen vergangener Jahrhunderte treu, sondern auch den Küchenchroniken und schriftlichen Aufzeichnungen hervorragender, bereits der Geschichte angehörenden Köchinnen, und da durch eine beinahe fatalistische Konstellation der Ereignisse meist an Feiertagen die erforderlichen Fonds fehlen, um den frommen Gebräuchen ganz gerecht werden zu können, so hat der grübelnde Menschengeist die Tandler, das Versatzamt und, um einem allgemeinen Bedürfnisse abzuhelfen, in neuester Zeit auch die Pfandleihanstalt erfunden, welche Refugien die Mittel zu beschaffen haben und sonach kein guter Christ mehr eine Ausrede hat, den Festtag nicht auch durch ein paar Brathendel feiern zu können.

Es besteht nämlich wirklich ein »Bratelrepertoire« für

die Feiertage, welches z.B. zu Weihnachten folgendes festsetzt: Am heiligen Abend den unausbleiblichen Fisch in seinen zahllosen Variationen und Abarten, vom kostbarsten Schaiden bis zum plebejischen Weißfisch, am Christtag den Indian, *vulgo* Pockerl, *recte* Schustervogel, am Stefanitage den normalen Hasen, und da heuer auch noch ein Sonntag knapp darauf folgte, an diesem vierten Feiertage je nach Umständen ein Gansl oder den »jungen« Hasen, d.h. die Läufeln des Seligen und dessen Lungel und Leber. Minder Begüterte begnügten sich gestern mit dem »Hackelputz« der vorhergegangenen Festtage und deren restlichem »G'schnattelwerk«, wer es aber tun konnte und dessen gesamte Kräfte noch ausreichten, hatte gewiß wenigstens sein Schweinernes oder Lämmernes, wenn auch letzteres dermalen eigentlich mehr die Nuance Schöpsernes hat.

Mit diesen Paraderollen des Bratspießes und der Bratpfanne ist jedoch der Kultus der Festtage und seiner Magenprobe – an welcher übrigens auch andere Konfessionen partizipieren – noch lange nicht erschöpft. Es gibt noch eine Masse Komparsenrollen, als da sind: Gugelhupf, Milch-, Erdäpfel- oder Kletzenbrot, Fisolen- oder wällischen Salat, Apfelstrudel, Zwetschkenkompott, Beuschelsuppe, Emmentalerkäs, Linzertorte, Heringe, kandierte und eingemachte Früchte, Sardellenbutter usw. usw. Dieses raffinierte Konglomerat der heterogensten Köchinneneinfälle tritt mit dem fast grausamen Begehren an den Gaumen und Magen eines orthodoxen Christen heran, in ein paar Tagen verschlungen und ohne Nachwehen verdaut zu werden.

Wer in einem ordentlichen Wiener Bürgershause oder einem sonstigen frommen Gehöfte die Weihnachtsfeiertage mitgemacht, denkt bei deren Wiederkehr sicher nur mit Beben an die lebensgefährliche Möglichkeit, noch einmal zu diesem Kampfe mit seinem südlichen Organismus aufgefordert zu werden. Denn es wird in gesitteten Familien als eine Beleidigung angesehen, ein Zwetschkenmus zu refüsieren, wenn es auch unter dem schlagenden Hinweis, vor anderthalb Minuten mit einem tiefblauen Gorgonzola den endlichen Schlußstein gelegt zu haben, geschieht, und die gutmütige Hausfrau wird es dir nie und nimmer verzeihen, von ihrem delikaten Kuchen nichts gekostet zu haben, und zwar unter dem nichtigen Vorwand, du hättest soeben ein Stück Aal genommen. »Man kann schon, wenn man nur will« – heißt es dann –, »aber bei uns ist Ihnen halt alles zu schlecht« – und man rümpft verletzt das Näschen oder die Nase.

Freundlicher Mitsterblicher! Du bist nämlich im Irrtum, wenn du glaubst, du hättest an solchen Tagen oder Abenden nur deine gewöhnlichen Verdauungswerkzeuge zur Verfügung, und du könntest deinem Innern nicht mehr aufbürden, als du es das ganze Jahr über tust und es dein Inneres eben nur gewohnt ist. Du täuschest dich, du bist da zu ängstlich, zu pedantisch, denn »man kann schon, wenn man nur will«, heißt die Parole der Feiertage.

Du bist es z. B. nicht gewohnt, abends Suppe zu essen. Am heiligen Abend bist du dagegen verpflichtet, und zwar schon um sieben Uhr, während du sonst vielleicht erst nach dem Ballett soupierst, ein paar Teller der dicksten Beuschelsuppe hinabzuschlingen. Du fühlst dich nun gesättigt? Lächerlich, die Hausfrau nötigt dich, wenigstens noch einen Löffel Suppe zu nehmen, sonst werde sie ernstlich böse, und bei dieser Gelegenheit zeigt man dir den Appetit der fünf- und sechsjährigen Buben, welche von dieser deliziösen Beuschelsuppe gar nicht genug bekommen können. Dann werden die Teller gewechselt, und der obligate Fisch ist da, d. h. der Heilige-Abend-

Fisch in seinen verschiedenen Gestalten, Charakteren, Nationalitäten und Saucen.

»Ist gebackener Donaukarpfen gefällig?« – »Bin so frei.« – »Hier ist auch heißabgesottener, mein Mann ißt ihn gern; darf ich ein Stückchen anbieten?« – »Danke.« – »Oder ist Stockfisch gefällig? Mein Schwager ist ein Liebhaber davon.« – »Danke verbindlichst.« – »Schill kommt gleich, auch Schwarzfisch. Ah, hier ist er schon! Bitte, nur ein Stückchen, ja, ja, Sie müssen, sonst machen Sie mich böse!«

Dir schwindelt. Es gelingt dir, unbemerkt einige rückwärtige Schnallen an Beinkleid und Weste zu öffnen, du atmest etwas leichter auf, da kommt der Schill in delikater Sauce; willst du die herrliche Hausfrau nicht tödlich beleidigen, du mußt davon nehmen, denn die Sauce ist nach einem Rezepte, das die verstorbene Tante in ihrer Jugend von Paris mitgebracht. Die Schillsauce ist der Stolz des Hauses, bei Rothschild und dem Erzbischof ist sie nicht besser, und man gibt dir den Teller voll.

Auch dieses Attentat der Gastfreundschaft ging noch ohne direkte Lebensgefahr an dir vorüber; aber nun wettest du plötzlich mit dem Hausherrn, der eben die riesige Gräte eines Hechts durch die Zähne zieht, daß ein heftiger Regen an die Fenster schlage. Diese Vermutung wird allseitig belächelt, es soll der heiterste Abend sein, und du gehst an das Fenster, öffnest es, schöpfst in langen Zügen die erfrischende Luft, trocknest dir den Angstschweiß von der Stirne, und nachdem du selbst bestätigen mußt, daß es nicht regnet, kehrst du seufzend zum Operationstische zurück.

Während dieser kurzen Pause bereitete man dir eine zartsinnige Überraschung. Die Nichte des Hauses wispelt dem Klavierlehrer ins Ohr, du hättest erst zwei Stück Karpfen gehabt, und nun liegt ein prächtiges Mittelstück auf deinem Teller. Du protestierst aufs feierlichste gegen jede weitere Zumutung in solchen Dingen, allein die ganze Gesellschaft bricht in den liebevollen Rache-Chor aus: »Nein, nein! Sie müssen, Sie müssen! Sie haben erst zwei kleine Stückchen gehabt!« Und obwohl der jüngste Sprößling den lauten Einwurf erhebt: »Es ist nicht wahr, der Herr v. X. hat schon drei Stückeln gegessen«, welches naseweise Minoritäts-Gutachten dem Sprecher einen klatschenden Verweis zuzieht, so nötigt man dich doch, während der Kleine nun heftig weint, das dritte (nach einer anderen Version vierte) Stück Karpfen zu zerlegen.

Endlich glaubst du deine Aufgabe gelöst und deine Eßrobot vollendet zu haben. Du bringst das Gespräch auf eine neue Zigarrensorte und bietest dem Hausherrn eine Probe an. In diesen voreiligen Verhandlungen überrascht euch die Dame des Hauses und ruft ein sanft grollendes: »Was, die Herren wollen jetzt schon rauchen? Diese garstigen Zigarren! Es kommt ja erst der Nachtisch!«

Und Todesblässe überzieht dein Gesicht, denn nun kommen wirklich all die süßen und sauren Kleinodien eines perfekten Desserts, das am heiligen Abende naturgemäß erweitert und ergänzt ist. Es kommen die Nippes aus Mandelteig und die phantastischesten Kompositionen aus Essig und Öl; es kommt Schokoladecrême und Sellerie, Salami- und Biskuitroulade, überhaupt jene bunte Reserve, die ich oben angedeutet. Und von alldem mußt du nehmen, man wird sonst, wie man's dir bereits zum dreihundertsiebenundsiebzigsten Male gesagt, ernstlich böse, denn »es geht schon, wenn man nur will«!

Und nachdem du – da nur ein Mord dich davor gerettet hätte – wirklich von allem nehmen mußtest und wirklich genommen und gegessen hast, ja selbst das (*horribile dictu!*) Kletzenbrot hinabwürgtest, das diesmal gar so schön gebacken war, und schließlich mit einem Glase

Punsch auf das Wohl der geehrten Anwesenden trankst, gelingt es dir endlich, ins Freie zu kommen und bei einem kleinen Schwarzen das, was du in zwei, drei Stunden soeben alles geleistet, zu überdenken. Aber das Fürchterliche kommt ja erst. Morgen bist du bei N. zu einem Indian, übermorgen bei Z. zu einem Hasen und überübermorgen zum Hackelputz bei X. geladen!

Das ist so unser übliches Feiertags-Pensum. Wie wir diese Herkulesarbeit vollbringen, das ist unser engeres vaterländisches Geheimnis, ein spezifisches Magenrätsel, das ich selbst bisher vergeblich zu lösen bemüht war. Wie diese heroischen Taten den betreffenden Familien, den erwachsenen Eßkünstlern und den kleinen Vielfräßchen gelingen? Auch das weiß ich nicht; ich weiß nur so viel, daß einzelne Vertreter Äskulaps das Herannahen hoher Festtage meist schmunzelnd begrüßen, daß ihnen aber, wenn die sonderbare Feier beendet, manche gastronomische Fehltritte doch als Todsünden erscheinen, und sie das kulinarische *mixtum compositum* nur durch den luxuriösesten Konsum eines anderen *mixtums*, des allseits bekannten *Inf. lax. Vien.* oder mittelst des drastischen *tart. emet.* zu paralysieren bestrebt sind. Das heißt: bei Feiertags-Marodeurs des Frauen- und Kindergeschlechtes. Der starke Mann, sollte er sich nach dem überstandenen Kampfe tiefinnerlich doch invalide fühlen, führt seinen sündhaften Magen einem derberen Purgatorium zu, er kennt sich und sein Selbst, er weiß, was er bedarf, und die Pfade verfolgend, wo ein saures Beuschl kredenzt wird, hofft er auch diese Krisis glücklich zu überstehen. Und daß dieser letzte Versuch allseits gelinge, ist auch mein herzlichster Wunsch!

Die Saison der Wurst

(Eine volkswirtschaftliche und neugastronomische Studie, geschrieben im Winter 1881)

Jede Jahreszeit hat bekanntlich ihre eigenen Reize und bietet ihre speziellen Genüsse und drückt sich mit ihren charakteristischen Gaben sozusagen den legalen Stempel ihrer Existenz auf. So legitimiert sich Frühling, Sommer und Herbst mit je seinen separaten Spenden, und wir wissen genau, ohne den Kalender zu befragen, wie wir an der Zeit sind, wenn nach dem herkömmlichen Turnus: Spargel, grüne Erbsen, duftige Rosen, junge Backhühner, Lachsforellen, Erdbeeren, Krebse, Zwetschken, Trauben, Spanferkel, Gänsebraten, Hasenrücken etc. etc. vor unsern Augen paradieren, Herz und Seele erfreuen und nebenbei unsern Geruchs- und Kauwerkzeugen zum würzigsten oder pikantesten Labsal dienen. Und so hat denn auch der Winter, trotz seines meist bärbeißigen Auftretens, seine Annehmlichkeiten und wird von vielfältigen Korporationen sogar gesegnet, was weder die Holz- und Kohlenverkäufer, noch die Pelzhändler und Theaterdirektoren, weder die Ballkomitees und Fiaker, noch die Cafetiers und der Eislaufverein usw. bestreiten werden, und er offeriert uns nicht nur Schneegestöber und markerschütternde Stürme, sondern auch separate, nur unter seiner Ägide wertvolle Delikatessen, wovon ich nur die köstlichen Whitstable-Austern und den famosen Cognacpunsch anführen will. Und wer aus zwingenden Ursachen derlei Kostbarkeiten aus seinem Programm gestrichen, der begnügt sich mit der demokratischen Wurst und erklärt auch dieses Erzeugnis heimatlichen Gewerbefleißes für einen Leckerbissen, wenn er einer ist. Die Zukunft gehört der Demokratie. Weitsehende Politiker und Nationalökonomen könnten an diesen Gedanken anknüpfen und in Anbetracht des nicht mehr zu leugnenden Niederganges der allgemeinen Wohlfahrt sich zu der Hypothese versteigen: die Zukunft gehört der Wurst – von Ananas und Kaviar werden einst nur mehr vergilbte Geschichtsblätter erzählen.

Die Wurst in Wien! Wer ihre soziale Mission erschöpfend schildern könnte! Ihre Anfänge, ihren Werdeprozeß, ihre Entwicklung, ihre Veredlung (mitunter auch Verschlechterung), ihre Fortpflanzung bis auf das heutige Geschlecht, ihre Arten und Abarten, und ihre Überwucherung in allen Schichten der Gesellschaft. Gewiß ein lehrreiches Bild, das uns einen tiefen Blick in die Minengänge jenes schleichenden Gespenstes liefert, das – Verarmung heißt.

Denn die »Wurst an sich« muß von einem ernsten Standpunkt aus betrachtet werden. Der Denkende wird sich fragen: War die Wurst ein Bedürfnis? Und er wird antworten: Sie wurde es von dem Augenblicke an, als die Menschheit ein billiges Surrogat für Braten zu suchen genötigt war; als ihr nicht nur Rebhühner, Schnepfen, Fasanen, Kapaune und Hirschziemer nicht mehr zugänglich waren, sondern als es der Majorität sogar schwer wurde, als Vesperbrot ein simples Schnitzel sich zu gönnen, einen harmlosen Rostbraten, ein schlichtes Stoffade oder ein bescheidenes gebackenes Lämmernes. Als diese bedauerliche Epoche eintrat, da erschuf die Meisterin Not dieses scheinbare Ausgleichsmittel zwischen Reich und Arm und erfand die Wurst, die demnach auch als Symbol ebenfalls einer Versöhnungsära gelten kann, als es hieß, die murrenden Massen wenigstens halbwegs zu befriedigen. Die Menge verlangte nach Fleisch, respektive nach Kälbernem und Schöpsernem etc., und man gab ihr die Wurst, den Pseudo-, den Talmibraten. Die oberen Zehntausend nagen an den zierlichen Poulardschenkelchen, die Millionen zerreißen in Ingrimm die triviale Wurst. So wie der erste Zimmerherr, vielmehr der erste Bettgeher, der sich keine eigene Wohnung mehr mieten konnte und als Afterpartei sich einschmuggeln und fortfretten mußte, als wirklicher erster Armer anzusehen ist, so bezeichnet das Erscheinen der ersten Wurst, als Ersatz für Fleischbraten, das Datum, wo die Einschränkung, die Entbehrung begann und die ungeheure Mehrzahl genötigt war, von allen Kotelettes und Beefsteaks etc. Abschied zu nehmen und sich mit dem Füllsel von diversen Abfällen, alten Semmelkrumen und sonstig kleingehacktem Kaschernat zu begnügen. Die Wurst ist das Wahrzeichen der hereinbrechenden Not und kann, wenn sie auch noch so delikat zubereitet, von dem wahren Humanisten nur mit bekümmertem Blicke betrachtet werden, weil ihn jedes Spaltel mahnen und erinnern muß, daß ein Fricandeau doch eine edlere und sogar reellere und gewiß auch gesündere Nahrung wäre, nach welcher der Gaumen lechzt, die aber der Geldbeutel verweigert. Denn nur wo der Mangel sich einstellt, tritt auch als Palliativ die Wurst in ihre Rechte.

Wo ist die Geburtsstätte der ersten Wurst, und welches Genie erdachte sie? Adelung findet das Wort (das mit »Wust« gleichlautend sein soll) in alten Schriften nicht, und glaubt dennoch an das hohe Alter desselben. Natürlich; die Menschheit bei ihrem raschen Anwuchse ersann schon frühe allerlei Kompositionen, um sich den knurrenden Magen zu füllen und zu stillen, und scheint mit fetten Hammelkeulen, saftigen Lendenstücken und ähnlichen schönen Himmelsgaben nicht immer ausgiebig dotiert gewesen zu sein. Da brachte ein kluger Kopf die Wurst, die ihrem innern Wesen nach ohne Zweifel in primitiver Ehrlichkeit konstruiert und mit akkreditierten Beigaben ausgestattet, vielleicht sogar schmackhaft sich gab, bis die Tartufferie schwindelhafter Zeitläufte, die Gewissenlosigkeit einzelner Streber und professioneller Fälscher auch bei diesen Fabrikaten sich nicht scheute, Ingredienzen zu verwenden und Fleischteile unappetitlichster Tiergattungen zu benützen, so daß der zum Genießen Verurteilte an den eigentlichen Absichten des Allernährers zuweilen irre werden könnte. Man muß beispielsweise in dem gemütlichen Wien die Würstchen versuchen (d. h. beriechen), welche um die Mitternachtsstunde bei den Linien oder an den Straßenecken den vorübergehenden Fuhr- und Marktleuten und Arbeitern kredenzt werden, um einen Begriff zu bekommen von der Toleranz der Armen und – der Sanitätsorgane.

Ja, die Wurst in Wien hat ihre Memoiren, die bunter als die Erlebnisse manches ausgedienten Diplomaten. Ihre Vorgeschichte ist einfach. Man hatte einst – ich spreche von der glorreichen Ära der zwanziger und dreißiger Jahre – alles in allem genommen nicht mehr als acht Sorten: die populären Selchwürsteln (kleine und große zu fünf und sieben Kreuzer Wiener Währung, heute »Frankfurter« nominiert), die Cervelade (Savaladi), die Extrawurst, Bratwurst, Leberwurst, Blutwurst (Blunzen), die familiäre Augsburger und die ganz vulgäre Preßwurst. Erst später wuchs noch die exotische Knackwurst hinzu, die allmählich wieder neumodische Spezialitäten herbeizog, so daß wir dermalen mindestens an zwanzigerlei Varietäten (darunter echte und auch in Simmering erzeugte Nürnberger, Braunschweiger, Gothaer, Debrecziner, rheinische, polnische etc.) Würste auf dem Repertoire der Speisezettel und der betreffenden Schaufenster bewundern können. Der Kurzsichtige nennt dieses Plus Fortschritt, der ehrliche Kulturhistoriker schüttelt dazu den Kopf und meint: Als noch die Back- und Brathühner, die Originaldonaukarpfen und die geschoppten Gänse etc. die Tische der Grundpatrizier schmückten, als der Indian (Pockerl) so profan war, daß man ihn Schustervogel nannte, da war die Wurst nur eine sporadische Erscheinung und fristete ein bescheidenes Dasein. Sie dominiert erst, als die meisten Haushaltungen sich gezwungen sahen, das altübliche Bratl aufzulassen und dafür die billigere Wurst in das Menü einzustellen. Um diese Dekadenz zu maskieren, erdachte man die pomphaftesten Titulaturen für das Ersatzgericht, aber der Weise lächelt zu solchen Selbstfoppereien schmerzlich und meint im stillen: »Wurst bleibt Wurst, und wird in alle Ewigkeit keine Ente und kein Wildschweinskopf.«

Ist das Thema zu skurril und einer ernsten Forschung unwürdig? Ich möchte einen derlei Einwurf verneinen, schon aus den mehrfach angeführten Gründen und dem gelieferten Nachweise der Genesis der Wurst, von der ich behaupte, daß sie der Gradmesser finanziellen Mißbehagens ist, sobald sie zum normalen Souper der Familie wird. Die Wurst ist die drittletzte Etappe auf dem Passionswege zur Schlußkatastrophe. Nach der Wurst, wenn auch diese nicht mehr zu bestreiten, kommen die »Erdäpfel in der Montur«; werden selbst diese im Budget gestrichen, muß trockenes Brot genügen; fehlt's auch an Brot, nun – dann folgt eben, was folgen mag. Manche flüchten noch zur Bettelsuppe, andere schließen ab. Wie oft beobachtete ich einen solchen Abstieg einer Familie. Anfänglich würzt man sich die neue Kost noch mit einigen Scherzworten, aber sie schmecken für den eigenen Gaumen bitter und lassen den beobachtenden Zuseher doch nicht im unklaren. Mitunter gibt es unter letztern auch rohe Naturen. Sie schreien die Neuigkeit rücksichtslos in alle Welt und vermehren dadurch noch die Geschwindigkeit des Falles: »Du, gestern abend war ich bei X. Sehr frugal. Man aß nur Wurst. Ich empfahl mich bald. Scheinen fertig zu sein!« Ja, sie sind fertig. Noch delektieren sich die Sprossen an den magern Schnitten der Pariser, bald fehlt's auch an diesen Beilagen.

Belächle man mich nicht, daß ich dem profanen Stoffe eine solche Wichtigkeit einräume, aber es geschieht nur »unter dem Strich«, wo ja für Sitten- und Lebensbilder Platz ist. Und wenn die Wurst im Leben einer ganzen Bevölkerung eine so markante Rolle spielt, wie dies seit den letzten drei bis vier Dezennien in Wien der Fall, so gibt die Sache zu denken. Als der erste Charcutier sein Etablissement eröffnete und großen Zulauf fand, da machten vielleicht ein paar »Kapäunlerinnen« eben Krida, oder restringierten einige Restaurants ihr Geschäft. Die Wurst – und führte sie auch den hochtönendsten (ausländischen) Namen – ist doch kein Sinnbild, kein Attribut des Reichtums; prävaliert sie jedoch als Nahrungsmittel, so wird sie, wie bereits gesagt, zum Signal der um sich greifenden Einschränkung. Weiter ist die Art der Ernährung einer Stadt nichts Nebensächliches. Glaßbrenner sagte mir einst, als er eben einen Hummer zerlegte: »Gut essen ist kein leerer Wahn! Die Seele freut sich, wenn der Magen, ihr Nachbar, nicht brutal behandelt wird. Der Geist erhebt sich zu schönen Phantasien, wenn der Gaumen in Wohlbehagen schwelgt!« O, erhabener Seher! Wird ein Volk, das in seiner Mehrheit nur von Würsten sich nährt, je zu großen Taten gestimmt sein? Das sinnige Wort des Philosophen lautet: »Du bist, was du ißt!« Eine Bevölkerung, die sich allmählich fast gänzlich verwurstet, klebt mit ihren Gedanken auch am Niedern und wird sich überhaupt entwöhnen von dem Aufblick nach – Edlerem.

Aber ich komme in meinen Betrachtungen von dem vorgesteckten Hauptwege immer mehr abseits und verliere mich in dem Labyrinth von Seitengängen. Ich überschrieb meinen Essay: »Die Saison der Wurst« und wollte damit notifizieren, daß erst im Winter ihre eigentliche Herrschaft beginne. Aber richtig, das ist's ja eben, was mich so weitwendig werden ließ, weil ich bei näherer Betrachtung und gewissenhafter Überlegung sah, daß ich mit dem vorgehabten Ausspruche eine halbe Lüge gesagt hätte. Denn wie aus meinen Seufzern zu entnehmen, beklagte ich es eben, daß wir uns fast jahrüber von Würsten nähren und mit Eintritt der kälteren Jahreszeit nur der Konsum noch stärker wird, indem auch die *soi-disant* bessern Stände dann zur Wurst (unter verschiedenen Titulaturen) greifen und die Anhänger des Wurstkultus sich also auch noch um jene vorsichtigeren Gourmands vermehren, welche wenigstens in der Fliegenepoche und in den ärgsten Hitzmonaten von diesem Genusse sich fern zu halten pflegen. Aber im Winter ißt alles Wurst, und deshalb ist jetzt ihre Hauptsaison und eigentliche Regierungsperiode.

Einst war's allerdings anders. Ich schreibe keine Reklamen und nenne deshalb auch nicht die Zelebritäten und Koryphäen des Selchermetiers, an denen bei uns kein Mangel ist. Nur eines Namens will ich gedenken, weil er einer toten und einer längst verschollenen Firma gehört, die ehemals die Zierde dieser Branche war und in ihren Erzeugnissen den Ruhm Wiens weit über die Gemarken des Reiches trug. Ich meine den größten Wurstkünstler jener Zeit, den braven und biderben Johann Lahner, an der Ecke der Altlerchenfelder Hauptstraße – das Häuschen Nr. 56, »zu Mariahilf« genannt, ist längst verschwunden –, der in der Tat delikate Würstchen fabrizierte, und dessen Name in Wien so populär war, wie etwa

Goethes Name in Weimar. Alles begehrte Lahnersche Würstel, und der Mann machte riesige Geschäfte. Das war vor fünfzig und vierzig Jahren.

Seine Handwerkskollegen und Konkurrenten in der Stadt und in den Vorstädten waren, im Vergleich mit dem heutigen Stande des Gewerbes, in unbedeutender Zahl, und auch der Usus, daß Speisewirtshäuser mit der Roratewoche begannen, ihren Stammgästen – da im Hause »abgestochen« wurde – selbstfabrizierte Würste vorzusetzen, beschränkte sich nur auf einzelne, gut beleumundete Schilder. Alles in allem genommen, war der Verbrauch an Würsten in Gesamtwien kein auffälliger, und er verminderte sich sogar, als die Enttäuschungen zu häufig wurden und der minder begüterte Teil sich mehr auf das neu erfundene, anfänglich noch ehrliche, nachmals ebenso zweideutige Gollasch warf, bis man auch daran wieder den Appetit verlor und abermals zur Wurst zurückkehrte, da mittlerweile – namentlich in einigen westlichen Bezirken – ein paar neue Selchereien erstanden, die bald einen großen Zuspruch hatten. Ach, und nun ist der Wurstrummel über ganz Wien losgebrochen!

Wurst und wieder Wurst und immer Wurst, wohin das Auge blickt! Bei den Greißlern baumeln sie neben den Schusterkerzen, bei den Gewürzkrämern und in den Kaufläden der »vermischten Warenhändler« liegen sie schichtweise auf der »Budel«, in den Schaufenstern der Delikatessenhändler prunken sie als Delikatessen (!), obwohl die anspruchsloseren Weißwürste Salzburgs, Münchens und Innsbrucks diesen Namen eher verdienten, und bei den Selchern ist in den Abendstunden ein Andrang, wie solcher nur noch vor der Einlaßpforte des Burgtheaters zu sehen ist, wenn »Müller und sein Kind« gegeben wird. Allüberall ein Kampf um Würste. Die »schönsten Leute« stellen sich an und bilden Queue und harren geduldig, bis die Reihe an sie kommt, und eilen freudigen Blickes mit der erhaschten Beute davon und ignorieren die Rippenstöße und Fußtritte, die sie mit in Kauf nehmen mußten. Der elegante Flaneur putzt sein Binocle und betrachtet sinnend durch die Spiegelscheiben die Mortadella – oder die Zungenwurst und holt sich ohne Scheu seine abendliche Ration. Die Frau »Hofrätin« desgleichen. Man mustert und prüft zwar auch die Wildtauben, Rohrhühner und Schnepfen, aber – man langt schließlich doch wieder nur nach der Wurst. Man weiß, warum. Und in den Gasthäusern sind Donnerstag und Freitag nunmehr sogar die obligaten Wursttage. »Bratwurst gefällig? Frisch gemacht. Oder Leberwurst?« Man schnalzt mit der Zunge und wählt, um dafür samt Zugehör zwanzig Kreuzer zu zahlen, hat sich gesättigt und – dreißig oder vierzig Kreuzer erspart. Man macht den Saisongebrauch mit, gesteht aber den eigentlichen Beweggrund nicht ein. Heuchelt nicht und kokettiert nicht mit Sondergelüsten und sagt nicht, daß dies euer Leib- und Lieblingsgericht und ihr für die Wurst ein unbesiegbares *faible* habt. Ihr lügt. Die »Philosophie der Not« trieb euch, wie Wippchen sagen würde, der Wurst in die Arme; wenn Kredit wieder vierhundert stehen, eßt ihr Rheinlachs. Der *Jour fixe*, den ich unlängst mitmachte, war auch bereits nach dem zeitgemäßen Rezepte: Bruchtee und »kaltes Aufgeschnittenes«. Als man uns fragte, ob uns letzteres genehm sei, nickten wir selbstverständlich zustimmend, und das kalte Aufgeschnittene kam, aber es war nur – zweierlei Wurst. Also auch du, Brutus! Und auch hier schon bei der Wurst angelangt! Wir fallen rapid. Man hält noch mühsam die Ehre des Hauses aufrecht und gibt allwöchentlich seinen Abend; man ist liebenswürdig und geistreich, bespricht die neuesten Erscheinungen in Kunst und Literatur, gibt Bonmots zum besten, produziert sich mit Stimmporträts, und die Töchter des Hauses spielen auf allseitiges Verlangen auch noch den Lisztschen Faust-Walzer vierhändig und ernten Beifall. Aber man serviert nur dünne Brotschnittchen und plebejische, schnöde Wurst und schales Jaroschauer, wenn auch unter schelmischen Knixen und artigen Witzen. Wo bleibt Aal? Wo der Rehrücken? Was ist's mit den Indianerkrapfen? Was ist's mit Saint-Julien und dem üblichen Punsch und Mokka als Finale? Wurst und immer Wurst und allüberall Wurst! *O tempora, o »schnores«!*

Fresser und Säufer

Es ist kein unappetitlicher Anblick, einen, der mit gesundem Appetit begnadet, ein hinteres Viertel Gansl mit vornehmer Gelassenheit und anatomisch richtig zerlegen, die saftigen, schön gebräunten Bissen mit graziös geschwungener Gabel zwischen die schwellenden Lippen führen und die Kauwerkzeuge in bedächtiger Ruhe und weihevoller Stimmung arbeiten zu sehen. Namentlich, wenn das fleischige Unterkinn von einer blendend weißen Serviette stilgemäß umrahmt ist. Aber es ist widerlich, bei einem heißhungerigen Nimmersatt den Zuschauer abgeben zu müssen und Zeuge zu sein, wie der Fraßwolf in blinder Gier binnen drei Minuten ein halbes Kilo Teilsames verschlingt und seine Augen nebenbei auf ein Bandel Knackwürste wirft, die sein Opfer in den nächsten fünf Minuten werden. Oft selbst mit Haut und Haar.

Und so ist es ohne Zweifel sogar anmutend und anregend und einladend, dem Beispiele zu folgen, wenn der Ästhetiker der Trinkkunst ein Glas schäumenden, prikkelnden Schwechaters, oder einen hübsch geschliffenen Seitelstutzen, gefüllt mit eisfrischem perlendem Mailberger erhebt, das blitzende Farbenspiel mit sinnigem, gedankenvollem Behagen befrachtet, und in wohlüberlegten Pausen und gemessenen Zügen von der edlen Gottesgabe schlürft. Wohlgemerkt: schlürft und nicht, wie der Zyniker, plempert. Denn der ungestüme Bierschlemmer und der tropfnasse Weinzecher und die plumpe Kuh bei der Tränke trinken so ziemlich nach einer Form – ich habe keine der drei Erscheinungen je bezaubernd gefunden.

Und auch die Szene war eher häßlich als lustig, als unlängst in ein Vorortegärtchen zwei junge Männer stürmten, mit einem Monsterpaket belastet, das, im Nu seiner papierenen Hülle entledigt, als ein riesiger Lammsbraten sich erwies, der einer ausgehungerten Hyäne genügt hätte, und der von den zwei Wüterichen auch hyänenmäßig behandelt, nämlich förmlich zerrissen und in seinen Fleischfetzen verschlungen wurde. Dazu mehrere tüchtige Scherzl Brot (Reanken) und drei Liter Heurigen; alles in der kurzen Spanne Zeit, während eine Ballerine eine Tasse Schmankerl bei Demel löffelt und ein sie fixierender Attaché in Feuer und Flammen gerät.

Ein abscheuliches Bild. Das heißt, nicht jenes der versuchten ehrbaren Annäherung, sondern das der ungeschlachten Fresser. Ich mußte mich abwenden, damit mir gut bleibe, denn sie kramten auch noch einen Ziegel Schwarzenberger Käse aus und – als Reserve – ein Dutzend hartgesottener Eier. Und das Ganze war nur ein flüchtiger Jausenimbiß. Wünsche wohl gespeist zu haben! Nun, das alte deutsche Sprichwort lautet: »Ein Vielfraß wird nicht geboren, er wird erst erzogen«, und man kann's ja täglich und aller Orten sehen, was die lieben Kleinen hineinzupampfen haben, zum Gaudium der Herren Eltern, die ordentlich stolz darauf sind, was der Tausendsassa alles vertragen könne.

Die nächsten Folgen sind bekannt und nicht überraschend. Der zu abnormen Leistungen trainierte Magen des Freßkünstlers (das Gegenstück des liebenswürdigen Börneschen Eßkünstlers und des populären zierlichen *Table d'hôte*-Majors), wird immer Wunderbareres zustande bringen, bis er wie ein wohlkonditionierter Straußenmagen auch Kieselsteine zu vertragen versteht (in den dreißiger Jahren gab ein klapperdürrer Mann dieses Meisterstück der Verdauungskunst in Vorstadtwirtshäusern allabendlich zum besten), dennoch aber sich nie gesättigt fühlt. Man weiß, daß in den Militärerziehungshäusern mancher Novize, angeblich des Wachstums wegen, eine doppelte Brotportion zu fassen berechtigt ist, eine Übung, der er auch später, als vollkommen ausgewachsener Mann, nicht untreu wird und wobei er in seinen Forderungen auch ärztlicherseits unterstützt zu werden pflegt. Als noch Klampfl die »Stadt Belgrad« dirigierte, kam – es war anfangs der vierziger Jahre – allabendlich ein italienischer Grenadier, wenn er dienstfrei war, in die Gaststube und wartete auf seine Mäzene, wohlhabende Bürger, die ihm seinen speziellen Gusto befriedigen halfen, der darin bestand, sich an – Salzbretzen satt zu essen. Er requirierte immer den ganzen Vorrat und aß seine dreißig, mitunter seine sechsunddreißig Stück, aber satt war er, wie er feierlichst schwur, nie. Wer Baron Zedlitz, den gefeierten Dichter der »Totenkränze« und Metternichschen Leibschreiber, bei der »Mehlgrube« essen sah, bemerkte das Wort als Wahrwort bestätigt, daß ein leerer Sack nicht stehen könne. Und er füllte den offiziösen Wanst auch noch mit delikatesten Spezialitäten! Er fand übrigens auf dem vaterländischen Parnaß geübte Nachahmer (in forcierter Selbstfütterung), und ein paar in weitesten Kreisen zum Essen geladene Musenmänner sind stabile Figuren in der Tageschronik witziger Feuilletonisten geblieben. Auch Br. Stift *jun.*, der einstige Freiheitsapostel und spätere Betbruder und Spiritist, fraß wie ein vulgärer Drescher und benötigte fünf-, sechserlei Fleischportionen zum Mittagstische, den er nachmals in drei bis vier Lokale verlegte, um mit seinen Bravouren nicht an einem Orte den Kellnern Anlaß zu indiskretem Gespötte zu geben. Was konnte ferners jener geistvolle, vor einigen Jahren verstorbene Wiener Publizist vertragen, der, einmal bei Glaßbrenner zu Besuch, sich mit ehrlichstem Unwohlsein entschuldigte, und es als weiter nichts als wie ein Unpäßlichsein zu betrachten bat, weil er nur sechzig Austern, eine Schüssel Hummersalat und drei Platten sonstiger Zugaben zu essen vermochte. Wäre er gesund gewesen, hätte er schon »ordentlich mitgetan«. Und ein starker Esser war auch ein ebenfalls vor ein paar Jahren (in Armut) verstorbener genialer Charakterkomiker, der große Summen mit seinem ehernen Gebisse zermalmte, ganze Fechsungen und Ernten von Zuckererbsen verschlang, und abends, bis das Backhuhn fertig, als Entrée einen Lungenbraten (mit Erdäpfeln) und zum Dessert zwei Schweinskotelettes benötigte, immer aber noch bereit war, ein komplettes Spanferkel auf sich zu nehmen, wo die Saison (er schwärmte für Erstlinge) es gestattet hätte. Da ist ein beliebter Vereinsdilettant, der heute noch wirksam, nicht so wählerisch, er nimmt sieben Rostbraten und stochert sich nach dem letzten lächelnd die Zähne. Aber er gedeiht bei dieser Kost.

Das ist die Hauptsache. Als Kaiser Franz auf der Karolinentorbastei einst einen dickbäuchigen Bettler sah, sprach er ihn an und meinte, es müsse ihm doch nicht so schlecht gehen, weil er so wohl genährt aussehe. Worauf der Vagant gefaßt replizierte: »Aber, mein Gott, mir schlagt halt das bißl, was i krieg und was i hab, guat an; schaun S' Ihnen an, Majestät, Sö hobn do g'wiß Ihner Auskommen und können guat lebn und sein do so mager, als ob S' nur a Spitalsuppen z' essen hätten, d' Naturen sein nit gleich!« Und der leutselige Monarch nickte und sagte: »Das ist auch wieder wahr!«, schenkte einen Zwanziger dem Strolch, der sich mit dem stereotypen: »Vergelt's Gott tausend Mal, wer' fleißi beten!« entfernte und den Nächstfolgenden anbettelte. Daß der Fürst, der wahrlich sein Auskommen hatte, beispiellos mäßig lebte und gastronomische Extravaganzen und andere Schlemmereien nicht nur gründlich haßte, sondern seine gewohnte spartanische Diät bei keinen, selbst nicht den festlichsten Versuchungen, außer acht ließ, schien der drastische Kritiker nicht zu berücksichtigen.

Kaiser Franz trank all sein Lebtag auch nur Wasser, sein prächtiges Schönbrunner Wasser, das ihm sogar auf seinen Reisen nachgeführt werden mußte. Dagegen gibt es wieder Leute, die zeit ihres Lebens keinen Tropfen Wasser über ihre Lippen brachten, bei Wein und Bier und Schnaps aufwuchsen und dabei blieben bis an ihr seliges Ende, und mit dem Wasser überhaupt nur flüchtige Bekanntschaft machten, wenn sie sich zuweilen wuschen. Als ich einst einen Hausmeister in einer westlichen Vorstadt um ein Glas Wasser für meine Buben bat, er es mir brummend gab, und ich auch davon trank und – von einem tüchtigen Marsch etwas erschöpft – die Güte dieses herrlichen Nasses lobte, sah mich der Mann – ein Exdeutschmeister – mit großen Augen an, schüttelte verwundert sein Haupt und sagte im geringschätzigsten Tone: »Mögli, daß 's guat is ... i trink kans ... nie ... i mag a Wasser nit in Stiefel, viel weniger in mein' Mag'n!« Das kernhafte Wort ging später in Volkesmund über und wurde variiert auch von Fürst derbdrolligst oft zitiert.

»Nur ka Wasser nit!« Dieser Ansicht war auch ein Mann gebildeteren Standes, der angeblich ein Arzt, aber es (Gott sei Dank!) nicht nötig hatte, es zu sein und der die meiste Zeit seines Lebens im Bierhause »Zum Winter« zubrachte, als noch der alte Obermayer – heute ein mehrfacher Millionär – selbsttätig zugriff und zutrug. Das ist wohl schon ein halb Jahrhundert, aber den »Bierkönig« vergesse ich doch nicht und sehe ihn im Geiste noch immer in der Ecke beim Fenster sitzen, mit dem aufgedunsenen Gesichte, dem blonden Vollbarte und den verglasten Augen. Der Mann trank täglich vor Tische siebzehn Halbe Märzen und kam nach Tisch wieder und trank bis spät abends oder vielmehr bis Mitternacht. Es war sein Stolz, darob angestaunt zu werden, und wenn er seinen Ehrennamen hörte und es sah, wie man mit Fingern nach ihm deutete, da blickte er vergnügt um sich. Er wurde endlich blöde und starb an der Wassersucht, in den schönsten Jahren.

Exzessive Fresser und Säufer gab's zu allen Zeiten und in allen Zonen, und was die klassischen Römer und Griechen und die edlen Ritter in Deutschlands diversen Gauen in diesem Punkte zu leisten vermochten, bringt der entnervte, vielfach geschwächte Nachwuchs gar nicht mehr zuwege. Trotz aller Mühe und Ausdauer und Anstrengung. Ich erzählte schon einmal von einem Wiener Gewerbsmanne, der zum Gabelfrühstück fünfundvierzig (freilich gespritzte) Pfiff Wein brauchte; wie ich nachmals erfuhr, kam das Unausweichliche über ihn, das *Delirium tremens*; er wurde an das Bett gegurtet, schrie, daß man es Häuser weit hörte, und soff – da er nichts anderes mehr erhaschen konnte – aus dem Gefäße, das unter dem Bette stand. Als er verendete, lebte seine Familie neu auf und besteht heute noch im gesicherten Wohlstande.

Der Matador unter allen Trinkern, die persönlich kennen zu lernen ich je selbst das Mißvergnügen hatte, war doch der Schuster Kern, ein kleines Männchen, das in den zwanziger Jahren auf der Mariahilferstraße im rückwärtigen Trakte eines Hauses wohnte, wo Taglangs Gasthaus war. Kern genoß in Wien das Renommée, einen Eimer Bier auf einen Sitz trinken zu können und produzierte dies, wenn ihm die Geschichte gezahlt wurde, mehrmals im Monate und selbst in der Woche. Er begann um neun Uhr früh und war um neun Uhr abend fertig. Das Bier wurde in Zweimaß-Zimenten vor ihn hingestellt, woraus er sich sein Krügelglas füllte. Und so kam auch eines

Morgens ein lustiger Kauz in die Schänke, gefolgt von einigen Freunden, und erkundigte sich um den Schuster. Der aber saß schon da und trank. »Sind Sie der Herr Kern?« frug der Fremde. »Zu dienen!« war die Antwort. »Ist es wahr, daß Sie einen Eimer Bier auf einen Sitz zu trinken vermögen?« – »Wann's der Herr zahlt, mit Vergnügen!« – »Wieviel haben Sie heute schon getrunken?« – »Ich hab' m'r nur a Halbe hergebn lassen, weil i heut arbeiten soll, aber zum Biertrinken hab' i schon Zeit, die Arbeit lauft m'r nit davon!« – »Sind Sie heute aufgelegt zu einem Eimer?« – »Immer!« – »Wann glauben Sie fertig zu sein damit?« Der Schuster (nachrechnend): »Jetzt habn m'r a Viertelstund unnöti verplauscht, das Lackl da muß i a no austrinken... bis halber Zehne auf d' Nacht hab' i 'n g'liefert!« – »Gut; ich selbst habe keine Zeit, hier zu bleiben, um die Sache zu überwachen, aber meine zwei Freunde, die bei der Wette mitinteressiert sind, werden als Richter fungieren. Abends werde ich nachsehen, Herr Wirt, geben Sie Herrn Kern einen Eimer Bier, hier ist das Geld, und nun gute Verrichtung!« – »Schönsten Dank, schaffen S' ein anders Mal!«

Und Kern setzte sich in Positur, und die zwei Zensoren begaben sich an seine Seite und verbuchten jedes vertrunkene Quantum. Abends nach neun Uhr erschien der Spender und erkundigte sich, wie es gehe. »Gut! Is bald aus, schon die letzte Pitschen!« Und die Heldentat, bei der den zwei Zusehern verzweifelt zu Mute wurde, war um halb zehn Uhr glücklich verrichtet. Der Mann war genau und kannte sich.

Nun aber geschah das Unglaublichste. Kern stand auf, bedankte sich bei seinem Wohltäter, sagte jedoch zum Wirte: »Herr Taglang! Schauen S', was S' heut' schon wieder für a gut's G'schäft mit mir g'macht habn; in der Fruh hab' i m'r selber a Halbe kauft, ein' Eimer hat der Herr da zahlt – jetzt könnten S' do a Halbe umsonst draufgebn? Was?« Entsetzen ergriff alle Anwesenden, und fast tonlos erwiderte der Wirt: »Wann Sie's no trinken können, meintwegn!« – »Warum denn nit?« schrie Kern in lustigster Stimmung, »aber die trag' i m'r hintri zum Schlafengehn, und um die Meinigen muß i mi jo a wieder einmal umschaun! Allseits gute Nacht.« Und er ging mit dem gefüllten Halbglas aufrecht und festen Schrittes durch den langen Hof zu den Seinen, trank die Halbe allein und stieg ohne Beihilfe ins Bett. Als aber Kern, dessen Ruf nunmehr in gewissen Kreisen gesichert war, von einem Rudel Hetzbrüder für eine Reihe von Wetten förmlich engagiert wurde, da verließ ihn schon in der nächsten Woche sein Stern. Er wählte einen unglücklichen Tag, fühlte sich ohne rechten Stimulus und trank beinahe verdrossen. Da sank er urplötzlich – es war nach der einundzwanzigsten Maß – lautlos unter den Tisch und hatte aufgehört zu sein. Ein würdiges Ende!

»Ein schöner Tod!« rief einer, als sein Intimus bei einem Petersdorfer Ausflug in der Atmosphäre des Heurigen von der Bank fiel und ohne zu röcheln verschieden war. »Wenn mich unser Herrgott gern hat, läßt er mich auch so sterben!« sprach der Überlebende, trank den Rest des Weines, trocknete sich die Augen, die des Freundes wegen feucht geworden, und besorgte den Transport der Leiche. Und der liebe Herrgott hatte den anderen auch gern, er ließ ihn nach einem kurzen Jährchen in ähnlicher Weise sterben, leider nur in ähnlicher, denn es traf ihn vor der Wirtshaustüre der Schlag. Dieses nette Dioskurenpaar war aus zwei Wiener Patriziern gebildet, die sich vom Geschäfte zurückgezogen und ihre alten Tage in Ruhe genießen wollten. Beim Heurigen! Als ich dem bekannten Historiker und Moslervertilger Dr. Herbert Pernice, von welchem der liebliche Spruch existiert: »Der Mensch kann mitunter zuviel, aber nie genug trinken«, von dem letzterwähnten Säuferduo einst bei Streitberger erzählte und meine Glossen dazu machte, wurde er heftig und behauptete, es sei auch der schönste Tod, der rechte Trinker müsse, wie der Soldat auf dem Schlachtfelde, in der Weinstube sterben. Ich glaube, er selbst endete minder heldenhaft.

So gibt es denn allerlei Passionen und Leidenschaften, und man muß deshalb auch von jener Rasse sprechen, welcher der Bauch und die Gurgel die wichtigsten Faktoren in ihrem Erdendasein sind. Aber wir vertragen nicht mehr viel. Jene Heroen des Appetits, wie Dr. Spielmann, der täglich einen kompletten Speiszettel durchaß, und auf diese Art seine zwei Grabenhäuser veraß, oder der bekannte journalistische Badearzt, der beim »Lothringer« allabendlich siebenundzwanzig harte Eier gelassen verspeiste, gehören bereits zu den Raritäten. Kaum, daß es noch einer auf sechs Flaschen Heidsick bei Sacher oder auf vierzehn Viertel »Alten« bei Hannetschläger in Nußdorf, oder auf zwölf Krügel Schwechater beim Hirschen im Prater bringt. Und so sind auch, wie gesagt, die starken Esser weniger geworden, und die es noch sind, arbeiten lieber im Verborgenen und produzieren sich nur mehr selten *coram populo*. Man fängt an, sich zu genieren, und vielleicht ist dies just die richtige Medizin gegen die garstige Krankheit. Schaudert einmal einem vor sich selbst, ist er schon auf dem Wege der Besserung. So sah ich im Jahre 1868, nach Schluß des Schützenfestes, einen der lustigsten Heilungsversuche, den ein Fiaker (mit einem unaussprechlichen Spitznamen), der als »Mordfresser« notifiziert war, an sich selbst geübt. Es war beim berühmten »Musteressen«, und der fidele Kampel wettete, fünfundzwanzig Knödel (sein Leibgericht) ohne Muckser hinabzubringen. Doch schon nach dem vierundzwanzigsten hatte er genug, war des Spaßes überdrüssig, nahm den fünfundzwanzigsten Knödel zornig aus der Schüssel, haute ihn um die Erde und rief: »Gar is's! Mir graust! I zahl das ganze G'fraßt, weil i d' Wett' verlorn hab' und i tur's a mein Leben nimmer, weil's – a Schand is!« Und von Bravo hallt' die Gegend wider!

Die Unappetitlichen

»San S' leicht ekli?« pflegt nicht nur der weitere Niederösterreicher, sondern auch der engere Urwiener zu fragen, wenn er sich vergewissern möchte, ob der Angesprochene eine sensible Natur sei, das heißt: ob er für die Empfindungen des Ekels leicht zugänglich oder mit anderen Worten: ob er »häkelich« (nämlich: »heiklich« – in der Sprache der Lichtentaler Germanen »hagli«) sei? Ist der Betreffende mit dieser Schwäche behaftet, dann ist der Redner vielleicht so human, mit seinen Expektorationen innezuhalten und in Rücksicht auf den Weichling und Zärtling ein delikateres Thema zu wählen. Denn es gibt solch reizbare Naturen, welche nur auserlesene Gesprächsstoffe vertragen, während sie bei minder behutsamen Detailberichten von fatalsten Übelkeitsanwandlungen bedroht werden, wie es ja auch so zartbesaitete und mit so unselig feinen Nerven ausgestattete Menschen gibt, die bei den geringsten Anlässen vor Entsetzen laut aufschreien und beispielsweise über eine harmlose Fliege in der Suppe oder ein unvorsichtiges Mäuschen im steinernen Bierkrug ihre Zustände bekommen, indes der Besonnene und härter Organisierte die unerwarteten und allerdings unbequemen Einwürfe lautlos mit den Fingern beseitigt und unerschütterlich weiter diniert und pokuliert.

»San S' leicht ekli?« muß ich denn selbst auch meine teuren Leser fragen, und, im Falle sie die in wahrhafter Angst gestellte Nachforschung ahnungsgruselnd bejaheten, sie demütig bitten, diese meine notgedrungene Studie rasch zu überschlagen und sich gütigst mit dem übrigen

Inhalte des Buches zu beschäftigen. Denn es kommen leider Dinge zur Sprache, die, soll die Darstellung getreu sein, wohl auch nicht appetitlich, die aber eben deshalb endlich doch einmal besprochen werden sollen und müssen, für welche heldenmütige Tat ich mir hinwieder vielleicht doch auch den Dank tausend anderer verdiene, die, gleich mir, bei ihren stillen Zwangsbetrachtungen viel gelitten.

Ich glaube nämlich, daß es höchste Zeit wäre, gewisse Unarten öffentlich zu rügen, bei deren längerer Duldung entweder eine allgemeine Verrohung – ich spreche immer von den mittleren Ständen – eintreten, oder der nicht zu verwildernde, also unausgesetzt leidende Teil allmählich an Appetitlosigkeit zugrunde gehen müßte. Und da stelle ich denn den Lehrsatz auf, daß es nicht genug sei, wenn der Mensch das nötige Geld besitzt, um öffentliche Lokale besuchen und seine Zeche bezahlen zu können, sondern daß dazu immerhin auch ein gewisser Fond von Bildung oder doch wenigstens so viel Denkvermögen gehöre, um zu verhindern, durch sein Erscheinen oder sonstige ungeniertste Manipulationen dem Nächsten unangenehm zu werden. Und so gebe ich mich bei meiner unerquicklichen Arbeit der Hoffnung hin, daß es etwa doch nur eines Anstoßes bedürfe, um bei diesem oder jenem eine Leuchte anzuzünden, d. h. den Gedankenlosen bei seinen unbewußten Gewohnheiten zum Denken zu bewegen.

Ach, wie mußte ich lachen, als vor ein paar Jahren auf der Hochschule der Lebensart, also in der eleganten Weltstadt an der Seine, ein zierlicher *Almanac de savoir vivre* erschien, worin dem kurz vorher verstorbenen feinfühligen St. Beuve mehrere Verstöße gegen den guten Ton vorgeworfen wurden, die sich der erlauchte Geist als Gast an einer napoleonischen Tafel zu Schulden kommen ließ!

Der Zeremonienmeister des imperialen Parvenü soll über das etikettwidrige Benehmen des Gelehrten geradezu empört gewesen sein! Breitete der klassische Literarhistoriker doch die Serviette über beide Knie aus, statt sie nur zur Hälfte zu entfalten! Spaltete er eine Birne doch der Breite statt der Länge nach! Faßte er ein Huhnsknöchelchen doch mit den Fingern an! Ja noch mehr: Er sagte zu einem Lakaien »*merci*«! Er legte Messer und Gabel auf den Tisch, statt auf den Teller! Er roch zu dem Wein, bevor er ihn trank! Und was der unverzeihlichen Verbrechen gegen gute Sitte ansonst waren. Aber das hat man davon, wenn man zu Tische Krethi und Plethi lädt, vom altadeligen Mitgliede des Jockeyclubs bis herab zum ungebildeten Gelehrten!

Wie gesagt, ich mußte lachen, als ich diesen Steckbrief mit den untrüglichen Wahrzeichen des schlechten Geschmackes las, beruhigte mich aber wieder, als ich mich erinnerte, wie wohl es einem wird – von solchen Exaltados der Förmlichkeiten und solch verrückten Aposteln der vermeintlich echtesten *tenue* selbstverständlich abgesehen –, wenn man mit Menschen von schönen Manieren und nur von schönen Manieren zu tun hat. Und das hat Paris doch unbestritten für sich, wenn sie dort zuweilen auch eine Massacre, und zwar ohne Glacéhandschuhe dazu anzuziehen, beginnen, die die Weltkugel wackeln macht. Nein, es sind zierliche, liebenswürdige Leute, wenn sie nicht just mit der Guillotine oder mit Füsilladen beschäftigt sind, und sie erquicken das Auge, durch ihre Art zu sein und sich zu geben, wenn sie nicht gerade Petroleumfässer heulend heranwälzen und brennende Pechkränze in die Häuser schleudern.

Aber ansonst haben sie, wie gesagt, schöne Manieren, und sie bestehen auch unnachsichtlich auf der strikten Erfüllung derselben. Wie man sich dort nur kleidet, wie man besucht und empfängt, wie man spazieren geht, reitet und fährt, wie man sich öffentlich zeigt, wie man ißt und trinkt! Und in allen Ständen! Allerdings war mir mancher Gebrauch anfänglich unbequem, und ich ärgerte mich nicht wenig, daß ich eines Logensitzes wegen mein Hotel aufsuchen mußte, um mich mit der weißen Krawatte und sonstigem Festhabite zu armieren, welchen ortsüblichen Usancen ich mich auch dann zu unterwerfen hatte, wenn man so gütig war, den abendländischen Barbaren zu bitten, an einem partikulären Souper teilzunehmen. Wie bald gewöhnt man jedoch die scheinbar lästige Form, und wie hübsch ist vielmehr der Anblick, wenn der Cercle, ob groß ob klein, so nett und sauber ausstaffiert, wenn alles, und seien es die intimsten Freunde, in respektvoller Paradeadjustierung sich einfindet, wenn selbst der Herr des Hauses sich den Zwang auferlegt, einiger geladenen Gäste wegen, die schwere Rüstung des Frackes zu tragen und den Löffel Suppe, die er schlürft, nur hinter einer blendend weißen Halsbinde verschwinden lassen will. Glaube man nicht an Unbehagen, man findet sich rasch in die Sitte und erklärt sie sogar in Bälde selbst für löblich, sieht man doch, daß sie auf wechselseitiger Achtung beruht, daß diese Rücksicht auf den Nächsten eine gegenseitige, und so jene Atmosphäre erzeugt wird, welche den Ton der Konversation sänftigt und mildert und auch dann nicht zu rüden Ausschreitungen gedeihen läßt, wenn selbst die letzte Flasche Cliquot längst geleert und die Gesellschaft bereits mit der Prüfung von Anisette, Chartreuse, Benedictinorum, Alasch, Irish-Whisky, Crème de Thé und Imperiales-Flor vollauf beschäftigt ist.

Ja, sie haben gute Manieren, obwohl Frau von Girardin vor zirka dreißig Jahren über einen Rückgang in den Umgangsformen der besseren Stände seufzte. Nun, ich war nach Dezennien noch von den *beaux restes* ihrer historischen Rassen-Anmut entzückt und bewunderte die ungezwungene Artigkeit, die appetitlichen Hantierungen und zierlichen Allüren dieser netten Leutchen, ob sie nun in tadelloser Toilette bei Tortoni Eis nahmen oder bei Véfour Austern aßen oder in der blauen Arbeiterbluse in einem Etablissement de Bouillon bei Duval um anderthalb Francs tafelten. Allüberall das modesteste Benehmen. Nirgends ein Ärgernis dem Auge.

Unsere feingeistige Betti Paoli schrieb einst, daß »die beständige Selbstüberwachung und Selbstverleugnung eine Grundbedingung geselliger Liebenswürdigkeit sei«. Beachten wir diese goldene Regel? Ach, es fällt der Mehrzahl unserer gemütlichen Kompatrioten nur selten oder nie ein, sich wenigstens darum zu kümmern, ob man nicht etwa schon durch seine allzu zwangslosen äußerlichen Gestionen der Umgebung zur Qual und Plage werde, von den geistigen Ungezogenheiten gar nicht zu reden! Und da bin ich bei dem fatalen Punkte angelangt, dessen ich eingangs gedachte und der als keineswegs untergeordneter Beitrag zur Erziehung des Menschengeschlechtes angesehen werden möge.

Ich frage nämlich: wie benehmen wir uns öffentlich? und lade den freundlichen Leser ein, mit mir eine der größeren Bierlokalitäten zu besuchen und Umschau zu halten.

Beginnen wir mit dem »rauhen Krieger«. Er erscheint kordial lächelnd, grüßt mit soldatischem Freimut, langt mit elastischer Armbewegung nach der Kommodekappe und – schleudert dieselbe mit der Innenseite nachlässig auf den Tisch. Diese Innenseite ist aber nicht selten fettgetränkt oder doch vom Schweiße feucht, auch gehört es nicht zu den Raritäten, daß einige Haare ihr entfliegen, womit wohl auch leicht jener Fleck regaliert wird, auf welchen du, erschreckter Nachbar, später dein Eßbesteck oder dein Brot zu legen gesonnen warst!

Aber mundet dir denn, gütiger Mitleidender, das erwählte Brot? Dein anderer Nachbar hat ja die üble Gewohnheit, sämtliche Gebäcksmuster des Brotkorbes einer eindringlichen Druckprüfung und oft mit ungewaschenster und ungarantiertester Hand zu unterziehen. Er quetscht die diversen Spezialitäten energisch und wirft sie unzufrieden in den Korb zurück, worauf er nach Schwarzbrot sucht, es knapp an die Nase hält, um Geruch und Säure zu erforschen, bis er endlich mißmutig ein Stück erkiest, den abgegriffenen Rest dir zur Wahl überlassend.

Von diesen Vorarbeiten verstimmt, beginnst du trotzdem an dein Abendessen zu denken und dich für einen delikaten Bissen zu entscheiden. Diesen Augenblick hält dein knappester Nachbar für den passendsten, um seinen Meißner Stummel oder *horribile dictu!* eine »gemischte Ausländer« frisch anzuzünden, während dein Vis-à-vis sich nicht genug wundert, wie du zu Bier fetten Schweinbraten genießen könntest, der ihm stets Übelkeiten bereite, welche glückliche Gesprächswendung den »dischcusiven« Mann nun zur Erzählung anderer Krankheiten verleitet, bis er im Reportereifer auch eine gelungene Operation zum besten gibt, die er an einem unsagbaren Teile seines werten Ich erdulden mußte. »Schenirt Ihna dös vielleicht?« fragt der gutmütige Redner, wenn er doch bemerkt, daß du dich verdrießlich abgewendet, »mi schenirt so was nit, mein'twegen kann einer derzählen, was er will!« erklärt der Edle und erzählt nun die unbegehrtesten Geschichten aus dem Gebiete des Widerwärtigen.

Du verfluchst den Zufall, der dich an diesen Tisch gebracht? Nun, nebenan ist's ja nicht besser. Trotz des Verbots der Mitnahme von Hunden in öffentliche Lokalitäten promenieren die ekelhaftesten Köter nicht nur ungehindert zwischen den Beinen der Gäste, die strategischesten Punkte besudelnd, dort wackelt ein schäbiger Pinscher sogar auf dem Tisch umher, den p. t. Anwesenden die offenste Reversseite zur geneigten Beschauung überlassend, bis daß er aus einem disponiblen Glase oder auf dem *ad interim* freigemachten Brotteller Wasser erhält, worauf dieser oder jenes der früheren Bestimmung zurückgegeben wird. Man ist über diese Prozedur nicht im mindesten indigniert, denn der invalide »Joli« ist der Liebling der Frau von X., und die Frau von X. ist der Liebling und die gefeierteste Persönlichkeit am Stammtische.

Du wendest dich abermals unwillig ab, aber wohin dein Auge schweift, du siehst die brutalsten, gedankenlosesten Verrichtungen. Es beginnen nun ringsum die Malträtierungen der armen Serviette, die sogar ein separates Kapitel erheischen; es putzt sich einer mit dem Zahnstocher die schwarzen Ränder seiner Nägel, und dort ein anderer mit der Endseite eines Zündhölzchens den saftigen Zigarrenspitz oder das Gehörorgan. Aber das Unbeschreibliche und Unbegreifliche ist damit noch nicht getan: besonders ökonomisch organisierte Charaktere, welche aus platonischer Liebe für Wirt oder Kellner diesen kein Stück unnötig veruntreuen wollen, werfen das also verunreinigte Hölzchen nicht weg, sie – stecken es in den respektiven Behälter zur anderweitigen Benützung der Nachkommenden zurück! –

So unsauber der Stoff, aber wir sind noch nicht fertig. Dort manipuliert der Selbstfriseur, der, mit Kamm und Bürste bewaffnet, diese dazu *coram populo* benützt, um aus einem Struwelpeter ein Endymion zu werden, worauf er, nachdem ihm dies vermeintlich gelungen, seine Apparate an der Tischtuchecke reinigt. Wieder ein anderer, ein

Tabakschnupfer *par excellence*, der die blaugeblümte, inhaltreiche und bedenkliche Trophäe nicht nur vor sich auf den Tisch zu legen die Laune hat, sondern auch bei den unausgesetzten Gebrauchsfällen, unbekümmert um jegliche Nachbarschaft, jedem Einblick in seine stark benützten Utensilien gestattet. Hier der gewohnheitsmäßige Zähnestocherer, welcher die erbeuteten Überreste dem Tischtuche appliziert, dort der unaufhörliche Salzspieler, der mit zweifelhaften Fingern unablässig die Flächen des Fäßchens glatt streicht; hier der Nasenbohrer und dort der stets Schwitzende, welcher dich treuherzig auffordert, ihm unter die Achsel zu greifen, um sich von seiner Angabe, wie sehr er schwitze, selbst zu überzeugen.

Ist die Geduld meiner nachsichtigen Leser erschöpft? Wohlan, so schließe ich, obwohl ich noch von anderen Ungehörigkeiten genug zu erzählen hätte, wie es z. B. rücksichtslose Leute gebe, die mit juchtenen Stiefeln sich in die engsten Kreise drängen, was für diese vielleicht nicht weniger erquickend, als wenn ihnen das gegenteilige Extrem beschieden, nämlich an der Seite eines mit Orpheum-Bisam, mit vorstädtischestem Patschouli oder echtem Fünfhauser Bagamotenöl imprägnierten und parfümierten Bezirks-Dandy ein duftendes Filet verzehren zu müssen.

Aber um Himmelswillen, ruft die imposanteste Majorität, geniert denn dies alles jemanden im Ernste? Geschieht einem einzigen Menschen dadurch ein Unheil? Nein – nun also: »Mir sein schon einmal so«, und wer sich darüber mokiert, macht sich einfach lächerlich.

Vom Stoß

(Februar 1871)

Es ist leicht möglich, daß, wenn diese Zeilen vor die Augen meiner teueren Leser kommen, der Stoff an und für sich manchem bereits antiquiert erscheinen dürfte. Nun ja, während das Korps der Auflegerinnen in objektivster Seelenstimmung sich noch damit beschäftigt, Bogen für Bogen der Maschine anzuvertrauen, und die ersten Austräger sich parat halten, den üblichen Pack Tagesgeschichte zur Verteilung an ihre wißbegierigen Zeitgenossen in Empfang zu nehmen, macht etwa ein plötzliches energisches Tauwetter dem gewissenhaften Eischronisten einen Strich durch die Rechnung, die gigantischen Blöcke und Schollen, womit die Metropole geängstigt und auf die man die Aufmerksamkeit eines hohen Adels und verehrungswürdigen Publikums lenken wollte, sind um die Stunde der Früh-Melange vielleicht schon in Theben angelangt und die Inundations-Flaneurs erklären die Sache als – abgetan.

Mit dieser Gattung Mitmenschen hatte man die Woche über ja ohnehin seine liebe Not. Die Geschichte war ihnen teils zu unbedeutend, teils durch die etwas längliche Dauer des *status quo* bereits monoton geworden, und als Freitag nachmittag das herrlichste Wetter eintrat, um endlich eine ordentliche Überschwemmung von einem sicheren Punkte aus mit dem Operngucker oder durch das Binocle ohne viel Unbehagen bewundern zu können, die weiße Schnee- und Eismasse des Kanalbettes aber sich noch immer nicht vom Flecke rührte, da konnte ein jugendlicher Pracht-Dandy seinen Ingrimm über die Verzögerung der erwarteten Katastrophe, seinen Überdruß angesichts des ewigen Einerlei nicht länger unterdrücken, und seinen eleganten Gefährten am Arme zerrend, rief er, von dessen unbegreiflichem Interesse für die dummen Eisschollen indigniert: »Geh' Schackerl, geh' ma, der Eisstoß is ma schon fad!«

Auch anderen (und nicht nur den Überschwemmten und Delogierten) dauerte die Geschichte bereits zu lang. Die Promenade über die Treppen erlustigte zwar anfangs, und man konnte eine Masse Witze reißen; auch der Anblick der feschen Chauffeure gewisser (mehr als notwendig) kurz geschürzten Damen war nicht übel, aber – der Mensch will auch eine Abwechslung. Man erwartete mit Ungeduld das Schinakelfahren in den überschwemmten Straßen, was für einige heitere Lebemänner, die sich zu diesem Zwecke ein eigenes Kanotier-Kostüm angeschafft und mit idealen Wasserstiefeln längst ausgerüstet waren, doch wenigstens den Reiz der Neuheit gehabt hätte, ja für eine ganz exquisite Spezies Wiener Vollblut sogar eine Hetz gewesen wäre. All diesen wackern Leuten verdarb die ungebührliche Länge des Zwischenaktes ihre gute Laune; es sei, wie sie unwirsch behaupteten, »nirgends was z' segn, und wo was z' segn wär', lassen s' an nit hin!« und so geschah es, daß der Eisstoß an Popularität, sozusagen an Beliebtheit in den Kreisen der Schaulustigen bereits gewaltig verlor, daß selbst die enragiertesten Eisstoßgeher, die von frühmorgens bis spätabends mit den diversen Avisoposten die heftigsten Grundwasserdebatten, Stauungs- und Spornverlegungsdispute führten, der Sache müde wurden und lieber zu der altgewohnten Besetzpartie zurückkehrten. Und dieser wohlmotivierten Entrüstung gab denn auch dieser Tage ein ehrsamer Bürger den richtigen Ausdruck, als er, bei »Gabesam« eintretend, definitiv erklärte: »Mi halt der dalkerte Eisstoß nimmer für 'n Narrn – i war jetzt elf Mal in Nußdorf, weil ma 's beim ›Wurmser‹ am besten segn könnt – aber 's rührt si ewi nix!«

Ach, Geduld, meine Herren! Wünschen wir, daß Sie nicht vielleicht mehr zu sehen bekommen, als der fanatischeste Eisstoßfex sich je träumen ließ. Und sogar jetzt schon gibt es eine Menge Dinge zu schauen, welche für Leute, die etwa das Gruselige lieben, nicht genug anempfohlen werden können; so rechte Schauderszenen, die für einen Makart, der eine »Abundantia des Elends« malen wollte, ein ausgezeichneter Stoff wären. Sie dürfen nur eines der Rettungshäuser besuchen.

Treten Sie nur gefälligst ein – warum entsetzt Sie der Anblick? Warum werden Sie so plötzlich bleich und still? Warum bebt Ihre Hand und zittern Ihre Knie und sträubt sich das Haar auf Ihrem Haupte in die Höhe? Nicht wahr, das ist ein überraschendes Bild? Die Farben sind etwas düster, aber naturgetreu, Sie finden den Jammer, die Not, die Verzweiflung in einzelnen Figuren prägnant ausgedrückt, echte Studienköpfe für einen Künstler, und die Gruppen so ungezwungen, so unabsichtlich und dennoch so erschütternd! Da sehen Sie einmal jene Mutter an, den wimmernden Säugling an der abgezehrten Brust; Sie gestehen wohl, der Anblick ist nicht frivol? Gewiß nicht. Hier stimmt nichts lüstern, und trotzdem, daß manche Schulter entblößt und manche jugendlichen, nicht unschön geformten Hüften fast so kärglich verhüllt sind, wie bei Theaterdamen in einer glänzend ausgestatteten Korruptionsoperette, so geben Sie zu, daß von einer sinnlichen Augenweide hier füglich nicht die Rede sein kann. Wahrlich nein! Sie fühlen im Gegenteil Ihr Herz zusammengepreßt und Ihre Augen werden allmählich feucht ... Wohlan, so führen Sie doch alle jene, welche es so sehr bedauern, daß es nichts zu sehen gibt, an diese Stätte des unverfälschtesten Kummers, an diese dürftigen Asyle der Bedrängnis und Betrübnis, und der Anblick dieser grauenvollen Staffage der bittersten Armut wird den leichtsinnigen Scherz auf allen Lippen verstummen machen!

Denn es ist viel Not und viel Elend hier zu schauen. Die armen Kinder entbehren des Unentbehrlichsten, sie zittern vor Frost und vor Kälte, und aus den verglasten Augen, aus den bleichen Gesichtern stiert das mahnende Gespenst des – Hungertyphus. In dumpfer Verzweiflung kauert der Vater dort im Winkel auf einem Strohbündel; von seiner Hube vermochte er nichts mehr zu retten, die sorgendurchfurchte Stirne in den schwieligen Händen sinnt er und sinnt, wie denn Hilfe noch möglich! Sein Weib sitzt zu seinen Füßen und blickt in stummer Ergebung nach dem Ernährer ihrer Kinder. Sie kannte all ihr Lebtag keinen Überfluß, aber sie bangte doch nicht vor der Zukunft, denn zwei rührige, kräftige Arme waren ihr zur Seite, und sie lebten alle zusammen schlecht und recht und im ehrlichen Verdienen, und wenn sie ihr Abendgebet beteten, da dankten sie wohl gar dem Allmächtigen, wenn auch nur eine Wassersuppe auf dem Tische dampfte. Und in dem kleinen Stübchen, das ihre Welt, war alles ihr Eigen, sauer erworben, nur langsam und alljährlich nur ein Stückchen, und mit dem Schweiße der Arbeit erkauft, aber nun doch ihr Eigen, und der Schrank und der Tisch und die paar Stühle aus weichem Holz und die paar warmen Betten, in die die Kinder so lustig sprangen, waren immerhin ein schöner Besitz. Und sie fühlten nichts von

Armut, ihre Bedürfnisse waren ja gering, und sie brauchten auch noch kein Stück Brot sich zu erbetteln, sie wußten es sich zu verdienen, und die Kinder schwuren allabendlich, daß sie sich sattgegessen. Wie das dem Herzen des Vaters wohl tat, wie da die Mutter so seelenvergnügt lächelte – und nun alles dahin, verloren, was so mühevoll errungen und erkämpft; preisgegeben der Not – der öffentlichen Mildtätigkeit – und nach einem Leben voll schwerer Arbeit mit den Seinen an den Bettelstab gebracht! Seht, die Armen verstehen nicht einmal zu weinen, so sehr hat die Größe ihres Unglücks ihre Sinne verwirrt!

Und nun ändert sich die Szene. Die Verteilung der Rationen beginnt, und die eingegangenen milden Spenden in Geld und Kleidungsstücken, Schuhwerk und Wäsche werden den Bedürftigsten übergeben. Ach! sie sind wohl alle bedürftig, und die kleinste Gabe ist ein Segen. Und nun jauchzen die Kleinen über all die Pracht und die Herrlichkeit einer wollenen Joppe, eines Tuchspensers, eines gestrickten Leibchens, einer Flanelldecke; und ein Paar wattierte Schuhe, die irgendein Knirps in Folge seines besonders wehmütigen Zähneklapperns sich erobert, machen dem glücklichen Spekulanten mehr Freude, als wenn ihm irgendein fabelhafter Haupttreffer zugefallen wäre. Und die armen Mütter haschen funkelnden Auges nach Wäsche und Linnen und hüllen in liebender Hast ihre frierenden Würmchen darein und schaukeln den kleinen Schreihals auf ihren Armen, bis das erste Lächeln über sein Antlitz fliegt. Und nun weinen sie ja doch, die Vielgeprüften, die kurz zuvor in starrer Regungslosigkeit still hingebrütet, aber es sind Dankestränen, die ihrem Herzen entströmen und heiß aus ihren Augen hervorbrechen, und sie fühlen sich durch solche rührende Zeichen des edelsten Erbarmens wieder gekräftigt, gestärkt und ermutigt – um ihr Los weiter zu ertragen.

Und so versichere ich denn nochmals meinen geehrten Lesern und Leserinnen, daß es innerhalb und außerhalb des Inundationsrayons gar viel Merkwürdiges zu sehen gibt, d. h. für jenen, der es sehen will...

Unterm Galgen

Ein Amusement unterm Galgen? Gewiß, und noch dazu ein superbes! Das letzte »Volksfest« dieser Gattung fand in Wien am 30. Mai 1868 (zufällig am Namensfeste Kaiser Ferdinands des Gütigen) statt und galt dem Halse des dreiundzwanzigjährigen Raubmörders Georg Ratkay, eines freilich verwahrlosten Subjektes.

Jahre waren vergangen, ohne daß man der schaulustigen Hefe das Seelengaudium gegönnt: einen baumeln zu sehen. Außerdem blieb das fatale Gerücht, die Todesstrafe werde demnächst abgeschafft, mit Hartnäckigkeit in Permanenz – wer weiß, ob dies nicht der letzte arme Sünder ist, an dem die Schinderzeremonie mit allen ihren interessanten Einzelheiten in persönlichen Augenschein zu nehmen wäre – also: »Auf, nach Spinnerin am Kreuz!«

Der Schauplatz ist günstig gewählt. Ein weiter Plan von riesigster Ausdehnung, gibt er einer »Menschenabtuung« satt zu sehen. Nichtsdestoweniger heißt es, sich zeitlich früh schon ein günstig Plätzchen erobern, will man die Spuren der Todesangst, das Zittern des Delinquenten, ja wenn möglich, sogar die einzelnen Schweißtropfen, die von seiner bleichen Stirne fallen, den Versöhnungskuß des Scharfrichters, das Binden der Stricke, das Knebeln der Hände, das Aufziehen, den gewissen Druck usw. usw. genau betrachten können. Kluge Leute wandern deshalb bereits um die Mitternachtsstunde nach der Gratis-Galgenarena und okkupieren die strategischesten Punkte.

Und so war's auch diesmal. Um ein Uhr nacht kamen sie angezogen in dichten Scharen, lachend und kreischend und johlend und jubilierend und lagerten sich im Grase. Es waren die »Habitués vom Galgenturf«, beiderlei Geschlechtes, konfiszierte Gesichter, Stammgäste der anrüchigsten Kneipen, stabile Insassen der schmutzigsten Höhlen des Elends und des Lasters, ein *mixtum compositum* aus der vielköpfigen Genossenschaft der Gauner, so daß man weiland Schufterles bekannten Bericht variieren und sagen konnte: Alles, was von der gewissen Sorte nicht in Zuchthäusern, Spitälern und sonstigen k. u. k. Besserungsanstalten gerade verwahrt gewesen, war der Hatz vorangezogen.

Bis der Morgen graute, trieb das Gesindel den heillosesten Unfug. Als es endlich Tag ward, und die Verkäufer und Ständer kamen und ihre »Delinquentenwürstel«, »Armesünderbretzen«, ihren »Galgendanzinger« etc. ausriefen, da ging der Janhagel erst recht los, und die Tausende und Abertausende wurden so kreuzfidel, wie es seinerzeit auf dem Brigittenauer Kirchtage Mode war.

»Was glauben S' denn«, meinte ein Mann in Hemdärmeln, der seinen siebenjährigen Buben aus dem Schnapsflaschl trinken ließ, »was glauben S' denn, so was sicht man nit alle Tag!« – »A Glasl Unblachten wett' i, daß 'n nit padanir'n!« rief ein anderer und stieß mit seinem Stamperl an. – »Gilt!« war die Antwort. »Padanirt muß er werd'n, weil er a Ungar is, und weil s' d' Ebergeny a padanirt habn!« – »I bin nur neugieri, wie s' 'n henk'n«, warf ein Fünfter ein. »Der alte Hofmann hat alleweil so umabandelt – der jetzige soll a neiche Method habn.« – »Na, vielleicht henkt er 'n per Dampf«, witzelte ein Sechster, »umabandelt hat er oft, der Hofmann, das is wahr – i hab' alle g'seg'n, aber schön dag'henkt san s' nachher a!« –

Mittlerweile kamen auch die sogenannten »schönen Leute« anmarschiert und angefahren. Die meisten in Fiakern; elegante Damen, mit Opernguckern ausgerüstet, standen auf dem Kutschbock oder füllten furchtlos die wackligen Nottribünen und schienen schier entzückt, wenn sie gut postiert waren, und der »Bawlatschen-Entrepreneur« ihnen versicherte: »Hier segn's Eu'r Gnaden wunderschön!« –

Dann kam der arme Sünder – und die amtliche Prozedur nahm ihren ungestörten Verlauf. –

War die Menge entsetzt? War sie von der fürchterlichen Sühne ergriffen? Ein jubelndes Hallo scholl durch die Lüfte, als im Momente, wie der Scharfrichter dem Todeskandidaten den Kopf zurechtlegte, eine Stellage einbrach, und hundert Neugierige hinabpurzelten. Ein lustiger Aufschrei aus mindestens tausend angefuselten Kehlen lohnte ferner die witzige Tat eines Mannes, der einem Kutscher den Hut vom Kopfe schlug, weil er ihn in Gedanken aufbehielt, als der Priester sein Gebet zu sprechen begann.

Und was des lustigen Schabernacks mehr ist. Wie man sieht, kann sich eine Achtung gebietende Majorität auch unterm Galgen köstlich amüsieren.

Die Jungens des alten Wien

Haben wir uns wirklich verfeinert? Das heißt: Sind wir tatsächlich humaner, edelherziger, gebildeter geworden und haben das Erbe der guten alten Zeit, die Derbheit, um nicht zu sagen: die Roheit, nicht angetreten? Ich stellte diese Frage schon einmal, an anderer Stelle und aus anderen Anlässen, und ich getraute mir nur mit einem schüchternen halben Ja zu antworten. Es ist vieles besser geworden, gewisse Schichten haben manche ihrer üblen und übelsten Gewohnheiten abgelegt, die fast normalmäßige Brutalität einzelner Stände und Kreise ist zivileren Formen und gemäßigteren Gebräuchen gewichen, und es hat die Anschauung sich verbreitet und ist sogar legal und zum Strafrechtsparagraphen geworden, gegen lebende Wesen – seien es Menschen oder Tiere – aller Grausamkeiten sich zu enthalten. So behandeln wir denn, was da kreucht und fleucht, was auf zwei oder vier Füßen geht und steht, und was sonst des kurzen Daseins sich erfreuen möchte, schon weil es nun Grundgesetz des Zeitgeistes, in der Regel weitaus glimpflicher, als es bei unseren Vorfahren Brauch und Sitte gewesen, und Szenen und Taten von Entsetzen und Ärgernis erregender Barbarei gehören längst zu den Ausnahmsfällen. Also unstreitig ein Fortschritt im allgemeinen Zivilisationsprozeß der Menschheit. Trotzdem wird der oberflächlichste Optimist nicht behaupten wollen, daß die Mission der Humanitätsprediger schon beendet und eine Fülle unserer absichtlichen und unabsichtlichen Handlungen frei von jeglichem Vorwurfe der Lieblosigkeit seien. Im Gegenteile.

Als ich vor ein paar Jahren durch das frömmste unserer Länder zog, traf ich im Etschtale eben beim Leichenbegängnisse eines Millionärs ein. Die Bauern standen gleichgültig vor dem Trauerhause und plauderten von nichtigen Dingen. Allmählich kam man auch auf den Verstorbenen zu sprechen und erzählte sich gegenseitig, wie der alte Filz es so weit gebracht habe, daß man ihn nun wie einen Bischof begraben könne. Der eine wußte, wie der Heimgegangene als armer Steinbrucharbeiter angefangen, der andere, wie er gewagt, ohne lesen und schreiben zu können, sich in größere Unternehmungen einzulassen, enorme Lieferungen abgeschlossen und durchgeführt, in allem Glück gehabt habe, aber zeit seines Lebens doch nur ein »Leut- und Tierschinder« gewesen sei. »Ja«, ergänzte ein Achtzigjähriger und blinzelte dabei recht pfiffig, »wem an Menschen und Viech nix liegt, der bringt's zu was!« Die anderen nickten zustimmend.

Ich konnte und kann das schneidige Wort des Greises nicht vergessen. Ist es doch ein Lehrsatz, der uns manches und vieles erklärt und der in seiner Bündigkeit mehr sagt, als die scharfsinnigsten Streitschriften unserer weisesten Katheder- und Bierhaussozialisten. Keine Schonung des Nächsten, kein Mitleid, kein Erbarmen und die Ausbeutung und Benützung der uns untertanen, zugewiesenen oder leibeigenen Kräfte bis zum letzten Tropfen des ausgepreßten Schweißes! Da liegt's. Das Mittel ist einfach, das Geheimnis ist offen, das Rätsel nicht unlösbar; wer den Rat versuchen würde, sähe sich belohnt, der Erfolg an Gewinn bliebe nicht aus, und der Versuchende, von dem praktischen Nutzen des Dogmas überzeugt, verfolgte die Methode schließlich in allen Konsequenzen. Die Hauptsache ist nur, es übers Herz zu bringen, an den Versuch zu denken, ihn zu wollen, ihn zu erproben – die Prosperität ist zweifellos, und wer sich mit dem Renommée eines Leut- und Tierschinders zufrieden gibt, kann sich wohlgemut sein Bäuchlein mästen und sitzt fein in der Wolle.

Ach, es ist so viel Elend und Jammer in dieser schönen Welt, und auf Tritt und Schritt treffen unser Auge, wenn es sehen will und das Sehen nicht verlernt hat, genug der betrübendsten Bilder! Aber wir gehen achtlos und gleichgültig vorüber, da wir an diesen Anblick gewöhnt, und nur ein oder der andere Gemütsfex oder Gefühlshammel bleibt ab und zu bei einer besonders ergreifenden Szene stehen und fühlt sich bewegt, ja vielleicht sogar erschüttert, und läßt sich, im Taumel des Mitleids hingerissen, herbei, ein Übriges zu tun und zu helfen, wie es momentan in seinen Kräften liegt. Die Mehrzahl wandert ungerührt und gedankenlos weiter.

Trotzdem sind wir humaner geworden. Die Wohltätigkeitsvereine schießen wie Pilze hervor und sind voll schönster Fürsorge um das leibliche Wohl von Menschen und Tier. Wir haben Asyle für Obdachlose, wir schützen Waisen und Findlinge, pflegen und warten das bresthafte Alter, bieten entlassenen Sträflingen die hilfreiche Hand und bestreiten die Begräbniskosten der Armen. Wir haben ein Vogelschutz-, Wildschon- und Laichgesetz; wir überwachen das Einfangen der Hunde, den Transport der Kälber, das Schlachten der Rinder; wir verbieten das Blenden der Finken und eifern gegen das Schuppen der lebenden Fische; wir agitieren mit Feuereifer gegen jegliche Quälerei, geschehe sie in dieser oder jener Form, und halten Wanderversammlungen und predigen und lehren von der Kanzel und in der Schule und in der Werkstätte von und über Menschen- und Tierliebe. Wir sind unermüdlich in sotanem lobenswertem Streben; wenn dessenungeachtet noch allerlei vor unseren Augen ungescheut und ungehindert passiert, was dem Menschen- und Tierfreund das Blut sieden und die Galle kochen macht, so ist eben dieses Allerlei nicht zu ändern, und der Humanist kann sich mit einem bedauerlichen Achselzucken entfernen, kann die Augen schließen und die Ohren sich verstopfen und mit ein paar Seufzern sich begnügen.

Und so jagt und schießt man denn lustig die armen Tauben, überlastet bei schlechtester Kost Hunde und Pferde und Lehrjungen, unternimmt »im Interesse der Wissenschaft« die barbarischesten Experimente, erlaubt sich bei diversen Sportvergnügungen die grausamsten Hetzen und illustriert die enthusiastischen Berichte noch mit anschaulichen instruktiven Bildern; füttert, der Fett- und Leberspekulation wegen, Schweine und Gänse krank, nötigt abgezehrte Jockeys und marklose Renner zu den letzten Forcetouren, spornt blutig und karbatscht halb tot, unter dem ermunternden Hallo des verehrungswürdigen Publikums, krumme und lendenlahme Klepper, zwängt die fleißigsten Sprosser in die engsten Käfige; weist zehnjährigen Kellnerjungen nach sechzehnstündiger Arbeit zwei Schuh breite Truhen in rauchgeschwängerten Stuben als Schlafstellen an, läßt schwächliche Kinder in frostigen Frühstunden auf kalten Marmorplatten ihre Kirchenandacht verrichten, strapaziert den Mann mit aufreibenden Übungsmärschen behufs Abhärtung bereits im Frieden bis zur Realinvalidität; gestattet, daß in den Lastwaggons und in den Verkaufsständen die zusammengepferchten Marktopfer vor Durst verschmachten usw. usw. »Ja, so sind wir! Ja, so sind wir!« heißt's in jenem heiteren Couplet.

Aber wir waren früher ja doch noch ganz anders, das heißt: wir trieben's weitaus viel ärger. Wenn ich der Erzählungen meines Großvaters gedenke, der mit dem vielberühmten Hetzmeister Stadelmann gut bekannt und ein fleißiger Besucher des populären Amphitheaters unter den Weißgerbern und Zeuge des Brandes am 1. September 1796 war, so überläuft es mich heute noch kalt, ob all des bestialischen Greuels, den das »philosophische Jahrhundert« zur Belustigung nicht nur des gemeinen Mannes sondern auch der *soi-disant* gebildeten und aufgeklärten Kreise im Repertoire hatte. Man schüttelt ungläubig den Kopf oder es schallert einem die Haut, wenn man erfährt oder liest, an welch ausgesuchten Grausamkeiten unsere Vorfahren Vergnügen fanden. Und es waren Lieblingstiere der Wiener, die allwöchentlich fast zu Tode gepeinigt wurden, ihre Namen gingen von Mund zu Munde, wie die der gefeiertsten Helden, und wenn der braune Bär, das zottige Ungetüm, oder der Edelhirsch, oder der gewaltige Auerochs, dessen Haut später nach Paris wanderte, oder der afrikanische Löwe, oder der grimme Wolf, der fürchterliche Leopard, der schlaue Fuchs, der bockbeinige Esel oder das Wildschwein den wütenden Angriffen der Hunde unterlagen und aus zahllosen Wunden blutend fortgeschleppt wurden, da scholl es aus den vollgepfropften Logen und Galerien vom ehrendsten Beifallsgejauchze, worin nur jene nicht einstimmten, deren kostbare Bullenbeißer zerfleischt und in unkenntliche Klumpen zerrissen, im Sande herumkollerten. Volle einundvierzig Jahre dauerte dieses ekelerregende Schauspiel in ein und demselben Hause, nachdem es Jahre hindurch schon früher in kleinerem Umfange in anderen Buden zum allgemeinen Ergötzen gezeigt wurde.

Die Verrohung der Massen war eine unausbleibliche, und sie trieb bittere Früchte. Gewohnt an den Anblick des Kampfes auf Leben und Tod, welchen Tiere unter sich, oder Menschen mit wilden Bestien zu bestehen hatten, entwickelte sich nicht nur eine vandale Rauflust in gewissen Schichten, die ihre Meinungsverschiedenheiten und sonstigen Differenzen nur mehr in brutalsten Faustschlachten auszufechten und auszugleichen verstanden, es organisierte sich auch ein förmlicher Kultus der privaten Tierhetzen, respektive Tiermartereien, in welchem Sport einzelne Vorstädte und Gründe besonders exzellierten und eines unantastbaren Rufes sich erfreuten. So namentlich der weiland vielbesungene »Brillantengrund«, dessen »olympische Spiele« (von lokalstem Reize) darin bestanden, echt bayrische, eigens auf den Mann dressierte Fanghunde auf einen beliebigen armen Teufel, der eben des Weges kam – meist einen Hausierer oder Rastelbinder – zu hetzen, das erkorene Objekt kunst- und schulgerecht beim Rockkragen packen und niederwerfen zu lassen, wofür dem zu Tode Erschreckten ein milder Obolus, und falls sein Habit oder er selbst einen kleinen Defekt erlitten, noch eine Extraentschädigung gentilst zugeworfen wurde. Man hatte damals Geld genug, um derlei Späße prompt liquidieren zu können.

Oder man hetzte die Hunde unter sich aufeinander. Die bissigsten Rüden zu besitzen, war Ehrensache, und so wurden in den Hofräumen der notabelsten Fabrikantenhäuser oder in Wirtshausgärten oder auch im Extrazimmer der Stammkneipe von den Herren Söhnen der Stuhl-Nabobs ordentliche Turniere arrangiert, bei welchen friedfertigste und zahmste Pudel das Angriffsziel der bösesten Raufer abgeben mußten. Man verwettete große Summen und die schönsten Meerschaumpfeifen, ob der Genickfang nach der einzig richtigen Methode geschehen und ob auf einen oder zwei Bisse der treue Caro hin geworden sei. In einer Kavalleriestation Oberösterreichs war ich einst unfreiwilligster Zeuge einer ähnlichen Massacre unter simplen Stallpintschern, die man mit Reitgerten zum Kampfe, d. h. zur wechselseitigen Vernichtung encouragierte und animierte.

Um aber bei Wien und den Wienern (alten Stils) zu bleiben, sei noch eines anderen Sportzweiges gedacht, den sich die enragiertesten Hundebesitzer auf der Schlagbrücke befreundeter Fleischhauer gestatteten. Man brachte von weit und breit die berufensten Köter herbei und hetzte sie auf den ohnehin genug geängstigten Todeskandidaten, an dessen Halse alsbald die wütende Meute wie ein Knäuel von Egeln hing, sich festbiß und den breitgestirnten Feind zu Boden zu zerren suchte. Da geschah nun allerdings nicht selten manch unerwartet Malheur, indem dieser oder jener aus der Schar der Angreifer mit aufgeschlitztem Bauche in die Luft flog, während hinwieder der Ochse selbst durch die Ungeschicklichkeit der noch unerprobten und unerfahrenen Hunde viel zu leiden hatte, bis er von einem weichherzigen Knechte den erlösenden Gnadenstreich erhielt. Der Hofopernsänger Erl war ein leidenschaftlicher Anhänger dieses Vergnügens und opferte manche Stunde, wenn ihn die odiosen Proben nicht hinderten, und manchen Bulldogg im Schlachthause der städtischen Fleischregie.

Mit den Bulldoggs kam überhaupt neues Leben in die Gesellschaft. Als diese zähnefletschenden Kalibane unter den Hunden modern und die häßlichsten Exemplare als die schönsten gepriesen wurden, nahm nicht allein die Hundeliebhaberei im allgemeinen, sondern auch die Pflege und Erziehung der bezüglichen Vierfüßler neue Formen an. Bis nun setzten wenigstens einige Hundefexe einen Ehrgeiz darein, die gelehrigsten und gelehrtesten Tiere zu haben, welche oft verblüffende Kunststücke produzierten, oder ferme Apporteurs, oder ausgezeichnete Springer oder ausdauernde Schwimmer oder die schnellsten Läufer waren. Durch die plötzlich dominierende

Rolle des plumpen Bulldoggs verlor das alte Unterrichtssystem seine letzten Anhänger, und es wurde der jeweilige Hund, den man besaß, nur mehr zum Raufen trainiert. Der beste und gewandteste Raufer zu sein, war die höchste Tugend des Hundes, einen solchen Raufbold sein nennen zu können, das Ideal der *jeunesse* jeglichen Genres. Theaterdirektor Fürst gestand mir selbst einmal, und zwar in seiner urwüchsig-drastischen, derbrealistischen Weise, daß er, als es ihm »noch recht schlecht ging«, er schon ein paar Jahre verheiratet war, gleichwohl aber noch nicht die nötigsten Möbel besaß, eines Tages sich auf Drängen seiner Gattin aufraffte, um mit mühsam ausgeliehenen zwanzig Gulden einen Kasten zu kaufen. Er kam mit dem Gelde in der Hand in die Breite Gasse, die Herberge der Möbelhändler, feilschte und feilschte und erhandelte beinahe das längst ersehnte Kleinod, als der Bulldogg eines Greißlers, der eben vorüberging, einen monströsen Neufundländer attackierte und das Ungeheuer mit Affengeschwindigkeit zu Boden warf. Diese Heldentat des Kämpfers David, der den Riesen Goliath so vernichtend besiegte, zu sehen, auf alle häusliche Misere zu vergessen und in glühendster Begeisterung auszurufen: »Herr, was kost't der Hund – i muß 'n habn!« war für Fürst das Werk einer Minute. »Zwanz'g Gulden!« war die Antwort. Fürst erwiderte kein Wort, gab das Geld, ließ den Kasten Kasten sein, band dem staunenden Kläffer das Schnupftuch an das Halsband und brachte ihn triumphierend heim. Sein Weib erschrak und schrie: »Hansl, bist a Narr?« Aber Fürst sagte nur stolztrocken: »Sei stad, es ist der höchste Raffer!« Und die eheliche Eintracht war wieder hergestellt. – Die größten Bulldogg-Raufereien wurden übrigens noch Ende der dreißiger und anfangs der vierziger Jahre vor den Hütten der Buschenschänker »Auf den Mühlen« (außerhalb der Taborlinie) arrangiert;

es floß dabei viel Blut, manche Gruppe, die sich verbissen, wurde mit Knitteln, die man um die Schädel schlug, auseinandergebracht. Hunde, die zu arg zugerichtet, warf man blutend in die Donau, wobei es sich zuweilen ereignete, daß das arme Tier mühselig zurückschwamm und winselnd zu seinem Herrn kroch, bis es dieser »aus Erbarmen« vollends erschlug und nun erst den Karpfen zum Präsent machte. Dann trank man lustig weiter und sang im Chorus die populärsten Gassenhauer.

Es waren dies meist Söhne oder überhaupt Repräsentanten und Angehörige des »gebildeten« Mittelstandes, womit nicht gesagt sein soll, daß man über oder unter dieser spezifischen Schichte im diametralsten Gegensatze handelte. Ach, man hatte (und hat) sich hüben und drüben nichts vorzuwerfen, denn edle Renner der Mode und Laune wegen zu »englisieren«, den Auerhahn während seiner brünstigsten Liebesseufzer zu erlegen, dem Rattler Schweif und Ohren zu beschneiden oder Vögel zu blenden usw., sind nur Variationen der allgemeinen Lieblosigkeit. Als Hieronymus Lorm einst seinen wunderherrlichen Essay über das Halten von Haustieren, das stets eine Barbarei sei, schrieb, nahm er sich vorzugsweise der viel gequälten Hunde an, deren Bedürfnisse und Eigenart wir so wenig beachten, und rief zum Schlusse: »Laßt den Hund unblutig aussterben!« Wie mag der große Haufen gelächelt und gelacht haben zu solcher Sentimentalität eines nervösen Poeten, wogegen der wahre Tierfreund sich tatsächlich dem sinnigen Ausspruche anschließen muß und eigentlich den Wunsch äußern sollte, daß noch mehrere Arten von Haustieren aussterben möchten der Tiere selbst wegen.

Oder sind wir doch humaner geworden? Grausamkeiten, die einst an der Tagesordnung waren und niemandem auffielen oder doch von niemandem gerügt wurden, sind ja doch heute nur mehr vereinzelt? Aus meinen Bubenjahren weiß ich, daß es zum allgemein beliebten Juxe gehörte, Katzen zu quälen, ja zu martern, da die Borniertheit die Katze als feindliches Tier klassifizierte. So trieb man denn allen denkbaren Schabernack mit den aufgegriffenen und stipitzten Miezchen, man bestrich sie mit ätzenden Farben und scharfen Flüssigkeiten, übergoß sie mit heißem Leim, oder schor sie ganz kahl, oder band ihnen glühende Kohlen in Nußschalen an die Pfoten. Besonders witzige Leute ersannen im Herbste zur Drachenzeit die gediegensten Späße. Man machte im Schweife der Katze ein paar Einschnitte, um den Spagat befestigen zu können, knüpfte dann das arme Tier an die Kette des Drachen und ließ diesen turmhoch steigen. Welche drollige Krümmungen und Purzelbäume machte da hoch oben in den Lüften das dumme Vieh, bis daß es mit ihm zu Ende war. Was geschah alles mit den Igeln, die man der Stacheln wegen ebenfalls als Feinde der Menschen betrachtete; was alles mit den Tauben, denen man die Augen verklebte, ehe man sie austrieb; was mit den im seligen Stadtgraben und auf den Sandsteppen der verwahrlosten Glacis gefangenen Mäusen! Die Tierquälerei war im gemütlichen Wien ein ungestörtes Vergnügen. Jung und alt beteiligte sich daran, und die liebe Jugend war noch erfinderischer in Foltereieinfällen. Außerdem gab es keinen Schuster in Wien, der nicht einen geblendeten Finken vor seiner Werkbank, keinen Flickschneider, der nicht einen Kanarienvogel oder Zeisig hatte, der, den Drahtring um den Leib, Futter und Wasser sich selbst herbeiziehen mußte. »Er soll auch arbeiten!« hieß es lachend.

Sind wir doch humaner geworden, ist nochmals meine Frage? Da erzählt mir ein achtbarer, glaubenswürdiger Freund, daß ein Studiengenosse von ihm, der Träger eines erlauchten Namens, in dem Garten des vornehmen Institutes, das sie beherbergte, sich in seinen Mußestunden damit beschäftigte, Sperlinge zu fangen, ihnen die Füßchen abzuschneiden und hierauf die »Freiheit« zu schenken. Es war sein lautestes Ergötzen, wenn er sah, wie die verstümmelten Tierchen nirgends mehr Posto fassen konnten und unbeholfen im Grase herumkugelten.

Der Hausmeister

Aufmerksamen Beobachtern kann die Wahrnehmung unmöglich entgangen sein, daß der allweise Schöpfer in seinen stets wohlmotivierten Verfügungen einer ganzen Menschenkaste eine Gabe absolut verweigerte, nämlich dem Geschlechte der Hausmeister die heitere Gabe des Witzes. Der Hausmeister ist nie witzig!

Er ist, was sonstige menschliche Fähigkeiten und Talente betrifft, gerade nicht stiefväterlich ausgestattet, es können sich in ihm die verschiedensten menschlichen Eigenschaften, z. B. hündische Demut oder bärenbeißige Grobheit bis zur Virtuosität entwickeln, er kann zänkisch und nachgiebig, verleumderisch oder offen und aufrichtig, ehrlich oder unehrlich bis zu einem nur denkbaren Grade sein, aber witzig wird er nicht sein. In diesem Punkte meistert ihn die gesamte ebenbürtige Gesellschaft. Die über dem »Gluthäferl« thronende »Fratschlerin« vernichtet ihn bei halbwegs unüberlegten Anfragen mit den schlagfertigsten Aperçus, der Fiaker persifliert, d. h. frozzelt ihn mit den tiefsinnigsten Stilwendungen, und spitzt der Schusterbub die Lippen, um ein geflügeltes Wort, eine aphoristische Gedankenblüte seinem natürlichen Feinde, dem Hausmeister, an den Kopf zu schleudern, da fühlt dieser erst recht, daß er nur ein Kind gegen solche Waffen, und es erübrigt ihm nichts, als sich besiegt zurückzuziehen und seinen unbefriedigten Rachedurst im nächsten Wirtshause mit einem Seitel Achtundvierziger zu löschen. Bei diesen Löschversuchen gedenkt er dann noch einmal der ganzen Schmach seiner dialektischen Niederlage, er fühlt die schmerzliche Ohnmacht, die drastischen Einfälle seiner hänselnden Widersacher mit einem gleich wertvollen Trumpf unschädlich zu machen, das Manko an Witz ärgert ihn, und um das Ärgernis und den Ärger ganz zu vergessen, ist er gezwungen, sich noch ein Seitel Achtundvierziger geben zu lassen.

Warum ist der Hausmeister nicht witzig? Ich glaube, seine Stellung und seine Berufspflichten hindern ihn, es zu sein. Der Hausmeister ist, sozusagen, der Zensor des Hauses, und das Gewicht dieser Würde zwingt ihn gewissermaßen, unter allen Umständen ernst zu bleiben, sich aller leichtfertigen Gemütswandlungen zu entäußern und den Ernst seiner sozialen Mission mit dem Relief der ungeheucheltsten Brutalität zu illustrieren. Diese Brutalität ist aber, um figürlich zu sprechen, eben das Emblem, das »Porte-épée« seiner Charge, sie erhält ihm den Nimbus des Gefürchtetseins, und wer sich mit der Errungenschaft gefürchtet zu werden begnügt, hat es nicht nötig, witzig zu sein.

Warum der Hausmeister gefürchtet wird? Aus Anlaß seiner Berufspflichten, welche sich in materielle und intellektuelle teilen und von deren strikter Erfüllung, respektive autonomer Auslegung das Wohl und Wehe der ihm preisgegebenen häuslichen Insassen abhängig ist. Dem diktatorischen Willen des Hausmeisters und seiner Verschwärzungsgewalt ist das *ius gladii* der Kündigung überantwortet, von seinen variablen Launen droht dir stündlich das *Mene tekel* einer anderweitigen Vermietung deiner dir vielleicht liebgewordenen irdischen Niederlassung, und eine durch externe Kräfte geschlichtete Klafter Holz zwingt dich vielleicht schon im nächsten Quartale, in den entferntesten Bezirk vor dem Grimm des Beleidigten dich zu flüchten. Seinem Wohlwollen hast du die besten, und seiner Mißstimmung die schlechtesten Keller- und Bodenräume zu danken, und seiner jeweiligen Inklination bleibt es überlassen, einen rauchenden Kachelofen dir zu oktroyieren oder dich von ihm zu befreien. Denn seine Macht über die inneren Angelegenheiten des Hauses ist eine unbeschränkte, und seinen drakonischen Ordonnanzen fügt sich sogar der unbeugsamste Hausherr.

Weitaus furchtbarer ist jedoch die Amtswirksamkeit des Hausmeisters in jenen Fällen, wo dessen intellektuelle Tätigkeit zum Ausdruck kommen soll. Diese Tätigkeit ist vorwiegend kritischer Natur und beruht auf einem ausgeprägten Klassifikationstalente, auf dem Vermögen, die gesamte Menschheit nach einem flüchtigen, oberflächlichen Blick in ihren einzelnen, oft maskiertesten Exemplaren richtig abzuschätzen. Geschehen hiebei auch mitunter etliche (wohl verzeihliche) Mißgriffe und rangiert der wenig Umstände machende, rasche Taxator auch die tugendreichste Familie unter »Bagaschi« oder umgekehrt, und erhält der wortkarge Zimmerherr auf der hinteren Stiege einzig und allein seiner Schmutzerei wegen in der Privatconduitliste der Inwohner sein verdächtiges »Klampfl«, während der splendidere Herr von X., der zugleich Gönner der jungfräulichen Hausmeisterischen ist, als leuchtendes Vorbild für enthusiastische Patrioten proklamiert wird, so werden, ungeachtet dieser (freilich nur kleinen) Abweichung von der Wahrheit, die mündlichen Relationen des Hausmeisters unter einigen Himmelsstrichen doch mit Vorliebe bei Verfassung von Auskunftstabellen benützt.

Und warum nicht? Um den Wert oder Unwert irgendeines Sterblichen zu bestimmen, genügt in unserem aufgeklärten Jahrhundert für den gewissenhaftesten Forscher schon die Kenntnis von dem nur äußeren Tun und Lassen des Betreffenden. Wer kann aber darüber den verläßlichsten Bescheid geben, als der Hausmeister, dessen Argusaugen nichts entgeht, was das Objekt seiner Beobachtung unternimmt, ja selbst was es zwischen seinen vier Mauern ißt oder trinkt? Nun ist es allerdings möglich, daß der Hausmeister, der in gewissen Beziehungen und trotz seines häßlichen Beinamens »Cerberus« doch auch Mensch ist, menschlich fühlt und denkt und von menschlichen Leidenschaften geleitet wird, hin und wieder nicht ganz klar sieht, nicht mit nüchterner Ruhe aburteilt und nicht mit vollends unbenebelten Blicken die Gründe wiegt, die zu Gunsten oder zum Nachteile seines Klienten sprechen. Es ist ferners aus den rein menschlichsten Motiven denkbar, daß der Hausmeister dem niederträchtigen, elendigen, miserablen Haderlumpen, der an jedem Abende zehn Minuten vor zehn Uhr beim Tor hereinhuscht und auf diese Weise ihm sein wohlverdientes, vor Gott und der Welt gehöriges Zehnerl sozusagen aus der Tasche stiehlt, nur deshalb bei der nächsten Qualifikation seiner Untertanen etwas scharf zu Leibe geht, und daß er auch die »nixnutzige Flitschen«, die Näherin, von der er das ganze Jahr »nit an lucketen Heller« zu sehen bekommt, und die sich sogar ihr Stübchen selbst geweißt hat, um ihm ein Seitel Wein »nit zu verguna«, bei Nachfragen und Auskünften ebenfalls nicht am glimpflichsten kritisch beleuchtet, dessenungeachtet ist der Hausmeister doch der legitimste Verfasser der Conduitelisten. Denn, nochmals sei es gesagt, der Hausmeister ist in vielen Fällen auch Mensch, d. h. dem Einflusse und dem Eindrucke materieller Bestimmungen unterworfen, und selbst der minder Gebildete wird es dem Vielgeplagten nicht verargen, wenn ihm ein Seitel Wein lieber ist als keines!

Aber auch sonst noch ist dem richtigen Hausmeister Gelegenheit gegeben, es zu zeigen, daß sein Herz nicht das eines Tigers, sondern auch – wenn auch nur sporadisch – menschlich-edler Empfindung fähig ist. Ich meine nicht die freudigen Kundgebungen des noch unverdorbenen Teiles seines Gemütes bei gewissen festlichen Anlässen, etwa zu Neujahr, am Geburts- oder Namenstage des Hausherrn oder der Hausfrau oder anderer Mäzene, derlei versteht sich in seiner exzeptionellen Stellung *vis-à-vis* der übrigen Menschheit von selbst. Ich meine vielmehr jene sympathischen Regungen seines Herzens, wenn er Sonntag nachmittag in seinem Alkoven, wie der ehrwürdige Bruder Lorenzo in seiner dürftigen Klause, den Liebenden ein flüchtiges Asyl gewährt, d. h. es gestattet, daß der Schneidergeselle Romeo von »schräg übri«, dem 's auf ein' Maß Wein nicht ankommt, der Juli vom zweiten Stock, die immer »a brav's urdentlich's Mad'l war«, und stets ein paar böhmische Dalkerln oder sonstige Ersparnisse als Opfergabe spendet, in traulichem Geplauder von den Träumen der letzten Nacht und den Plänen für die Zukunft vorerzählt.

Derlei unter den schützenden Fittichen des Hausmeisters arrangierte *tête-à-tête*, von Mißgünstigen oder Unbegünstigten mit dem vulgären Namen »Schluf« bezeichnet, verschaffen ihm nach und nach das moralische Übergewicht im Hause und auf fünfzig Schritte in der Nachbarschaft, d. h. er macht nicht nur sämtliche Köchinnen tributär und von seiner Gnade abhängig, er wird, da er die Zufluchtsstätte der Liebenden, schließlich überhaupt das Asyl aller Bedrängten (Köchinnen), und da er tolerant genug ist, nebst Liebesgeflüster auch profanem Klatsch und Tratsch ein gastliches Obdach zu bieten, so zittert eben die ganze Bevölkerung des Hauses, vor den fürchterlichen Areopag in der Hausmeisterkuchel gebracht zu werden.

Aus dem Gesagten erhellt, daß eigentlich der Hausmeister der Schutzgott der Liebenden ist. Seine Macht ist in dieser Richtung eine unumschränkte, er bindet und löst, er knüpft und zerreißt, er erhält und vernichtet die Herzensallianzen auf seinem Herrscherterritorium, denn wenn der allgewaltige Hausmeister eine Liaison protegiert, dann gedeiht sie, wenn er sie aber nicht duldet, dann mögen die Englein des Himmels herabsteigen und sich für das bedrohte Pärchen verwenden, ihr Flehen wäre doch fruchtlos.

Denn er haßt in allen Dingen den Trotz und verlangt Gehorsam und Anerkennung seiner Stellung. Er ist ja nicht unempfindlich für die Leiden der Liebe, ach! er liebte ja selbst einst, und wenn auch seine Alte im rauschenden Lenz der Jugend mehr Prügel als Küsse von ihm empfing, so weiß er doch, was Liebe ist und kennt die Qualen der Sehnsucht liebender Herzen. Aber seine Protektion muß erworben werden! Ist dies geschehen, dampft der Altar von den Opfergaben, d. h. »braselt« das Halbpfund Jungschweinerne, das ihm die Jungfer Sali zum Gabelfrühstück in die Wirtschaft gelegt, in seiner Bratröhre, dann schmilzt auch die Eisrinde seiner starren Grundsätze, er würdigt die Verdienste der Spenderin, er erklärt ohne Rückhalt, daß die Sali immer »a Muster von an Dienstboten« war, und er gestattet ihr deshalb, seine Appartements als Korrespondenzbüro zu benützen, in welchem Sonntag nachmittags der schriftliche Verkehr mit dem Herzallerliebsten vermittelt wird. Er erteilt ihr dann sogar stilistische Ratschläge und gibt textliche »Schlager« von, wie er aus eigener Erfahrung weiß, untrüglicher Wirkung an, und offeriert ihr schließlich sein eigenes Petschierstöckel, um die Schwüre ewiger Treue besiegeln zu können. Von solchen Zügen fast idealer Liebenswürdigkeit ist das Leben und Wirken des sonst so rauhen Hausmeisters oft geschmückt.

Wehe aber den Unglücklichen, die seiner Huld nicht teilhaftig zu werden sich bestreben. Der verdächtige Kerl, der unter der Hausflur auf die »klane Böhmin« wartet, wird »außig'feuert«, »denn man kann nit wissen, was so a Schäbiak eigentli für Absichten hat und ob er nit eppa gar bei der Hausfrau einbrechen möcht'«. Dem vermummten Unbekannten, der im unnumerierten Fiaker gekommen, um bei der Zimmerfräul'n im dritten Stocke eine Visite abzustatten, wird beim Retourwege ein Schaffel Kalk über die Lackstiefletten geschüttet, und selbst der soliden Beamtenswaise, die meist etwas spät von ihrer »kranken Tante« heimkehrt, aber stets vom »Cousin« oder gar vom »Onkel« bis zur Stiege begleitet wird, wird die denkwürdigste Beschämung nicht erspart, denn als einmal der Abschied ein allzu herzlicher zu werden drohte, intoniert der Tugend- und Schlüsselbewahrer des Hauses ein Mordspektakel und schreit, daß es in allen Stockwerken zu vernehmen: »No, wird's bald? Nimmt das Gspusi kan End'? Himmelsakrament, i leid' kan Techtl-Mechtl in mein' Haus – schamen S' Ihna!!« usw.

Das alte Geschlecht der Hausmeister, jenes mit dem Kanonenkreuze zierten Urtypus der Brutalität, droht übrigens in kürzester Frist auszusterben. Nur einzelne räsonieren noch hie und da in einer »Schwemm« und machen ihrem Haß gegen den alten »Napolion« oder irgendeinen Zimmerherrn, den sie gerade am Zug haben, in haarsträubenden Verwünschungen Luft. Der Nachwuchs verflacht allmählich, die charakteristischen Merkmale ihrer Gilde verschwinden, selbst der Name Hausmeister kommt bereits außer Gebrauch und macht der verfeinerten Titulatur »Hausinspektor« oder gar »Intendant« Platz – kaum daß die gesamte Genossenschaft noch ein Kennzeichen untereinander verbindet und von der übrigen Welt absondert – der unaufhörliche Durst!

Die Familie Biz

1. Biz Vater und Comp.

> »Was mir vor zwanzig Jahr'n
> No für Hallodri war'n!«

Das alte Mosersche Lied, das dem größten Teil der heutigen Generation – gleich dem Minister Taaffe der Linzer Bauerntag – wohl auch ein Novum sein dürfte, es klang wieder einmal dieser Tage, als ich spätabends, von meinem üblichen winterlichen Waldspaziergange zurückkehrend, Alt-Ottakring passierte, durch das halbgeöffnete Fenster einer rauchgefüllten Heurigenschenke an mein Ohr, und wenn es mich auch nicht wie der Ton des Alpenhorns den Schweizer melancholisch, oder der Marlborough-Marsch den Engländer närrisch, und die Marseillaise den Pariser rebellisch machte, so wirkten die weiland populäre Melodie und der drastisch urwüchsige Text doch eigentümlich auf mich, denn es mahnte mich plötzlich an längst entschwundene Zeiten, und ich ergriff fast unwillkürlich die Klinke und trat in die Stube. Noch immer die alte Szenerie, die alten Typen, die alten Chargen; noch immer ein Bild, eines Höllenbreughel würdig, ein wüstes, lärmvolles Durcheinander, ein qualmendes, lallendes Chaos.

Ich habe das echt wienerische Heurigengehen, das ich übrigens nie sonderlich kultivierte, fast ganz aufgegeben, und nur sporadisch und bei originellen Anlässen oder in Zufallslaune komme ich in jene renommierten vorortlichen Reviere, wo es historische Sitte, daß an gewissen Stellen (nach dem lokalen *terminus technicus*) »der Herrgott den Arm herausstreckt«, zum Zeichen, daß (ebenfalls nach traditionellem Glauben) hier ein guter Tropfen zu finden sei. Einst fiel ich bei meinen häufigen Kreuz- und Querzügen wohl öfter in solche Bezirke des Gerebelten ein, namentlich als noch J. N. Vogl, Ferdinand Sauter, das Brüderpaar Stegmayer und andere werte Amateure des jugendlichsten Rebenblutes an derlei strategischen Punkten während der richtigen Saison mit Gewißheit zu treffen, die man dann meist bei ihrem Erscheinen mit dem klassischen Zitate begrüßte: »Herr Doktor, das ist schön von Euch« usw.

Doch davon wollte ich diesmal nicht erzählen; ich habe nur zu notifizieren, daß die Spelunke bummvoll und die Atmosphäre zum Ersticken war; daß man bei jedem Schritte auf knackende und knisternde Kastanien-, Nuß- und Eierschalen trat; daß fettgetränkte Emballagepapiere allüberall herumlagen und die diversen Bulldoggs, Rattler, Pudel und Pintscher, sofern sie sich nicht beknurrten und raufend befehdeten, an den zahllosen Wursthäuten nagten, an den Käserinden, Kalbsknochen, Schinkenbeinen und sonstigen abgefallenen Resten der von erfahrenen Habitués usuell mitgebrachten »kalten Kuchel«, denn nur ein Neophit, ein unwissender Bruder, wird beim Heurigen einen Rostbraten oder ein Schnitzel verlangen. Daß weiter nebst dem Gäste-, Kinder- und Hundegewirre zu gleicher Zeit drei Ausspielerinnen und zwei Hausiererinnen, ein Bettelmann, ein Gottscheer und ein Parapluieverkäufer anwesend und in ungeniertester Zudringlichkeit tätig waren, ist selbstverständlich und kümmerte sich auch niemand um diese Plagegeister eines ordentlichen Zechers; zu bedauern war nur der arme Amphion, der uralte, äsopisch gebaute Lappisch, der bescheidentlich in der

Ecke stand, auf seiner lebenssatten Gitarre klimperte und das oberwähnte Lied sang, das heißt: mühselig krähte. Keine Seele achtete auf ihn, so schien es wenigstens, auf diese wandelnde Ruine des vormärzlichen Bänkelsängertums, auf dieses Überbleibsel prähistorischen Harfenistenwesens, auf diesen realinvaliden Hernalser Troubadour, der mich aber, als er das greise Liedlein intonierte, doch hereinzulocken verstand, denn ich wollte wissen und es interessierte mich, zu erfahren, wer sich für solch altmodisch Zeug jetzt noch begeistern konnte, in einer Ära, wo kurzgeschürzte Chansonettensängerinnen und korpulenteste Salonjodlerinnen die prickelndsten Couplets vorzutragen und des stürmischesten Beifalls eines geehrten kunstsinnigen Publikums sich allabendlich zu erfreuen pflegen. Wer für dieses Rokoko-Gsangl noch Sinn und Verständnis und Empfänglichkeit hat? Ach dort sitzt gleich einer, dem die Augen vor Wonne funkeln, der aus Leibeskräften pascht, sogar mitsingt und nun dem daherhumpelnden Künstler ein wahrhaftes Zwanz'gerl auf den Teller wirft! Bei Wiens Schutzgöttin – den Mann kenn' ich ja, kenne ihn seit Dezennien, er hat sich wunderbar konserviert, er sieht aus just wie damals, kein Zug, kein Fältchen hat ihn verändert, es ist – Biz Vater, wie er einst leibte und lebte!

Biz Vater? Jawohl. Der Name repräsentiert nach dem Wiener Jargon einen Begriff, er ist der Sammelname für die Gattung, die darum merkwürdig, weil sich sämtliche Exemplare sämtlicher Zeitläufte wie ein Ei dem andern gleichen. Er wird sich erklärlicherweise, was den äußern Menschen betrifft, d.h. in Tracht und Kleidung, den momentanen Moden unterwerfen und Anno »Double Boy« nicht wie Anno »Haarbeutel« mit Kappenstiefeln und einem fünfkrägigen drapfarbenen Manterl kostümiert sein, aber ansonst in allen Anschauungen und Empfindungen, in seiner Geistesrichtung und Geistestätigkeit, in seinen Sitten und Gebräuchen und Gewohnheiten wird er seinen Vorfahren und Vorbildern treu bleiben, mögen unseren Planeten nun diese oder jene Erschütterungen und Umwälzungen treffen und heimsuchen. Biz Vater wird sein, wie und der er immer war, das einzig Dauernde im steten Wechsel!

Ein Vergnügen, den Mann zu betrachten, der ja auch ein Vergnügen an seinem Dasein hat! Throne stürzten, Dynastien verschwanden, Völkerschaften starben aus, Städte wurden verschüttet, Flüsse und Seen vertrockneten, Berge kamen ins Bersten und Rutschen, nichts hat unwandelbaren Bestand, nur Biz Vater allein steht oder sitzt vielmehr auf dem alten Flecke und zeigt sich in denselben Allüren und erfreut sich ungestörter Gesundheit und sorgenloser Heiterkeit, die durch keine Vorfallenheit, kein denkbares Ereignis je getrübt wurde und werden kann. Denn sogar jene gewisse resche Harbheit, mit der er zeitweilig eine angeblich üble Laune markiert, ist doch nur wieder ein Ausfluß seines Wiener Humors (*recte*: Hamurs), der sich in solch scharfkantigen Äußerungen, dräuenden Gesten und finstern Blicken gerne manifestiert, um durch allzugroße Leutseligkeit an schuldigem Respekt nichts einzubüßen, denn Biz Vater will auch gefürchtet sein. Daß er nebenbei weit und breit, d. h. in den Kreisen seiner Gesinnungsgenossen, Juxteilnehmer, Kneipkollegen und überhaupt seiner Anhänger und seines abendlichen und Ausflugscortèges geachtet ist, wird von Einsichtigen und Unparteiischen ohnehin nicht angezweifelt.

Also: geliebt, geehrt, geachtet, angestaunt und gefürchtet – das sind die Errungenschaften seines langen Wirkens, die Attribute seiner sozialen Stellung, die Merkmale und Kennzeichen seiner originalen Persönlichkeit. Er ist geliebt (von seinen Freunderln), weil er unerschöpflich in

Erfindung von und in Ausdauer bei allen Hetzen ist; er ist geehrt, weil er ein unabhängiger, »aufrechter« Mann, der »sein Sacherl im Trock'nen« hat und nicht mehr zu arbeiten braucht; er ist geachtet, weil er splendid und »schenerös« ist und im Laufe der Jahre schon Hunderte von Maßeln und Litern spendierte; er ist angestaunt seiner Leistungen bei den üblichen Zechgelagen, dann seiner Unverwüstlichkeit und ehernen Gesundheit wegen, und weil er mit einem Habitus begnadet ist, dem er unbeschadet der nötigen Erhaltung des steten Gleichgewichts schon einen »Bünkel auffihängen« kann; und er ist schließlich gefürchtet, weil seine Zunge und sein rechter Arm immer parat sind, denjenigen mit einem einzigen Worte niederzudonnern und mit einem einzigen »Tupfer« niederzuschlagen, der es wagen würde, mit ihm zu »käwi« zu sein. Biz Vater ist demnach in den Augen und in der übereinstimmenden Meinung seiner Bewunderer das, was die Juroren einer so gearteten Korporation in knapper Texturierung ein lautes Ban (Bein) benennen, was nicht ausschließt, daß die Intimsten ihn mit dem Ehrentitel »alter Raubersbua« noch separat bezeichnen – allerdings nur in kordialsten Momenten und als Ausdruck des höchsten Entzückens. Gewiß, »ein Ziel, aufs innigste zu wünschen!« meint Hamlet.

Wes Standes in bürgerlicher Beziehung Biz Vater ist? Meist erscheint er als emeritierter Fabrikant, der, im Besitze einiger mehrstöckiger Eckhäuser, sich vom Geschäfte zurückgezogen und dasselbe – da sein Ältester unbegreiflicherweise ebenfalls »ka rechte Freud« dafür zeigte – seinem Schwiegersohne abgetreten hat. Als Selbstpensionär verfügt er nun über die volle Zeit bei Tag und Nacht, deren Ausnützung und Verwertung er rationellst besorgt. In den ersten Vormittagsstunden wird die Meerschaumpfeife, welche die Tagesordnung trifft, geputzt und werden die Vögel gefüttert (zwei Verrichtungen, die er sich nicht nehmen läßt, denn »etwas zu tun« ist er gewöhnt), worauf zu einem Gabelfrühstück und einem kleinen Plausch das Stammwirtshaus (im Bezirke) besucht wird. Dort wartet nicht nur ein Cercle vertrautester Freunde auf ihn, es erwartet ihn auch sein Stückl Spitzfleisch mit dem Tazerl Essigkren, wozu drei, vier gespritzte Viertel vertilgt werden, welche Beschäftigung unter normalen Verhältnissen die Zeit bis ein Uhr Mittag ausfüllt. Dann geht's zum häuslichen Tische (selten mit Appetit), darauf ein kurzes Schlaferl und (längstens!) um drei Uhr ins gewohnte Café, zum gewohnten Tapper, der bis sieben Uhr währt, worauf wieder der Marsch ins Stammwirtshaus angetreten oder ein Rutscher vor die Linie unternommen wird. Das ist seine Tätigkeit seit vielen, vielen Jahren, seine Tageseinteilung, in die ihm niemand, am wenigsten seine »Alte«, die ihn ohnehin nach Belieben schalten und walten, tun und machen läßt, wie es ihm gefällt, etwas dreinzureden hat. Er ist der Herr im Hause (d. h. in dem von ihm benützten Wohnungsraum), und da hat also »ka Mensch mit ihm z' schaffen. Punctum! Basta! Gar is's und ein' Streusand drauf!«, wie er kategorisch sich zu erklären pflegt.

Nun würde diese Lebensweise ihn auf die gleiche Stufe mit dem gewöhnlichen Spießer stellen, der ja nach demselben Programme seine irdische Wirksamkeit sich genügsamst eingerichtet, weder von einem Stellen- und Würdenehrgeiz besessen, noch die Ambition hat, seinen Mitmenschen sich nützlich zu machen; der ebenfalls von dem ganzen »Schwindel«, der Politik heißt, nichts wissen will; der das Lesen wie den g'schwefelten Wein haßt, weder ein Buch (»Büchl«), noch eine Zeitung (»Blattl«) zur Hand nimmt, nie eine Wählerversammlung, nie ein Theater, nie eine Kunstausstellung besucht; der eher das Blatternspital als die Räume eines Museums betreten würde, und der überhaupt alles für »a dumm's Zeug« hält, was ihm seine Kreise stören und ihn, den Pythagoras der Tarockkarte, bei einem »ang'sagten Ultimo« in seinem Stichsystem konfus machen könnte. »Na ja, verlegt hat m'r si bald, wann so a Unnötiger daherkommt und von ein dalkerten Telegramm derzählt, vielleicht über ein' Parteitag, was kein' vernünftigen Menschen auf der Welt interessiert! Hab' i recht oder nit? Was?« So der echte Spießer.

Biz Vater teilt nun wohl diese Ansichten und ähnelt ihm auch sonst in den Hauptgrundzügen seiner gepriesenen Lebensweisheit, in den Lehrsätzen der Philisterphilosophie, in der werkelmäßigen Einförmigkeit seiner Neigungen, Bestrebungen und – *sit venia verbo*: Leidenschaften. Aber Biz Vater würde doch empört sein, hörte er von einer Analogie mit einem solchen »Sumper«, der ein förmliches Pfründnerleben führt, während er – der Herr von Biz – unstreitig und wie allseits bekannt, ein g'hauter Kerl ist, der trotz des Sechzigers, den er am Buckel hat, bei keiner Gaudé fehlt, der nicht nur die neuesten, sondern auch noch die ältesten »Tanz« singen, pfeifen und regelrecht paschen kann, der's im »Dudeln« sogar mit dem Edi aufnimmt und, wenn's not tut, den feschesten Vortänzer macht; der sich nicht wenig darauf einbildet, daß die Hackel-Tinerl mit ihm per du war, daß die alte Juden-Resel ihm in ihrer Jugend beim seligen Mondl vor »alle Leut' ein Bußl« gegeben, und der Gruber Franzl ihn feierlich »ang'strudelt« hat. Auf derlei Denksteine und Lichtpunkte eines ganzen Lebens kann nicht jeder zurückblicken, nicht jeder kann von solchen Triumphen (des Biztums) erzählen, und da er heute noch ein riegelsamer Mann, ein lustiger Kopf, der nicht nur keinen Spaß verdirbt, sondern hundert Späße selbst szeniert und arrangiert, mit den jungen Hausiererinnen wie der erste

Don Juan charmiert und die Alten frozzelt und papierlt, es im Trinken allen zuvortut und auch die Mittel zum imponierendsten Aufhauen besitzt, so sagt ihm sein Bewußtsein, daß die Gloire seines Namens und seines Rufes eine wohlverdiente, der Nimbus, in dem er zu leuchten beliebt, ein erklärlicher ist.

Und so strahlt denn sein Antlitz auch im Sinne dieses Bewußtseins, und er weiß sich seinem Renommée angemessen zu geben. Er ist kein fader Streichmacher gewöhnlicher Sorte, aber als reicher Mann, welcher der »Herr von Biz« auch ist, will er doch gelten. Er trägt demnach die ganze Armatur und Rüstung eines Grundpatriziers seines Schlages, und funkelt es an den Fingern seiner beiden Hände von Brillanten und Rubinen, schmückt seinen Busen eine breitgliederige Goldkette, und glänzt in der Seidenkrawatte ein erbsengroßer Diamant als Stecknadel. Daß er gegenwärtig mit einem wertvollen Pelz bekleidet, ist natürlich, desgleichen, daß sein Zylinder (ein schmalkrempiger Zehngulden-Stößer) schief auf das rechte Ohr gesetzt wird und das linke ein »Linserl« ziert. Auch trägt er noch die Feuermauer, den steifen Stehkragen, *vulgo*: die Vatermörder. Biz Vater ist nobel herausstaffiert, sogar elegant – im gewissen Genre.

Wer sein Anhang ist? Er nennt – es sind lauter »Bekennte« – die Herren scherzweise seine vierzehn Nothelfer, weil sie ihm nicht nur bei der Markerkonsumierung getreulichst assistieren, sondern auch sonst noch in kritischen Situationen unterstützend beigestanden. Sie würden für Freund Biz durchs Feuer gehen, um wie viel eher (trotz Schnee und Sturm und Regen) mit ihm zum Heurigen. Die Mehrzahl der Symposionisten sind gleichsituierte Männer, die ihren Meister zu kopieren streben und denen derlei Vergnügungen noch nicht fühlbar wehe tun, wenn auch einige zuweilen verdrießliche Gesichter zeigen. Der Rest besteht aus bereits etwas oder gänzlich herabgekommenen geschäftlichen Exkollegen und Grundnachbarn, die ihr »Gerstel« vielleicht im nächtlichen Färbeln und Zwicken angebaut oder als verunglückte passionierte Linksscheiber an Matadore der Kegelbudel nach und nach verspielt haben. Diesen armen Teufeln ist nun Biz Vater, dessen Witze sie samt und sonders jubelnd belachen, ein generöser Mäzen, er läßt sie ihr Schmarotzertum nicht merken und zahlt, was jeder trinken will und kann. »Ja, der Vater Biz! Das is a Mann! Gibt kein' zweiten!« Letztere Vermutung ist jedoch ein Aberglaube – es gibt ihrer genug, die Rasse stirbt auch nicht aus, namentlich nicht in unserer gemäßigten Zone, die ihr Gedeihen begünstigt; sie vererbt sich von Geschlecht zu Geschlecht, wenn auch die Herren Söhne feineren Inklinationen huldigen als die Herren Papas, aber diese Differenz ist nur interimistisch. Denn allerdings gibt sich Biz Sohn heute noch in einem andern Air. Betrachten wir ihn also:

2. »Biz Sohn« und sein Spezi

(Devise: »Nur nobel, Schani!«)

Ich machte, als ich Biz Vater zu porträtieren versuchte, die beiläufige Bemerkung, daß sein Ältester, also sein erstgeborner Sohn, der »Schorscherl«, keine besondere Freude für das Geschäft zeigte und sich deshalb an der Fortführung desselben, als der Chef sich zurückzuziehen begann, nicht beteiligte. Wozu auch? »Mussi Schorsch« hat's ja nicht nötig. Kost, Wohnung und Kleidung bestreiten seine Eltern, das übliche Rekreationsgeld bewilligt ihm unter dem Motto: »Junge Leut' müss'n leb'n!« sein »Alter«, wie er seinen Erzeuger und Ernährer in eben nicht allzu herzlicher und achtungsvoller Weise tituliert, und außerdem steckt ihm »d' Frau Muatter« allwöchentlich, oder auch nach Bedarf öfter, ein paar Fünfer oder Zehner heimlich zu – er ist also für seine Bedürfnisse so ziemlich gedeckt, und dies umso gewisser, als er auch weiß, daß die mit jedem Vierteljahre fälligen Wechselschulden, freilich unter einem Mordspektakel, aber dennoch, getilgt werden. Und da große Geister derlei unausweichliche kleine Verdrießlichkeiten nicht genieren, so lebt man *à la cavallo* und in ungestörter Sorglosigkeit und Gleichförmigkeit ruhig fort. Und ein junger Mann, dessen Existenz unter allen Umständen gesichert ist, der sich folgerichtig um gar nichts zu kümmern braucht, sollte die schönste Zeit seines Lebens in muffigen Fabriksräumen verbringen, sollte Ballen sortieren, abgelieferte Waren prüfen, die Arbeiter überwachen, Bücher führen, Rechnungen schreiben und in weitläufige Korrespondenzen sich einlassen? Lächerliche Zumutung, namentlich wenn ohnehin sich jemand gefunden, der dies alles verrichtet!

Nein, Mussi Schorsch ist zu Höherem geboren, als in Werkstätten zu versauern und sich mit Buchhaltern und Faktoren herumzustreiten oder gar Kurs- und Preisdifferenzen zu studieren und langweilige Jahresbilanzen aufzustellen. Mussi Schorsch hat andere Intentionen und edlere Absichten: er spielt den »Gawlier«, wenn auch nur in vorstädtischer Façon, aber er spielt ihn doch, zur Bewunderung seiner Zeit-, Alters- und Grundgenossen. Wie da alles schaut und atemlos starrt, wenn er in der »neuchesten Schäler« durch die Straße geht, oder, die Nelke im Knopfloch des quadrillierten Jaquetls, an dem Kredenztisch des Stammcafés lümmelt und der erhitzten Aufschreiberin – nach seiner Manier – die »Kur schneidet!« Ein faszinierender Anblick! Und hier beginnt der gewaltige »Schiedunter« zwischen den Tendenzen und der sozialen Stellung von Biz Vater und Biz Sohn. Während ersterer sich damit begnügt, trotz seiner vorgerückten Jahre »alleweil fidel« zu erscheinen, nur für Jux und Hetzerei schwärmt und sich im Übermaß der Laune nicht selten mit inferioren Elementen und zweifelhaften Personnagen meliert, umgürtet sich letzterer mit dem ganzen Stolze jenes Bewußtseins, das einem Sterblichen gestattet ist, der ein geborner Hausherrnsohn, jung und fesch gewachsen, heut oder morgen »einen Schüpel Knöpf' kriegt« und mithin jetzt schon nur die Hand auszustrecken braucht, um auf jedem Finger »'s schönste und reichste Madl« sitzen zu haben. Aber derlei kommt ihm für jetzt noch gar nicht in den Sinn, zum Heiraten »is no alleweil Zeit«, meint der Gute, »wann m'r amal alt is und a Pfleg braucht; alser Junger will der Mensch leben, wie's ihn g'freut, und will nit bunden sein!« In logischer Folge dieser weisen Grundsätze wirft sich der holde Jüngling auch wirklich weder in ernsten Liebes-, noch in kameradschaftlichen Beziehungen leicht weg, er ist sozusagen »heiklich auf sich« und hebt seine werte Person stets nur für Besseres auf. Indem nun sein lustiger Alter hundertfältige Verbindungen (*utriusque generis*) angeknüpft, die häufig genug tief unter ihm standen, die aber seinem augenblicklichen Hetzdrange entsprachen, wenn er zuweilen den standeswidrigsten Schabernack zu treiben in der Stimmung war, rümpft Mussi Schorsch zu solch unrühmlichem Gebaren die Nase, wendet sich von einem solchen Ragout von »Bekennten« unwillig ab und kehrt zurück zu seinen Freunden, die, ausgewählt und erlesen, ihm ebenbürtig und von gleich vornehmen Aspirationen erfüllt, durchaus tadellos elegante »Gschwufen« und aus der Crème der nachbarlichen Hausherrensöhne rekrutiert sind. Und so unterscheidet sich denn auch hierin der Sohn vom Vater, daß es bei dieser Gruppe von Bezirksdandies nicht einen einzigen notigen Kerl, der sich von den übrigen aushalten läßt, geben wird; hier hat jeder autonom zu sein und die Mittel zu besitzen, um im eigenen Fiaker, wenn schon nicht im eigenen Zeugl, mit »Erzschießern«, in Hainbach oder in Sievering oder beim »Roten Stadl« oder »Grünen Baum«, oder wo sonst eben ein intimes Kränzchen, kotbespritzt und staubbedeckt angebremst zu erscheinen. Wer da nicht mittun kann, ist kein Freund für Mussi Schorsch und gehört nach seiner unumstößlichen Ansicht in das Asyl für Obdachlose und soll in »a Volkskuchl« essen geh'n.

Und so sind denn auch sämtliche, weil meist lärmende, Amüsements des Vater Biz dem Sohne und seinem Anhang nicht nur im allgemeinen viel zu ordinär, sondern auch überhaupt – zu fad. Nach seiner Meinung gehört »a urndlicher Schendlmen« gar nicht zum Heurigen, und wenn schon ausnahmsweise und aus Neugierde, so muß dies »incogniter« geschehen. Aber in solchen Lokalitäten gleich seine Niederlage aufschlagen, daselbst sein Heimatsrecht und seine Zuständigkeit erwerben, »das is nit nobel!« »Mein'twegen«, ergänzt er seine Philippika, »im Volksgarten zu einer ›Reinion‹ oder zum Schwender auf ein' Heringschmaus oder zum Voglsang auf ein' g'schloss'nen ›Elité-Ball‹, da kann ein Mann, wie mein Herr Vatter, mein Alter, hingeh'n – alles andere is gemein!«

Man sieht, daß der Abstand zwischen Vater und Sohn ein bedeutender und daß eine Verständigung, ein harmonisches Zusammenwirken – wenigstens vorläufig – nicht denkbar ist. Aber merkwürdig, indessen die Welt den Alten nur einen Lebemann, einen lockeren Zeisig, ein lustiges Haus nennt, und ihm trotz gelegentlicher Ausschreitungen und untilgbarer Geldprotzmanieren doch nicht völlig gram sein kann, erscheinen ihr der Herr Sohn und seine geschniegelten und gestriegelten, pomadisierten und parfumierten Spezi abgestanden und langweilig, sie affektieren (in rüdesten Konturen) ein gänzlich unmotiviertes Blasiertsein, sie kokettieren mit einer unwahren Übersättigung und Erschöpfung, und indem sie sich ostentativ gähnend *fané* geben und alles, was ihnen vor Augen kommt und proponiert wird, wie gesagt, als fad erklären, klassifiziert sie der allerdings Mindergebildete selbst als Fadians.

Biz Sohn ist eigentlich zu bedauern. Sein Vater unterhält sich alltäglich und allabendlich, wenn auch nur in simpler oder zur Abwechslung in greller Weise, jedenfalls stets nach seinem – Pläsier, was aber ist mit dem Herrn Sohn anzufangen, der nicht nur dem lieben Herrgott noch im kräftigsten Alter den Tag abstiehlt, sondern außerdem auch den Unzufriedenen zeigt und sich sichtlich unbehaglich fühlt? Nichts genügt ihm mehr, nicht einmal die Tingl-Tangl wissen ihn andauernd zu fesseln. Was ist da zu tun, und wie ist dem Ärmsten zu helfen? Wenn man ihn etwa doch zur Arbeit anhielte und eine ernste Beschäftigung ihm anriete? Wenn man sein Taschengeld restringierte und die kurzsichtige Mutter sich entschlösse, ihr Herzbinkerl nicht im geheimen zu unterstützen? Oder soll aus dem jungen Biz nur ein alter Biz und weiter nichts werden?

(...)

Die Familie Grammerstädter

1. Er als Musterbürger

Unlängst ging's auf der Bieglerhütte, wohin Alt-Wien noch immer seine prächtigsten Exemplare in deren vielen Rekreationsstunden sendet, wenn es sich darum handelt, durch ein gut genährtes Exterieur die allgemeine Zufriedenheit und den Gesamtwohlstand der hiesigen Bevölkerung zu dokumentieren, ziemlich hoch her und wurde – ausnahmsweise – sogar politisiert. Ein politischer Diskurs in diesen Kreisen – es mußte eine gewichtige Veranlassung sein! Und so war es auch.

Herr von Grammerstädter, ebenfalls emeritierter Fabrikant und mehrfacher vielstöckiger Eckhausherr, den ich bei früheren Gelegenheiten schon wiederholt redend eingeführt, hatte, wie gewohnt, und stets unbestritten, auch diesmal den Vorsitz, d. h. das Wort, denn er war erstens der reichste Bürger vom Grund, und zweitens, weil die andern der Rede nicht so mächtig waren wie der alte Christian, der bewährte Debatter, wenn es das Auszipfeln eines Doppelliters, das Arrangement eines gemeinsamen Spitz-Essens, oder die Fixierung einer beliebigen Wette galt. So gehorchte man ihm denn unbedingt, fügte sich seinen Beschlüssen, bei denen er ohnehin keine Widersetzlichkeit und nicht die leiseste Einsprache duldete, und hörte seinen Expektorationen ruhig und mit bejahendem Kopfnicken zu; waren doch seine Auslassungen, Urteile und Aussprüche klar und verständlich, für alle faßlich und – was die Hauptsache – allen aus der Seele gesprochen.

Ein verpatzter Solo und der naturgemäß aus diesem mißlichen Ereignis sich entwickelte »Dischpatat« war die Ursache, daß man sich ausnahmsweise auf ein Stündchen mit Weltangelegenheiten befaßte. Man schmiß die Karten verdrossen auf einen Haufen zusammen, stopfte sich seine »Mirfamene« und dampfte schweigend so vor sich hin. Eine drückende Pause. Nicht nur die gewohnte Tarock-, auch die mit ihr verbundene Landpartie war verdorben, und ein Zerwürfnis unter den erprobtesten Freunden schien unvermeidlich. Da faßte sich Herr von Grammerstädter ein Herz, suchte die Gedanken der Erzürnten auf andere Dinge zu lenken, räusperte sich, klopfte seinen Ulmer aus, tat einen langen Zug aus dem geschliffenen Stutzen, und begann also: »Was i sag'n will: Ös wißts, daß i ka Zeitung les'; das heißt: mein Blattl hab' i, aber sunst les i ka anders Schurnal, weil eh in ein' jedem dasselbe drinnet steht. Denn wann i ein Diebstahl oder Raubmord einmal g'lesen hab', brauch' i 'n nit zehnmal z' lesen. Was? Hab' i recht oder nit? Also, daß i sag: Bringt neulich mein Ältester zwa Buschen Spargel z' Haus, und weil er zum Einwickeln a Papier braucht hat, hat er si im Tabakg'wölb a Zeitung kauft, die erstbeste, die da g'legen ist – derwischt er richtig a rote. – No, daß i sag, mei Mali, die jüngste von meine Madln, die si nit g'nua Roman lesen kann und die, wo's zu ein' Fleckl Papier kommen kann, gleich nachschaut, ob nit a Stückl von ein' Roman drauf steht, untersucht natürlich die Zeitung, und wie's nix find't, was ihr paßt, sagt's: ›O je, die habn nit amal ein' Roman, wos soll m'r denn da lesen?‹ – Sagt mein Schan: ›Sein ja a andere Aufsätz drinnen, les halt die!‹ – Sag i drauf: ›Verdirb's Madl nit mit solche Sachen, die's nit versteht!‹ – Sagt er drauf: ›Die Politik verdirbt d' Mali nit, aber die Roman' verderb'n s'‹; und 'n Herrn Vattern tät's a nit schaden, wann er öfter was Politisch's leset!‹ – Sag i drauf: ›Du wirst m'r nix lernen, was a Bürger lesen soll! Mein seliger Vater hat gar nit lesen können und hat's do zu drei Häuser bracht! Seitdem die Leut Zeitungen lesen und allerweil g'hetzt wer'n, ist der Unfrieden da und ka G'nüag'n mehr unter die Arbeiter!‹ Hab' ich recht oder nit?« – »Wahr is's schon!« erwiderte man ihm *unisono*. – Herr von Grammerstädter fuhr jedoch in seiner Erzählung fort:

»Also, daß i sag: Bringt der Malefizmensch – mein Schan – nit die vermaledeite Zeitung z' Mittag zum Tisch und fangt unter der Suppen – Leberknödl, mein' Leibspeis – nit zum Vorlesen an und verdirbt uns 's ganze Essen? ›Himmelsakrament!‹ hab' i g'sagt, ›beim Essen will i a Ruah hab'n, i brauch 's ganze Jahr von Politik nix z' wissen und beim Essen am wenigsten‹; reiß ihm's aus der Hand und wirf's weg. Er aber laßt nit nach und meint: ›Den ersten Aufsatz – Leitartikel heißt m'r's – solltest do lesen, Vatter! Es geht über uns Weaner los, und wie mir scheint, hat er nit unrecht. Les's nur nachher! Is der Müh' wert! Wird di nit reu'n!‹ I hab ihm gar ka Antwort geb'n, weil i mi eh gift' hab', weil die Meinige a Gansl kauft hat, jetzt, wo no gar nix dran is, als Haut und Baner. Hab' i recht oder nit? Is ja no z' fruah!« – »Wahr is's schon!« antwortete der Chor, »die Ganslzeit is ja erst z' Pfingsten!«

»Also, daß i sag« – ergänzte sich Herr von Grammerstädter – »hat mi nit der Teufel g'ritten und hab' nachmittag, eh' i mein Schlaferl halt, das verdammte Zeug lesen müss'n? Aus war's mit'n Schlaf! 's Essen verdorb'n und der Schlaf hin, und alles weg'n der verfluchten Politik! Wißts, was der über uns g'schrieb'n hat? Mir Weaner, sagt er, sein ›indifferent‹ – i hab' mir das Wort gar aufg'schrieb'n, weil i's zum erstenmal in mein' Leben g'hört hab' – mein Schwager sagt, das heißt: ›mir sein politisch gar nix!‹ Ah, da muß i um a Abschrift bitt'n! Mir sein, hat der weiterg'schrieb'n, nur ›genußfreudig‹! Also, der is uns neidi' um das, was mir g'nießen; mir sein, schreibt er dann no, von einer A – A – Anti – nein – Aparthie schreibt er, was, wie mein Schwager sagt, so viel heißt, als daß uns alles a Wurscht is, ob's so oder so is, oder ob's anders is. Wean und die Weaner sein mit ein' Wort, wie's mein Schwager außerdividiert hat, unreif, und sein weit hinter Berlin und Paris z'ruck, weil bei uns alles ›spurlos‹ vorübergeht. Spurlos! Mirkts was? Verstehts, wo d' Roten wieder hinwoll'n? Aufs achtervierz'ger Jahr woll'n s' z'ruckarbeiten, auf das saubere Jahr, wo a guatg'sinnter Bürger kein' Tag nit sicher war, daß er auf d' Nacht nit sein' Katzenmusi kriagt oder daß ihm wenigstens a paar Fenster eing'worfen wer'n. 's achtervierz'ger Jahrl woll'n s' wieder habn, wo a vermöglicher Mann mit ein' jeden Haderlumpen schön artig hat sein müssen, wo von einer Pfändung ka Red' hat sein dürfen, und wo a Hausherr froh hat sein können, wann ihm seine Parteien im Haus g'litten habn! ›D' Freiheit‹ habn s' das g'heißen; mir is heunt no so a Bagaschi 'n Zins schuldi; ins G'sicht g'lacht hat m'r der Falott – a Flickschneider war's –, wie i 'n g'mahnt hab' und is mit sein Graffelwerk und sein' Weib und seine fünf Fratzen auszog'n. Wo das G'sindel hinkommen is, weiß i nit; a meiniger G'sell, den d' Rebellen zum Barrikadenbau'n eing'fangt habn, hat g'sagt, daß er den Kerl hat fall'n g'seg'n, a Krowot hat 'n niedertan. Gengan S', Mathies, bringen S' no zwa Liter und a paar Xifon, aber a bißl einkühl'n!«

»Ja, daß i sag«, hieß es in der großen Rede weiter, »i hab' g'nua an der ›Freiheit‹, und i hab' schon im Mai damals g'nua g'habt und bin nach Baden außizog'n, wo sich alle urndlichen Leut hing'flücht' haben, und bin nur weg'n Zinseinkassier'n öfter einerkommen, aber kriegt hab' i nix, außer bald Schläg'! Wie nachher gengan Winter wieder Urdnung is wor'n und G'setzlichkeit g'herrscht hat, und mir, was mir gleichg'sinnt warn, den und den 's Ehrenbürgerrecht votiert habn, war's denen Roten, die no allerweil heimli z'samm'kommen sein, a wieder nit recht und habn uns überall ang'feindt. Mir aber, die mir für Urdnung und G'setzlichkeit warn, haben fest z'sammg'halten, habn uns a äußerli kenntli g'macht, habn die radikalen Vollbärt aberg'nommen, habn unsere Zylinder, wie sa si g'hört, tragn, und habn erklärt, mir brauchen ka Konschtituzion nit, die 's Fleisch und Bier und Wein nit billiger macht, und habn, weil unsere Frauen g'sagt haben, daß a d' Religion in Gefahr war, später 'n Severinusverein g'ründ't, wo si alles hat einschreib'n lassen, was no auf Religion was g'halten hat und was auf d' Erziehung von seine Kinder g'schaut hat. Mit die Roten aber habn m'r bald a End g'macht, da is schön aufg'räumt wor'n! So a Volk! Dös hat regier'n woll'n und uns vorschreib'n woll'n, was m'r für a G'sinnung habn soll'n! Daß i nit lach! No, daß i sag: g'straft sein s' urndli wor'n! Z'erst habn mir Hausherrn alles g'steigert, daß m'r zu unsern Zins kommen sein, den uns das G'lumpert früher schuldi blieb'n is; teurer is a alles wor'n, ka G'schäft nit gangen – no, dö sein a bißl zum Kreuz krochen und habn über d' Neuzeit g'schimpft! Habn 's ja nit anderst woll'n! Uns hat's nit viel g'macht, weil m'r aushalten haben können und uns nachher mit'n Aschio g'holfen habn; aber d' andern, 's Bettelvolk, is firti wor'n – a Elend, nit zum Sagen! Mathies! Ein' Liter no, aber ein' Sooser jetzt. Nit mehr als ein' Liter, g'hört zum Kosten; schmeckt er uns, können m'r alleweil mehr habn! Hab' i recht oder nit? Was?« – »Unbedingt!« bestätigten die Freunde.

»Ja, das war'n Zeiten, 'n Teufel z' schlecht, wann ka

Z'sammenhaltung unter die g'wesen wär', die was g'habt habn! Dafür sag i, mit mir muß einer reden, wann er wissen will, was fehlt und was nit fehlt. Was die in die Blattln einischreib'n – mein Gott! g'schrieb'n is bald was und druckt is's a bald, was aber mit der Aufhetzerei außerschaut, das is a anderer Kasus! I bin schon in die dreiß'ger und vierz'ger Jahr' a aufrechter Bürger g'west und hätten s' uns so lassen, wie m'r war'n, so stund's heunt anders mit die G'schäften, und mir lebeten so billi wie damals. Aber da habn s' d' ›Aufklärung‹ braucht, ein' neuchen Schulunterricht, wo die Kinder vor lauter Auswendilernen damische Köpf' krieg'n; habn der Regierung dreing'redt in alles, ob sie's verstanden haben oder nit; habn die G'werbfreiheit mögli g'macht, so daß a jeder Greißler a Posamentierer und a jeder Wichshändler a Schalweber wer'n kann; habn so lang von Gleichberechtigung der Konfessionen g'redt, bis – no das andere wißts eh, das brauch i eng nit z' sag'n. Mir sein alle Menschen gleich, die was habn; und die nix habn, soll'n arbeiten und soll'n 's Maul halten, weil a Mensch, der nix hat, a nix is, und weil mir nit für die Bettelleut' da sein, daß s' uns auszieg'n und daß m'r unser Gerstl, was m'r von unsern Eltern rechtmäßi g'erbt habn, mit ihnen teil'n sollten. Das is mein Standpunkt! Hab' i recht oder nit? Was?« – »Natürli is 's a so!«

»Drum will i von den ganzen Schwindel, was s' da ›Volksvertretung‹ heißen, a nix wissen! Sitzen eh nur Juden und Advokaten drinnet und die wissen schon, warum s' drinnet sitzen. Mi sollen s' auslassen mit ihnere Reden und Sponpanaden. I war no bei keiner Wählerversammlung und geh a zu keiner. Mir habn unter 'n Kaiser Franz so wos nit kennt und is a gangen, so brauch'n m'r die ganze Parlamentspielerei jetzt a nit! A Bürger, der seine Steuern und Abgaben zahlt und mit die Behörden nie in ein' Konflikt kommen is, kennt nur a Regierung, und dos is die Regierung, was d' Regierung is. Wer anderer hat uns keine G'setz z' geben! Was haben s' denn gemacht, die ganzen Jahr? Daß mir mehr zahl'n müssen! Das is da Segen der Neuzeit! Wem wär' denn amal eing'fall'n, von mir z' verlangen, daß i für meine drei Buldogg 's Jahr zwölf Gulden blechen muß? Für ein' Hund, den i eh selber füttern muß, a no zahl'n! I küß d' Hand für die Erfindungen! Für'n ›Hans Jörgel‹, der do g'wiß a guater Österreicher war, habn s' no alleweil ka ›Langergassen‹ erricht', aber für Dichter, die ka Mensch kennt und die ka Mensch g'lesen hat, da sein s' g'schwind dag'west mit der neuchen Benennung, denen zu Ehren! Zum ›Deutschen Schulverein‹ haben s' mi a pressen woll'n, aber i hab' als urndlicher Bürger g'sagt: ›Hat'n die Regierung g'ründt, den Verein? Nit? Na also, so hab' i a für so was ka Zeit und ka Geld!‹ Sein ja eh nur wieder so G'schichten, was die Großmauleten aufg'stiert ham, daß s' wieder ihre langmächtigen Reden halten können. Wer lest denn das Zeug? I net und ös a net, das weiß i, und für Schulen is eh schon gnua g'scheg'n, soll'n amal auf was anders denken, die Herren Volksbeglücker und G'setzmacher!«

»Aber lassen m'r den ganzen Pansch, lang halten kann si die Sach' ja eh nimmermehr und muß alles so wiederkommen, wie's amal war. Reden m'r dafür von was G'scheidtern! Apropos, was is's denn, sollt'n m'r denn ka Petition überreichen, daß no amal a Trabfahr'n aranschiert wird und daß s' die Kreipl-Buab'n und 'n Gugl Karl dösmal mittun lass'n? Was mir Bekennte sein, mir habn gestern bei die Harner davon g'redt, und alles war mit mein' Vorschlag einverstanden, a paar Gawlier sein a dabei – machen m'r also was z'samm', bewilligt müaßt's uns wer'n, denn, die sie da unterschreib'n, sein ja alle politisch unverdächtig! Gilt's also? Seids dabei? Daß's nit allerweil heißt, mir Weaner bekümmern uns ums ›öffentliche Leben‹ gar nit!«

»Einverstanden!« brüllten die Freunde, und unter Gläsergeklirre rief Herr von Grammerstädter begeistert: »Bravo! Hab's ja g'wußt! Kreipl und Gugl hoch! Sein eh no die einzigen, auf dö m'r stolz sein können! B'schließ'n m'r die Resolution, die Behörde wird's nit beanständen! Mit andern Sachen hätt' m'r vielleicht doch a Schererei!«

Und der Musterbürger hatte abermals das Zweckmäßigste gewählt und das Richtigste getroffen. Heil dem edlen Stamme!

2. Sie als Musterbürgerin

»Ja, wissen S', verstehn S'« – begann die Anrede an die Frau von Schmidt, die sich, wie üblich, zu einem Schalerl Kaffee, einen kleinen Plausch, wobei sie aber selten zu Worte kam, eingefunden – »wissen S', mein Mann is a guater Lapp, aber – dumm is er! Ich hab' mi g'nua ausg'standen mit ihm, die vierz'g Jahr, di i mit ihm verheirat' bin und lieget schon lang unter der Erd', wann i nit so a g'sund's Naturell hätt' und mir nit denkt hätt': ›Du red'st m'r lang guat, i tu do, was i will!‹ Und gangen is's! Und mir habn heunt unser Sacherl beisamm'; die Kinder sein größtenteils versorgt, und die no nit versorgt sein, die wer'n heunt oder morg'n a nit verhungern, denn – Gott sei Dank! – unsere Häuser sein schuldenfrei, und so habn m'r a no a bißerl was im Kasten liegn; ausstehn tut a a Menge, was no eingehn muß, und so stehn m'r auf dem Standpunkt, daß, wann ma unsere Augen zudrucken, uns denken können, daß unsere Kinder nit fremden Leuten amal zur Last falln und daß s' das Andenken an ihnere

Eltern in Ehren halten wer'n! Denn das is die Hauptsach, und dafür lebt m'r und sorgt ja für die Kinder!«

»Aber, wie g'sagt, a Plag und a Arbeit war's, mit dem Mann so lang ausz'kommen! Denn, unter uns g'sagt, er hat sein eigenen Kopf, und was er si in sein Dickschädl amal einbild't, das, glaubt er, muß g'schegn, und wann d' Welt drüber z' Grund ginget! Na, und da hat m'r halt warten müssn, bis der erste Rummel vorüberg'west is und bis er auf das, was er si hat einbild't, wieder vergessen hat – denn der Mann vergißt so viel leicht! – und hat nachher g'macht und tan, was ma selber für's Bessere g'halten hat. Es war ja oft völli schon zum Narrischwer'n, wie der Mensch z' Haus umerteufelt hat – meistens wann 'n d' Freund in Wirtshaus g'hetzt habn – und was der uns sekkiert und uns alles antan hätt', wann i mi nit, wann's m'r z' dick kommen is, auf die Hinterfüß g'stellt hätt' und g'sagt hätt': ›Weißt, wann's d'r nit recht is, so pack i z'samm und geh mit die Kinder, denn die Kinder bleibn bei mir, das sag i dir glei, du kannst bei deine Brüderln bleibn, oder nimm s' lieber gar ins Haus her, so seids do alleweil beisamm' und brauchst dein arm's Weib nit anz'lügn, wannst bei der Nacht um halber drei mit dein' Schwomma z' Haus wackelst! I erzieg' die Kinder, hab' i g'sagt, du nit; du schaust di um nix um!‹«

»Denn, daß i Ihner sag', weg'n die Kinder war immer der meiste Verdruß. I hätt' soll'n strenger gegen die Kinder sein und hätt' s' kürzer halten soll'n – b'sonders die Buabn – i bitt' Ihner, Söhn', die schon in die Zwanzig warn, woll'n a ihner Freiheit, die kann m'r nit wie Schulbankerten behandeln, weil's a Schand vor die Leut' wär'! Na, und wissen S', verstehn S', wann i dann und wann mein' Ältesten, 'n Schan, oder a 'n Ferdl, oder 'n Pepi oder 'n Karl was zug'steckt hab', daß se si a a Vergnügen machen können, da war's Spektakel firti, und er hat g'schrien, i verdirb die Kinder; die Buab'n sein jetzt schon nix nutz, schaun si um ka G'schäft und ka Arbeit um, stehl'n unser'n Herrgott den Tag ab und verjuxen 's Geld auf Landpartien und mit Maschandmodmadln! ›Und wo bist denn du‹, hab' i g'fragt, ›'n ganzen Tag? Schaust du di ums G'schäft um? Vormittag bist von neuni bis zwölfi in Wirtshaus auf a Gabelfruhstuck, nachmittag von drei bis achti in Kaffeehaus beim Tarockiern, und nacher wieder in Wirtshaus bis Mitternacht oder no länger. Was's da treibts und tuts und machts so lang beieinander, das weiß i nit amal, viel Schön's wird's nit sein! Wannst du, in deine Jahr', no allerweil kein' Sinn für Häuslichkeit hast, so kannst es 'n jungen Leuten nit verdenken, wann se si auswärts unterhalten woll'n! Hast es ihner ja nit anderst g'lernt! Habn s' von dir was anders g'segn, als – 'n Löffel weg und nur g'schwind wieder außi, furt zu die Freund? Was?‹«

»No, daß i Ihner sag', da is die Rederei so weiter gangen, a Wort hat's andere gebn, bis er g'sagt hat: ›Tu was d' willst, meinetweg'n; wirst schon segn, was d' mit deiner Erziehung aufsteckst!‹ I, mit meiner Erziehung? Schaun S' meine Söhn' an, wie die Granadierer sein s', kerzengrad und kerng'sund – daß s' a lebenslusti sein, no das steckt im Blut, und m'r lebt ja nur amal und m'r hat's ja, vergunt is's ihner, jung und kräftig sein s' ja a! Laßt m'r ihner halt die unschuldige Freud'! Was Schlecht's tun s' ja nit, und betrüg'n und Schulden machen tun s' ja a nit! Hätten s' ja a gar nit notwendi!«

»Also, daß i Ihner sag': ums G'schäft hat si mein Mann eigentli nur selten umg'schaut, is a beinah von selber gangen, denn es is gar a alte Firma, no von sein' seligen Vatern her, und dann habn m'r unsern Werkführer g'habt, ein' sehr ein' verläßlichen Mann – is jetzt auch schon selbständig und in kurzer Zeit a vermöglicher

Mann wor'n –, und weil meine Söhn' ka rechte Freud zum G'schäft habn, so habn m'r's ganz aufgebn und lebn von unsere eigenen Mitteln. Schauet auch beim G'schäft heuntigen Tags nit mehr so viel heraus, wie einmal, denn die Zeiten habn sich g'waltig g'ändert, und hätt'n m'r auch nur lauter Verdruß mit die Arbeiter, wie meine Söhn' sagn, und weg'n a paar Kreuzer Profit sich alle Tag ärgern und Gift und Gall schlucken, das wär', wann m'r's nit braucht, wirklich nit der Müh' wert. So sein halt no a sieben Stuck bei uns z' Haus, bis a die wegheiraten. Habn aber no ka passende Partie g'funden, denn mit die jetzigen Madeln heißt's vorsichti sein, bis a junger Mann da eine find't, die von der Hauswirtschaft was versteht, da kann si einer d' Augen aussuchen und erst no blind wer'n; und was die Mannsbilder betrifft, so is für a urndlichs Frauenzimmer auch kein' rechte Auswahl mehr da.«

»Denn a Hauswirtschaft urndli führn, is do in einer Eh' die Hauptsach', und da hab' i mir in die vierz'g Jahr ka Wort dreinreden lassen! Gott sei Dank, mir verstehn aber a was davon und könnten mancher Frau da leicht was zum Auflösen gebn! In die ersten Jahr' hätt' der Meinige manchmal gern a Schnoferl g'macht, wann i am Markt g'fahrn bin und nach seiner Meinung z' teuer eingekauft hab'. ›Was guat is, is teuer!‹ hab' i ihm zur Antwort gebn, ›verschenken tuat m'r die War' nirgends!‹ Aber g'schmeckt hat ihm nacher do, was i ihm vorg'setzt hab, denn i hab' allerweil die besten Köchinnen g'habt; vom Matschakerhof, von der Stadt Frankfurt, von die Schott'ner, von Erzherzog Karl und wie halt die Häuser heißen, auf die m'r si verlassen kann. G'waschen, das hab' i glei g'sagt, darf in Haus nit wer'n, und so is d' Wäsch an ein' Montag immer abg'holt und an ein' Samstag pünktli bracht worn – mudelsauber, wie der Schnee so weiß – und m'r hat die Schererei im Haus und in der Kuchel nit g'habt. Schaut nix heraus mit die paar Kreuzer, die m'r da erspart, und weil m'r se a selber früher z' Grund richt' mit der Rackerei. Deshalb is m'r nit auf der Welt!«

»Und ebenso hab' i, weil i mein Lebtag a wirtschäftliche Frau war, a mit'n Stricken und Flicken mein Augenmerk drauf g'habt, daß nix unnöti z'rissen und wegg'worfen und alles so lang ausbessert wird, als mögli is. Selber hinsetzen und a paar Strümpf stricken oder dem Meinigen in seine Söckel a Ferschen anstückeln, oder a Kappl in Vorderfuß anstricken, oder in a durchg'wetzte Hosen von mein' Jüngsten neuche Knie einsetzen, das hätt' si nit auszahlt, hätt' a ka Zeit dazu g'habt, weil i in der Wirtschaft zu viel nachschaun und den Dienstleuten auf die Finger schaun hab' müss'n, daß s' nit gar z'viel krabsen oder mutwilli ruiniern – was s' z'sammg'schlagn habn, is ihnen eh vom Lohn abzogn wor'n – also, daß i sag, mit so einer Gfraßtarbeit hat si a Frau, wie i war, nit abgebn können; meine Madln habn ebenfalls kein' Löffel dazu g'habt, was i ihnen gar nit verargen kann, weil s' a ka Zeit dazu g'habt habn, denn 'n ganzen lieben Tag habn Ihner die Madeln nur studiert, hat a Lehrer 'n andern die Tür in d' Hand geben: der Klavierlehrer, der Singlehrer, der Tanzlehrer, das is nur so fortgangen, denn, daß i Ihner's sag', sie habn si zum Theater ausbilden woll'n. – Sö, die Susi hat Ihnen a Stimm' g'habt, wie die Catalani, hat unser Hausmeister g'sagt, der die Catalani no g'hört hat; und die Fanny, die wieder fürs Lustige war, hat zu der Operett' gehn woll'n – Sö, von derer a Mannsfeldsches Lied z' hörn, grad, als ob's die Mannsfeld selber g'west war! Die Mali is a Patsch, die hat gar a Dichterin wer'n woll'n und hat 'n ganzen Tag g'lesen, was ihr in d' Hand kommen is, und hat sogar französisch z' lernen ang'fangen – auf einmal, wir's schon oft geht, habn alle drei die Freud verlorn, und m'r hat 's Geld umsunst ausgebn ... Ja, die Erziehung von die Kinder kost't ein'm was, dafür habn s' aber a a Büldung, und wann morgen a Graf kommt und um sie anhalt, braucht si er und sie nit z' schamen!«

»Aber was i sagen will und von was m'r g'redt habn: vom Stricken und Flicken. Daß's in einer so großen Hauswirtschaft allerweil was gibt zum Ausbessern und zum Nachschaffen, das wird a jede vernünftige Frau einsegn, und dafür hab' i, weil mir ka Zeit g'habt habn, die ganze Arbeit einer alten Tant', einer armen halbblinden Person, gebn und hab s' auf die Art unterstützt. Na ja, vom Armenleutgeld hat s' nit leben können, so hat ihr das, was i ihr z' verdienen gebn hab', recht wohl tan. I hab' ihr ein' jeden Fleck Leinwand, den s' braucht hat, vorg'messen und die Woll und 'n Zwirn auf die Strümpf nachg'wogn – hat allerweil ein' Verdruß gebn, aber i bin genau, i bin nit so leichtsinni wie andere Wiener Frauen, die 's Geld beim Fenster außiwerfen und alle Fünfe grad sein lassen! Bei mir wägt's, was's hat. In all' und jeden! Also, daß i sag': hat die arme Frau – sie war schon in die Siebzig – jahrelang bei uns z' tun kriegt; manches Monat ihre drei, vierthalb Gulden! Is doch a schöner Nebenverdienst! Was? Hat aber a von der Fruah bis in d' Nacht fleißi drauf loskneifelt – war da in Erdberg wo z' Bett – und weil se si auf d' Nacht ka Licht hat zahln können, is s' auf der Stiegn beim Öllamperl g'sessn und hat g'strickt. A fleißige Frau! Einmal hat s' mi aber do falsch g'macht. War freili kalt und im Winter, aber g'wisse Sachen leid i amal nit. Sie muß si a Bezahlung g'hofft habn, weil 's Monat aus war, aber i hab' grad ka klein's Geld g'habt und hab' g'sagt: ›Wann S' wieder kommen!‹ So is's halt außig'humpelt. Nach einiger Zeit hör' i in der Kuchel draußt reden, i schau nach, was's is, was siech i? Hat ihr die Köchin, weil sie s' drum bitt' hat, a Schalerl Suppen g'warmt! So a Keckheit! ›Du Trampel!‹ – hab' i g'sagt – ›hast du das Recht, von deine Herrnleut' was wegz'schenken? Glei gehst aus 'n Dienst! Und Sö, Frau Tant', mit Ihnen hab' i extra z' reden! Wissen S', mir unterstützen Ihnen schon lang g'nua, und Sö wer'n für das, was s' abliefern, per Kreuzer zahlt! Bettelleut' duld' i in mein' Haus nit, unten bei der Einfahrt steht's ang'schrieben, wann S' lesen können! Wann m'r das no amal g'schicht, will i Ihnen in mein' Haus nimmer segn! Mir habn ausg'red't!‹ So is s' halt weinender fort. Streng war i alleweil, und in unsern Frauenverein heißen mich die Damen desweg'n auch immer nur ›die Musterfrau‹! Und das bin ich auch!«

»Ja, daß ich Ihner sag': wann a Frau nit auf alles schaut, ginget's mit einer Wirtschaft bald tschali. M'r siecht's ja in andere Häuser, wohin a verkehrte Haushaltung führt! I hätt' mein' Christian nit z' heiraten braucht, um versorgt z' wer'n, hätt' Männer dutzendweis' finden können, so viel habn si um mi beworbn, denn wann m'r jung und sauber is und von Haus aus a wirtschäftliche Erziehung g'nossen hat, so braucht ein'm nit bang z' sein, einmal das Glück z' hobn, in den heiligen Eh'stand zu treten. So hab' i halt ihm g'nommen – mein Gott! er is grad ka Kirchenlicht, aber ein rechtlicher Mann, und was 's Beste is, er laßt mi' schalten und walten wie i will; der Herr im Haus bin i! Und so soll's a jede Frau machen. Aber mein Christian weiß auch, was er an mir hat. ›Christian!‹ – hab' i hundertmal zu ihm g'sagt, weil ihm a paar Besuche von Frauen nicht recht warn, die öfter auf a Schalerl Kaffee kommen sein – ›Christian!‹ – hab' i g'sagt – ›du hast deine Freund', und i hab' die paar Freundinnen da, rechtschaffene Frauen, die i vom Verein aus kenn' und die i m'r nit verbieten laß.‹ Und Ruah' hab' i g'habt! Oder wär's vielleicht schöner g'west, wann statt die paar Frauen a paar Galan zu mir kommen wär'n, wie bei andere Weiber, die die Liebhaber wie die Parasol alle Jahr wechseln? Was könnt' i da für G'schichten derzähl'n, wann i a Plauderin wär'! Im Verein erfahrt m'r genug, und selber segn tut m'r auch, daß ein'm förmli' graust! Nein, da kann si mein Christian nit beschwer'n über mi, und hab' i schon ein Fehler an mir, so is's der, daß i im Sommer gern am Land wohn', denn bei derer Hitz und bei den Staub in der Stadt ausz'halten, das bin i nit im Stand. Mein Christian weiß auch, daß das mein' einzige Freud' auf der Welt ist und hat mi sogar amal zu mein' Namenstag überraschen woll'n und hat, wie er g'sagt hat, ›a Hütt'n‹ mir zum Präsent g'macht, die er da bei Hainbach hint' kauft hat. A sehr a schöne Filla, aber – so abg'sondert von der Welt, und alle Sommer immer dasselbe, das war m'r z' fad und z' langweili', so hat er s' wieder verkauft, freili' mit ein' Verlust, aber mir sein nit gebunden und können alle Sommer woanders loschiern, einmal dort, einmal da, wo's uns halt grad a freut und wo m'r was Neug's siecht und hört. Leider is der Putz überall sehr stark, und weil m'r do den andern Frauen nit z'ruckstehn will, so muß m'r das mitmachen, was alle tun. B'sonders bei die Kränzchen. Sö, das letzte Kränzchen war aber schön! Ah – ah – ah! Auf ein' Hofball kann's nit nobler sein! I hab' aber a mein' ganzen Schmuck umg'habt! Da is g'schaut wor'n! Und dö Zischlerei von alle Seiten! Den Neid – weil s' wissen, daß bei unsereins a alles echt is! Denn wann a Frau schon ein' Schmuck hat, so hat s' 'n nit für'n Kasten z' Haus, sondern zum Umhängen! Ja, daß ich Ihnen sag': Sogar tanzt hab' i mit a paar seinige Freund' von mein' Mann, und bei der Damenwahl hab' i m'r den allerjüngsten Tänzer ausg'sucht – justament – daß si die andern giften, und habn gar nit mehr auslassen. Ein sehr ein höflicher, artiger

Mann! Hat mir die Hand küßt und hat um die Erlaubnis gebeten, uns besuchen zu dürfen. ›Warum denn nöt?‹ hab' i g'sagt. ›Alles in Ehren!‹ sagt der würdige Vorstand von unsern Verein!«

(...)

Acht Wochen mit einem echten Spießer

»Wo sind die Zeiten.«

Wien gehört längst nicht mehr den Wienern. Abgesehen davon, daß die Rasse – ich spreche von der unverfälschten und unvermischten – überhaupt nie an Überproduktion litt, welcher Aufgabe sich bekanntlich eine andere Nationalitäten-Sekte mit dem ganzen Ungestüm der Begeisterung für eine liebgewordene Sache unterzogen, hat die echte Wiener Spezies in ihrem heimatlichen Rayon während der letzten Dezennien auch durch massenhafte Desertionen übellaunisch Gewordener eine gewaltige Einbuße erlitten. Die von diversen Schicksalstücken und Steuerzuschlägen gar zu sehr Getroffenen wurden ja der Geschichte endlich doch müde, leisteten auf das kostspielige Vergnügen, das residenzliche Würfelpflaster betreten zu dürfen, Verzicht, suchten billigere Weideplätze für ihre Familienherden und schlugen ihre Zelte (wie z.B. viele Schottenfelder Fabrikanten) in Mährisch-Neustadtl oder sonstigen seligen, d. h. wenn auch lehmigen, so doch billigen Gefilden (wo der Metzen Kipfel-Erdäpfel noch nicht fünf Gulden kostet) auf. Der Rest der Original-Wiener, der vorläufig noch an die engere vaterländische Scholle gebunden, sieht sich bereits inmitten des Trubels der spekulativen Invasion, die über die alte Pflanzstätte der Gemütlichkeit bei allen Toren hereingebrochen, fast vereinsamt, mit seinen Träumen und Empfindungen unverstanden, ja, was das bitterlich-fatalste: nicht nur von den lüsternen Eindringlingen vielfältig gerupft und geplündert, sondern auch noch von den *soi-disant* Witzigen verhöhnt, verspottet und verlästert, und macht sich demnach allmählich mit dem Gedanken vertraut, daß seine Zeit hier um sei, und er sich ebenfalls baldigst bequemen müsse, den Bündel zu schnüren und noch am Abende seines Lebens irgendwo ein neues Heim sich aufzustöbern. Bei solch trüben Gedanken schlürft er denn seinen Markersdorfer in schmerzlich-langen Zügen in sich hinein, beginnt zu seufzen und läßt sich noch einen Pfiff mit einem Spritzer geben.

Dann seufzt er abermals. Denn eben der Anblick dieses gespritzten Pfiffes, der seinem verbitterten Gemüte ein Versöhnungstrank werden sollte, aber bei näherer Betrachtung wieder nichts als das Zeugnis der Schwindelepoche, der Wirts-, Kellner- und Hausknechtskorruption, mit einem Worte: eine flüssige Lüge ist, nötigt ihn zu einer neuerlichen Anklage der (miserablen) Neuzeit und erpreßt ihm den qualvollen Ausruf: »Aber is denn das a christli eing'schenkt? Ös Rauber, ös!«

Motivierte Wehmut sieht bei ihren Ausbrüchen nicht auf Eleganz des Stils, und so mag vorerwähnte, etwas energische (aber getreue) Textur, in welcher das Häuflein letzter Wiener das Um und Auf seiner Empfindungen bei mannigfachsten Anlässen in den jüngsten Ären zu präzisieren pflegt, vielleicht einige Berechtigung haben. Denn der alte Wiener sieht nicht nur in der einigermaßen gewalttätigen Modernisierung seiner Vaterstadt überhaupt einen Eingriff in seine überlieferten Gewohnheiten, eine Devastierung statt einer Auf- und Ausschmückung seiner Lieblingsplätze, traulichsten (Trink-) Asyl- und Spazier-Refugien, sondern auch in den allerneuest-weltstädtischen Gebräuchen, in den angeblich verfeinerten Usancen der momentan tonangebenden Zeitgenossen nur eine Verteuerung oder Verkürzung seiner unentbehrlich gewordenen Genüsse, d. h. Restaurierungsbezüge, was ihm sodann den zweiten Teil seiner stabilen Lamentationen in Erinnerung bringt, der da lautet: »Wo sein die Zeiten, wo man um ein Zwanz'ger bei uns wie a ›Gawlir‹ hat leben können!«

O, daß es ihn ewig mahnen muß! »Ein Rostbratl um achtzehn Kreuzer Wiener Währung, und so groß, daß 's übers Teller g'hängt ist; ein' Halbe Liesinger neun Kreuzer – und vor der Linie gar nur acht Kreuzer – ein Packl ›Dreikönig‹ ein' Silbergröschl und – und der Kapitalwein, um achtundvierzig Kreuzer Schein! Da war's noch ein' Passion, auf der Welt z' sein!«

Und er tut wieder einen Schluck und fügt seinem Kopfschütteln die kommentierende Note bei: »Ein Pfiff is heutzutag g'rad gar nix mehr! Geb'n S' m'r noch ein', Karl, mit ein' Spritzer natürlich, aber gut einschenken! – Ja, daß ich Ihnen sag', das war'n noch Zeiten, vor denen man ein' Respekt hat habn können! Billig und doch gut und solid, das war die Maxim' von die damaligen G'schäftsleut! Hat sich einer ein Tuch beim ›Primas‹ g'kauft, das war gar nicht zum Umbringen. Aus ein' Mantel ist nach zwanzig Jahr ein nagelneuer Caput word'n; aus 'n Caput, wann S' 'n ein zehn Jahr trag'n haben, hat der Schneider den schönsten Gehrock g'macht. Aus 'n Gehrock ist mit der Zeit ein sehr honetter Frack, aus 'n Frack einmal ein Leibl, aus 'n Leibl ein' Weste und zu guter Letzt aus der Weste ein saubers Paar Winterschuh für d' Frau außerg'schnitt'n word'n, und das Restl war noch wie ein Brett. Schaun S' den Povel von heut an. Kaufen S' Ihnen so ein Jaquetl oder so ein Paletoterl, oder wie das moderne Gfraßt heißt, so müssen S' Ihnen schön tummeln, daß S' es ganzer z' Haus bringen, wann der Wind nicht doch vielleicht am Weg d' Woll' wegblast… Ein' Pfiff noch, Karl, aber nachher nix mehr!«

Nachher nichts mehr! Man müßte den Mann nicht kennen, um den asketischen Entschluß für wahr zu halten, d. h. man müßte nicht wissen, daß ein alter Wiener, der erst fünf Pfiff getrunken und in seiner retrospektiven Kritik des goldenen, beziehungsweise silbernen (Zwanziger-) Zeitalters, in der vergleichenden Darstellung zwischen Einst und Jetzt, erst beim unvergeßlichen, weil unzerreißbaren »Primastuch« angelangt ist, um Viertel auf Elf seine Erläuterungen nicht schon beenden, seinen nekrologistischen Hymnus nicht plötzlich abbrechen und dafür die langweiligen häuslichen Pfähle und Pfühle aufsuchen werde. Der gründliche Kenner des Altertums, d. h. des vormärzlichen Wiener Bürgers, ignoriert deshalb derlei bedeutungslose Schwüre, zündet sich eine frische Zigarre an und leiht fürder sein Ohr dem enthusiastischen Berichterstatter.

»Ja, daß ich Ihnen sag'« – beginnt nun auch dessen nächstes Kapitel – »das waren Zeiten! Sie! Ob Sie 's glauben oder nicht: Mit ein' Antizipationsscheinl habn S' die prächtigste Landpartie machen können und habn noch ein Bünkel Geld z' Haus bracht. Aber – jetzt sag'n S' einmal selber, ob man sich mit ein' Pfiff nicht foppt – ein' Schluck, und gar is er. Rein nur ein Maulvoll! Gengen S', Karl! Bringen S' ein' Maßl, der Herr da gibt m'r schon die Ehr' auf ein' Tropfen, heut is 's schon alles eins; no ja, vor 'm Torsperren komm ich eh nicht mehr z' Haus –.«

»Sind Sie gewohnt, vor zehn Uhr nach Hause zu gehen?«

»Wer? Ich? Mein Leben nicht! Ich mein' nur so. Wissen S', versteh'n S', unsereins, was man sagt, wir, die wir noch von der guten alten Zeit sind, wir... no, no, no, spreizen S' Ihnen nur nicht, das Glasl voll wird Ihnen nicht schaden, wir trinken nachher schon noch ein Maßl. Also, daß ich Ihnen sag': das waren Zeiten! Ich will nix sagen vom Zins – wie ich und mein' Alte g'heirat hob'n, hob'n m'r in der allerschönsten Vorstadt für zwei Zimmer und Kuchel im ersten Stock achtzig Gulden zahlt; um das Geld krieg ich heut nicht einmal ein Stallerl in Ottakring für meine zwei Gais. Ich sag' auch nix von Holz und Licht, von Brot und Fleisch – ein' Klafter Hart's z. B. hat halt achtzehn Gulden kost't, Schein notabene! 's Pfund Fleisch achtzehn bis zwanzig Kreuzer, natürlich Wiener Währung. Von dem allem red' ich nix, ich red' nur davon, wie die Leut' genügsam war'n. Karl, bringen S' ein' Kracherl! Wie die Leut' – is vielleicht etwas zum Zubeißen gefällig? Nur ein' Kleinigkeit? Ein Stückerl Aalfisch? No, no, no! das wird Sie ja nicht beleidigen! Ich frage ja nur! In dem Malefiz-Wirtshaus da ist ja eh nix Recht's z' kriegn. Aber da müssen S' m'r einmal die Ehr' geb'n beim Streitberger oder beim Reisleitner, Sie, da is 's fein! Oder beim Stiebitz ein'n Brauneberger! Dla! a Gusto! – Ja, was ich sagen wollt: wo sind die Zeiten! Überall Schwindel und Luxus, nirgends ein' Einteilung, nirgends Maß und Ziel! 's is nimmer schön auf der Welt!«

Der Mann kam nun allmählich aus der raisonierend-kritischen in die melancholische Stimmung. Die Seufzer klangen natürlicher und entstiegen hörbar und in langgezogenen Tönen seiner gefolterten Brust. Er trank häufiger und in rascheren Zügen, vielleicht auch um einen störenden Schluchzer zu bändigen, und rief plötzlich (was ich eigentlich schon längst erwartete): »Die schöne Glacis! – die schöne Bastei! – mein Paradeisgartl! Alles beim Teufel! Der Prater verschandelt, ruiniert – sogar der ›Paperl‹ hat s' scheniert! Wo ich hundertmal g'sessen bin! Und jetzt habn 's m'r 'n alten ›Strobelkopf‹ auch noch z'sammg'rissen! – Mich g'freut's nimmer in Wien!«

»Zahlen!«

»Was? Sie wollen schon fort? Nicht untersteh'n! Wir

trinken noch ein Maßl! Karl! Bringen S' ein' Nußberger! Nein, nein! Ich laß Sie nicht fort! So gut hab' ich mich schon lang nicht unterhalten! 's is ja noch nicht spät! Kaum zwölfe. Wir geh'n nachher auf ein' Punsch! Da gibt's kein' Widerred! Bitte recht sehr! Kein Wort! Zwei frische Gläser! Bitte, bitte! das Tröpferl schad't Ihnen nicht! Sie machen mich sonst bös!«

Und nun begannen ihm die Augen zu funkeln, er lüpfte sich die Krawatte, öffnete die Knopfreihe seines Giletpanzers und die rückwärtige Schnallenfessel seines Beinkleides und machte endlich insofern kurzen Prozeß mit allen übrigen beengenden Bedingungen der leidigen Zivilisation, als er mit einem raschen Ruck sich des Rockes ganz entledigte und ihn an den Nagel hing: »Seg'n S'«, rief er, seine Gestionen definierend: »Gemütlichkeit ist die Hauptsach' auf der Welt! Über Gemütlichkeit geht gar nix! Wo finden Sie heutzutag Gemütlichkeit? Wo ein' gemütlichen Jux? Wo ein' gemütlichen Plausch? Wo ein' gemütliche Gesellschaft? Von was reden die Leut' heutzutag? Von Anglo, von Baubank – ein jeder Greißler ist schon Aktionär! Gemütliche Menschen, wie wir zwei sein, die ein' vernünftigen Dischcurs führen und dabei gemütlich bleib'n, die gibt's gar nimmer. Rein ausg'storben! – Trinken m'r noch was?«

Ich mahnte zum Aufbruch. Auf der Straße überkam ihn erst die ganze Wehmut der Situation. Mich am Arme krampfhaft packend, schrie er mir ins Ohr: »Wissen S', wer an unsern ganzen Unglück schuld is! Der Baron Schwarz! Der gibt uns mit seiner verdammten Weltausstellung noch den Rest! Der Baron Schwarz is unser Unglück! Dem hab'n m'r die Teuerung zu verdanken. Aber noch nicht genug, daß der Wein jetzt schon ein Viechgeld kost't, hat er auch noch die halben Pfiff eing'führt, Sie! – halbe Pfiff! – halbe Pfiff! Wohin kommen wir denn noch?

– Hal – be Pf – pf – pf – pfiff?«

Ich versuchte den Mann zu trösten, so gut es ging. Weich geworden und bis zu Tränen gerührt, fiel er mir um den Hals und rief im kläglichsten Tone: »Ich weiß, ich – weiß, was Sie sagen wollen! Sie sein – ein br – braver Mann! Aber!! – Halbe Pf ... ff! Soll'n mir uns alte Wiener das – g'f – allen lassen? Halbe – Pfiff! – Wo sein – die gu – ten al – ten Zeiten!«

»Wo sie sind? Großenteils – vertrunken. Gute Nacht!«

(...)

Sonderbare Käuze

»Mit dem alten Wien – oder vielmehr mit den Empfindungen der alten Wiener – verfährt die Demolierungsära recht grausam. Stück um Stück, woran die liebsten Erinnerungen haften, fallen in Schutt und Trümmer, und bald wird der letzte Rest der einstigen Heimstätte trauter Gemütlichkeit verschwunden sein, um Platz zu schaffen für die anstürmenden Jünger einer neuen Epoche, für die räumlichen Bedürfnisse einer modernen Weltstadt.«

»Die Metamorphose vollzieht sich rasch und rastlos und unaufhaltsam. Mit Beil und Axt kommen sie herangezogen, die unbarmherzigen Apostel der neuen Lehre, welche da heißt: ›Entwickelung‹, und unter ihren Schlägen stürzen die grünsten Bäume, in deren Schatten wir tausendmal gewandelt, und stürzen die Mauerhüllen der altehrwürdigsten Asyle, wohin wir in trüben Stunden geflüchtet, und unter den Fäusten pietätloser Reformen zerbröckelt, was uns einst wert und teuer war!«

So klagte dieser Tage ein alter Wiener, als er während seines gewohnten Spazierganges dazukam, wie die ersten Spatenstiche den Erdhügel des Paradiesgärtchens aufzuwühlen begannen und Hieb um Hieb auf die ächzenden Bäume und Sträucher niederfielen. – Der arme Mann hatte vielleicht eine kleine Berechtigung zu seufzen und zu jammern. Verjagte man ihn doch aller Orten, wo es ihm wohl und heimisch war und sich sein Herz erfreute. Die Basteien nahm man ihm, mit den schön gepflegten Wegen und der entzückenden Fernsicht nach den blauen Bergen des Südens; das Glacis, die Arena seiner Jugendspiele, verschwand, und statt des grünen Kranzes, der die Stadt umsäumte, erhob sich ein kahler Wall ihm fremdartiger Gebäude; den Prater, das urwüchsige Kleinod Wiens, reguliert man ihm bis zur Unkenntlichkeit, und schon rüttelt ein unheimlich Gerücht auch noch an anderen, viellieben Vermächtnissen edelmütiger Herzen, indem die vandalste Spekulation ihre gierigen Augen gerade auf die populärsten Parkidyllen warf, um statt der nutzlosen Baumgruppen und Blumenbeete dividendenfähige Baukomplexe zu gründen. Inzwischen, bis dieses Crimen patronisiert, demoliert man ihm den letzten Aussichtspunkt: das reizende Paradiesgärtchen.

Nun will ich als Interpret dieses Lokaljeremias mich keiner allzu argen Sentimentalität überlassen und nicht in jeder Fuhre Mauerschuttes ein unersetzliches Stück Alt-Wien beweinen. Trotzdem unterschreibe ich den Hauptklagepunkt und seufze im Chore der paar alten Wiener mit: daß etwas gar zu rasch aufgeräumt werde. Schlag auf Schlag folgten die Verluste und in unerbittlichster Eile; und wie die Sichel des Todes die Ideale unserer Jugend, die gefeierten Größen von einst, denen unsere feurigsten Herzschläge galten, in kurzen Zwischenräumen niedermähte, so ging's auch anderen Reliquien vergangener Tage, die das Grabscheit der Neuzeit (wenn der Tropus gestattet) aus ihren Klammern und Wurzeln riß. Was noch aus alter Zeit vorhanden, steht nur im Wege und kommt, wenn auch noch geduldet, auf den Aussterbe- respektive Demolierungsetat.

Ich gestatte jedem, dem es beliebt, über diese antiquierten Ansichten zu lächeln und zu lachen. Lachte ich doch selbst hellauf, als der obzitierte greise Schwärmer seine Sympathien und Antipathien motivieren wollte und mir des langen und breiten erklärte, wie er sich in seiner Vaterstadt eigentlich nun recht fremd zu fühlen beginne. »Es ist Zeit, daß wir uns zur Ruhe legen«, meinte der Sonderling; »wir passen nicht mehr in die sogenannte Neuzeit. All unser Fühlen und Denken ist so unsäglich altmodisch; unsere ererbten und anerlebten Begriffe und Grundsätze von Recht und Ehrbarkeit, von Handschlag und Manneswort, von Offenheit und Geradheit und wie das Zeug sonst noch heißt, das man uns einst gelehrt, klingt so altväterisch-barock, daß ich mich fast schäme, mir darauf noch etwas zugute zu tun. In dem schwindeligen Wirbel moderner Glücksjagd komme ich mir oft selbst wie ein Gespenst, wie ein Wesen aus einer anderen Welt vor, und wie der Schnitt meines Rockes, die Form meines Hutes sich absonderlich genug zu der heutigen Kleidertracht ausnimmt, so fühle ich, daß auch das Um und Auf meiner Empfindungen längst in die Rumpelkammer abgelegter Garderobestücke gehört!«

Der Mann war wirklich antiquiert. Solchen Leuten ist aber auch nicht zu helfen, und wenn man ihnen den ganzen Kurszettel herablesen würde, und ich verabschiedete mich deshalb von ihm.

»Tant de bruit pour une omelette!« Weil man nun auch noch das Paradiesgärtchen kassiert, so viel Worte! Wie griesgrämig.

Aber es ist wahr, es galt als eine liebliche Idylle, die man uns hätte lassen können. Ein halbes Jahrhundert lang war sie ein Schmuck der Stadt, eine Zier und Zierde, und der freundliche Fleck hatte auch seine Geschichte. Glorreich, denkwürdig, pikant und amüsant! In seiner allernächsten Nähe ging's ehemals gar ernst und auch bunt genug her. Da stand noch das alte Paradiesgärtchen, und gerade da geschahen, wie alle Chronisten jener Zeit bestätigen, Wunder der Tapferkeit und Ausdauer, als es (1683) galt, die wütendsten Stürme der Türken abzuwehren. Anno 1809 schien man sich die Sache schon lustiger einzurichten, da die Belagerten, wie erzählt wird, die Mühsal ihrer Arbeit durch die fröhlichsten Zechgelage sich erheiterten und namentlich den Pariser Chansonettensängerinnen, welche sich dort produzierten, mit ungebeugtem Mute horchten. In dem Glashause des alten Paradiesgärtchens beschäftigte sich auch einst Kaiser Franz während eines ganzen Sommers mit der eigenhändigen Erbauung eines Ofens, als ihn das Projekt eines Wiener Fabrikanten interessierte, welcher Indigo erzeugen wollte. Der Monarch stand, mit dem gelben Lederschurz angetan, stundenlang vor seiner Arbeit und manipulierte ganz unverdrossen mit der Kelle. Aus der Erfindung wurde jedoch nichts, und der Kaiser ließ, etwas kleinlaut, den Ofen wieder abtragen. Bald nach dem Invasionsjahre begann man mit dem Sprengen der Festungswerke, ein paar kurze Jährchen, und das neue Paradiesgärtchen erhob sich 1820 zur Freude aller Wiener. Corti eröffnete es, und machte es rasch zum Rendezvous der schönen Welt. Dann kamen die eigentlichen Glanztage des niedlichen Etablissements. Strauß und Lanner (und später der originelle Schaner) ließen ihre unvergeßlichen Melodien erklingen, und was da lauschte, schwamm in unsagbarem Entzücken. Welche Feste! Welche Nächte!

Und erst die sonnigen Morgen! Es gehörte zum *bon ton*, inmitten der reizend situierten Rosenboskette und bei den Klängen der allerdings nicht immer klassischen Hauskapelle die Frühschokolade zu trinken. Es kam, was nicht im Joche der Arbeit stand, und fand sich zur »Kur« ein oder hielt selbst Hof. Die Zelebritäten der Mode, die Spitzen der Gesellschaft, die Helden und Heldinnen der Kunst und Künste plauderten hier die Geheimnisse des Tages aus. Im Glanze sorglosester Heiterkeit strahlten die hübschen Gruppen, und selbst der hochernste Jean, der alte Zahlmarqueur, ließ sich zu einem loyalen Lächeln herbei, wenn irgendein *Grand seigneur* oder auch nur ein Commis der Diplomatie die Zeche mit einem Zwanziger honorierte.

In den Mittags- und ersten Nachmittagsstunden veränderte sich die Szenerie und auch Staffage. Teils die Strapazen, teils die sinnlich anmutigen Wirkungen des musikalischen Dejeuners reizten zu einem kleinen Schläfchen, und wirklich wiegten sich in Morpheus' Armen der Rest der Gäste, wie nicht minder die Musici und die rangältesten Garçons, welches Häuflein Schnarchender die lauschigsten Schattenplätze sich erkies, um zu träumen von erlebten und präsumtiven Genüssen. In diesem Kreise der Seligen wandelten nun beschauliche Mägde mit den ihrer Obhut befohlenen winzigsten Zeitgenossen, Marodeurs, welche der wärmsten Sonnenstrahlen bedurften, oder die ihr Pensum rekapitulierenden Jungen der Wissenschaft, so im rückwärtigen Hofe des Schottengebäudes tradiert wurde. Auch einige dreiste Spatzen trieben auf den Tischen und Kieswegen des Gärtchens ihr Unwesen, sonst war's allüberall still und öde.

Kurz vor vier Uhr erwachte (in der vollen Bedeutung des Wortes) alles zu neuem Leben. Ein paar estropierte Pensionisten erschienen, um die besten Plätze in Beschlag zu nehmen; ihnen folgte in den rüstigsten Exemplaren eine Schar alleinstehender Matronen, welche, mit heimlichen Tabaksdöschen armiert, meist auch ihr Stickzeug bei sich trugen, um im Momente der Gefahr, d.h. wenn sie von kühnen Männerblicken allzusehr belästigt wurden, mit eleganter Arbeit sich beschäftigen zu können. Weiter kamen einzelne emanzipierte Jungfrauen mit Ringellöckchen und Favorits und schlugen die Voglsche »Thalia« oder Tromlitz' »Vielliebchen« (Goldschnitt muß es sein) auf ihren Knien auf und lasen hochwogenden Busens die finstersten Balladen und zartesten Novellen. Dann kamen jene herkulischen Adonisse, welche unter der Firma »ungarische und italienische Garden« auch bei allen festlichen Aufzügen die markantesten Magnete bildeten, und ihnen nach trippelten und schwebten und stolzierten diverse Huldinnen und sonstige Zierden der Schöpfung beiderlei Geschlechtes, bis das Gärtchen vollgepfropft war.

Das war nun ein Gezischel, Gekicher und Geplauder, akkompagniert von den elektrisierenden Weisen jener Meister der Melodie, die heute noch in unser aller Herzen. Und wenn es dann Abend wurde und tausendfärbige Flämmchen die fröhlichen Züge dieses genußsinnigen Völkchens beleuchteten, da lehrte einen der lustige Anblick erst das Verständnis des unfehlbarsten Propheten des Landes: Adolph Bäuerle und wie recht er hatte, wenn er sang: »Es gibt nur a Kaiserstadt, es gibt nur a Wien!«

Das Paradiesgärtchen war stets ein Lieblingsplätzchen der Wiener. Wem das schwirrende Treiben der Promenierenden nicht gefiel, oder auch aus anderen Gründen, flüchtete in die stillen, abgeschiedenen Räume des Restaurationsgebäudes, das für genügsame Seelen der Annehmlichkeiten genügend bot, und wo nur solche Schwüre gewechselt wurden, die auch die Metternichschen und Sedlnitzkyschen Agenten toleriert hätten. Die Billards im ersten Stocke wurden während der Tagesstunden meist nur von Studenten frequentiert, welche um diese Zeit bei Horaz und Cicero sich nicht zu amüsieren verstehen.

Ein paar Wochen noch, und die letzte Spur des spezifischen Wiener Paradiesgärtchens ist auf immer verschwunden. Wer sich darum schiert? Nun, vielleicht etwelche alte Wiener, denen es sozusagen zum Mobiliar ihres Herzens gehörte, aber wer schiert sich wieder um diese sonderbaren Käuze? Mögen sie um ihre gemütlichen Winkel jammern – wir haben uns zu »entwickeln«.

Ein lobscheuer Poet

In meiner Gedächtnismappe sind auch einige gar sonderbare Grillparziana aufbewahrt. Soll ich sie hervorholen? Soll ich sie einem verehrungswürdigen Publikum bekanntgeben? Soll ich sie erzählen? Es sind ein paar Anekdoten darunter, die mir nicht zur Ehre gereichen, und es wäre vielleicht klüger, wenn ich, der ich allein um sie weiß, sie verschweigen würde. Aber da höre und lese ich, daß eine ausführliche Biographie samt Charakteristik der angeblich wunderlichen Persönlichkeit des größten österreichischen Dichters von einigen dazu eigens designierten Schriftstellern in Arbeit genommen sei und daß man endlich daran gehe, ein erschöpfendes Quellenwerk zum genauern Verständnisse, ein gewissenhaft ausgeführtes Bild des Wiener Pindar anzufertigen, und da ist es denn möglich, daß die kleinen Sandkörnlein, die ich liefere, bei dem Aufbau dieses projektierten literargeschichtlichen Monumentes etwa doch verwendet werden könnten. Dieser Gedanke läßt mich die Rücksicht auf meine eigene Person vergessen, und ich erzähle, was ich weiß und selbst erlebte, unbekümmert darum, ob ich mich nun vor den Augen der streng denkenden Weisen lächerlich mache oder nur ihr geheucheltes Mitleid mir erwerbe. Denn ich habe unter anderem auch von Malheurs zu berichten, die mir passierten, indem ich – freilich in unschuldigster Weise – den Dichter der »Ahnfrau« und »Medea« aus zwei Wiener Gasthäusern vertrieben habe, dagegen aber auch wieder bei anderer Gelegenheit die direkte Veranlassung war, daß der seit Jahren schweigsam Gewordene plötzlich und unerwartetst mit einem epochalen Poem in die Öffentlichkeit trat.

Mein erster »Unfall« datiert in das Jahr 1841 zurück. Es war am 20. Juni, am Tage der Eröffnung der Südbahn, die ich in jugendlichster Ungeduld mitmachen zu müssen glaubte, obwohl meine Angehörigen, im Hinblick auf die drei Jahre vorher geschehene Nordbahnkatastrophe, vor solchem Wagstück mich warnten. Aber ich war nicht zu halten, versprach jedoch vorsichtig zu sein, beim Auf- und Abstieg die Trittbretter in acht zu nehmen und überhaupt in tollkühne Sprünge etc. mich nicht einzulassen. Außerdem mußte ich hoch und heilig schwören, weder den Kopf noch die Hände bei den Fenstern hinauszustecken und was der Reisekautelen in jener naiven Zeit noch mehr waren. Als es mir tatsächlich glückte, von Baden mit heiler Haut zurückzukommen, wollte ich meine Leute noch nachts von dem wunderbaren Ereignisse vergewissern, und ich lief stracks in die Stadt, Himmelpfortgasse, in das Gasthaus »Zur ungarischen Krone«, wo ich wußte, daß sie nach ihrem beendeten Dienst im Hofoperntheater ihr frugales Vesperbrot einzunehmen pflegten. Rasch riß ich die Türe auf und sagte: »Da bin ich!« Meine Schwester, immer lebhaften Temperamentes und zu Witzeleien aufgelegt, rief in drolliger Rührung: »Ach, mein Bruder!« worauf ich in gedämpftem Pathos erwiderte:

»Ja, ich bin's, du Unglücksel'ge,
Ja, ich bin's, den du genannt!«

»Zahlen!« zirpte es aus dem Hintergrunde der Gaststube, die nur vier Personen beherbergte, meine Eltern samt Schwester und einen in der letzten Ecke verschüchterten Gast. Mein Vater winkte mir, ich wendete den Kopf nach dem »Rufer in der Wüste«, es war – Grillparzer. Er beglich seine Zeche, erhob sich eiligst, entfernte sich, ohne zu grüßen, und – kam nie wieder.

Mit einem harmlosen Scherze verscheuchte ich ihn und vertrieb dem braven Wirte einen anständigen Gast! Was ärgerte ihn? Was verletzte ihn? Daß sein geliebter Jaromir, mit dem ihm noch in späten Tagen auch Löwe so viel Freude gemacht, wirklich populär geworden, daß seine Trochäen im Munde des Volkes leben? oder daß sie an einem unwürdigen Orte gesprochen wurden, daß man den gefeierten Dichter am Wirtshaustische zitierte? Bei Apollo! Was gäbe mancher landläufige vaterländische Versmacher dafür, wenn nur eine einzige seiner vermeintlichen Effekt- oder Kraftstellen als geflügeltes Wort paradieren möchte, eine einzige lyrische Sentenz in der Öffentlichkeit sich bleibend erhalten könnte? Und Franz Grillparzer wurde verstimmt, wurde »böse«, weil die ihm am meisten ans Herz gewachsene Dichtung tatsächlich volkstümlich geworden und das damalige, das Theater besuchende Wien die melodisch klingenden Monologe und sonstige rhythmische Prachtstücke derselben fast auswendig kannte! Denn die krasse »Ahnfrau« war einst ein gern gesehenes und namentlich unter Palffys Glanzregierung oft und mit ungeheuerstem Erfolge gegebenes Stück. Spielten doch darin neben dem unvergleichlichen Heurteur auch die große Sophie Schröder, der gewaltige Lange, der geniale Küstner und Fritz Demmer, der auch noch nicht ersetzt wurde. Was erzählte mir mein Vater nicht alles von jenen Wundervorstellungen der Jahre 1817, 1818 usf.! Und nach vierundzwanzig Jahren schmerzte es förmlich den Dichter, daß das Volk mit seiner Schöpfung noch vertraut war! Wie eine Mimose bei der leisesten Berührung, zog sich der zaghafte Mann bei dem kleinsten ihn störenden Eindrucke scheu zurück. – Und das Intermezzo störte ihn.

Ich war beschämt und tat dem Wirte fast Abbitte, als ich an den nächsten Abenden sah, daß der Entflohene für ihn auf immer verloren sei. Aber Johann Kahla – der brave Mann starb hochbetagt erst vor kurzem – beruhigte mich selbst in seiner gewohnten Güte und schüttelte nur lächelnd den Kopf und meinte: »Der Herr v. Grillparzer ist halt ein gar ein wunderlicher Herr!« Und nun ging's ans Erzählen. Grillparzer, der vormals in der Dorotheergasse Nr. 1118 wohnte, wechselte anfangs der vierziger Jahre sein Domizil und bezog ein bescheidenes Stübchen bei einer Schneidermeisterin im obersten Stockwerke des Finkschen Hauses Nr. 960 auf der Seilerstätte. Die gute Frau kochte auch für ihren schweigsamen Zimmerherrn zu seiner vollen Zufriedenheit, nur als einmal ein Waschtag und andere Zwischenfälle eintraten, gab sie ihrem Kostzögling den Rat, in das (um die Ecke) nebenan befindliche Gasthaus (»Zur ungarischen Krone«) zu gehen und dort das Essen zu nehmen. Das tat denn auch der also Beorderte. Er kam um die Mittagszeit still und geräuschlos, setzte sich abseits, begehrte ein Glas Tischwein und deutete dem Kellner drei Gänge des Tarifes mit dem Finger an: Reissuppe, Rindfleisch mit Sauce und Kalbsbraten. Das Verlangte wurde gebracht und dem Gaste serviert. Der aber saß, ohne etwas zu berühren, stumm und starrte regungslos nach der Decke. Nach einer Stunde entschwand er, ohne daß sein Abgehen im selben Augenblicke wäre bemerkt worden. Nur als der Kellner sah, daß ihm ein Gast abhanden gekommen war, der nicht gezahlt habe, schlug er Lärm und wollte, daß man den Flüchtling verfolge. Kahla frug: »Wer ist abgefahren?« – »Der dort im Winkel.« – »Was hat er verzehrt?« – »Nix hat er verzehrt, hat ja all's stehn lassen!« – »Nun, wenn er nichts verzehrt hat, so haben Sie keinen Schaden, die Sachen werden abgeschrieben. Gar ist's!« – Am nächsten Morgen kam die Schneidermeisterin und verlangte den Wirt zu sprechen: »Sö, dös is a schöne G'schicht, machen S' nur ka Aufseg'n! Der Herr v. Grillparzer schickt mich her und laßt um Entschuldigung bitten, daß er gestern Mittag aufs Zahlen vergessen hat. Ich soll sein' Zech jetzt richtig machen!« – »Ja, der Herr – wenn es der Herr v. Grillparzer war – hat ja gar nichts gegessen, uns ist er nichts schuldig!« – »Was? Gar nix g'essen hat er? Jessas, der arme Mann! Und ka Wort hat er g'sagt! Ein' ganzen Tag kein' Bissen im Leib! I sag's ja, die Dichter – wissen S', mein Zimmerherr is a Dichter – leben rein nur von der Luft! No, i dank' in sein' Namen; der wird schaun, wann i ihm's Geld wieder bring'! Tun S' nur nix dergleichen, wenn er vielleicht einmal wieder zu Ihnen hereinkommt; er hat das nit gern, wann m'r von seine Eigenheiten red't; nit einmal sein' Nam' soll m'r öffentlich laut rufen! So viel g'schreckt is er! Wann er a Frau'nzimmer wär', saget i, daß er g'schami is!« Und die Plauderin lief kichernd und lachend davon, die daheim gewiß schweigsam zu sein verstand, sonst hätte es der »sonderbare Zimmerherr« nicht einen halben Tag lang bei ihr ausgehalten.

Und in der Tat besuchte der wortkarge Gast diese Wirtsstube – meist abends – nun häufiger, die ihm durch den Takt des Wirtes sympathisch wurde, der ihn insoferne rücksichtsvoll behandelte und behandeln ließ, als man auf sein Tun und Lassen (nach seinem Wunsche) eben keine Rücksicht nahm. Wie oft saß er da, in seine Träume versunken, und ließ den Wein warm und den Braten kalt werden, und wie lächelte er sanft und milde, wenn er aus seinem Hinbrüten erwachte und er seine Zerstreutheit gewahr wurde, und er den Garçon, der ihn bereits verstehen gelernt, bat, ohne Aufsehen abzuräumen und die Rechnung zu machen. Darauf bestand er allmählich, auch wenn er zeitweise von dem Aufgetragenen nichts genossen. An Respekt ließ man es nicht fehlen, aber auf Geheiß des klugen und gebildeten Wirtes mußte jede Ostentation und Aufdringlichkeit vermieden werden, man ließ den Einsamen sein, wie er sein wollte, und belästigte ihn weder durch Fragen, noch durch das beliebte übliche begaffende Umstehen der Kellnerjungen. Es grenzte dies alles beinahe an ein völliges Ignorieren seiner Anwesenheit, aber es war das stilgemäße Nichterkennen einer vornehmen Persönlichkeit, welche inkognito zu sein und zu bleiben den Wunsch hatte. Diese Rücksicht wurde ihm in vollstem Maße angetan, das Zimmerchen wurde ihm dadurch traulich und ihm daselbst heimisch wie daheim, da – mußte ich in meiner Einfalt, allerdings absichtslos, aber auch ohne Überlegung, ihn laut zitieren und – aus war's mit seinem abendlichen Asyle!

War meine Tat denn wirklich so arg, daß ich nun wie ein Verbrecher herumschlich, den Leuten nicht mehr ins Gesicht zu schauen wagte und den ganzen Rayon der Himmelpfortgasse auf Lebenszeit meiden zu müssen glaubte, weil Franz Grillparzer meinetwegen aus einem Gasthause wegblieb? Aber meinetwegen! Da liegt's! Und nun drohte mir, falls die Sache ruchbar würde und in den Bereich der Biographen und Literarhistoriker käme, mich – allerdings unfreiwillig – unsterblich zu machen, mich mit dem gefeierten Dichter auf die Nachwelt zu schleppen, aber (leider!) nur in beschämendem, wenn schon nicht in völlig herostratischem Lichte! Ein entsetzlicher Gedanke, ein Bewußtsein, das mich fast zu Boden drückte.

Die alles heilende Zeit ließ auch diese Wunden meines Gemütes vernarben, und ich glaube, daß ich nach einigen Jahren sogar wieder lachen konnte, denn es lachte ja auch der gemütliche Kahla selbst, wenn ich ihm begegnete und er auf die tragikomische Affäre zu sprechen kam. Ja, ich lachte wieder zeitweilig, wenn es zu lachen gab, und als das tolle Jahr 1848 anbrach und ich von Gott begnadet wurde, die glorreichen Märztage und Wiens Erhebung und Metternichs und Sedlnitzkys Sturz zu erleben, da lachte ich nicht nur, ich jubelte laut auf und vergaß, hingerissen von der Größe des Augenblicks, von der Erhabenheit der Geschehnisse, im Taumel der freudigsten Begeisterung all der Misere, die mich im Leben bisher verfolgte, all der kläglich kleinen Geschichten, die mich geärgert, all der läppischen Abenteuer, die ich ruhmlos bestanden. »Diesen Kuß der ganzen Welt« – mit Ausnahme der Geistesschergen und übrigen Tröpfe, die ohnehin zum Teufel gejagt wurden! Bis in die Wolken drangen die Rufe brausenden Entzückens! Man muß jene Zeit mitgemacht und Zeuge der Szenen und jung und warmfühlend gewesen sein, als eine Konstitution verliehen, Preßfreiheit verkündigt und überhaupt »Alles bewilligt« wurde. Es waren wohl Wiens schönste Tage!

Da kam das Schreiben über die Leute. Jedermann hatte etwas auf dem Herzen und etwas zu sagen, und jedermann griff zur Feder und schrieb seine Gedanken nieder, in Versen und in Prosa, und alles wurde gedruckt! Auch das Dümmste. Aus diesem Chaos, diesem unorthographischen, ungrammatikalischen, unsyntaktischen und unmetrischen Unsinnsbrei leuchteten nur wie einzelne Perlen die Geistesmanifeste berufener Poeten und Schriftsteller tröstlich hervor, und waren es namentlich Ferdinand Kürnberger, Anastasius Grün, Alfred Meißner, Moriz Hartmann, Karl Beck, L. A. Frankl, Eduard Bauernfeld, Siegfried Kapper, Emil Kuh, Johannes Nordmann etc. etc., die ihre tönende Stimme in dem allgemeinen Charivari zur Erbauung zu Gehör zu bringen wußten. Nur einer schwieg; einer, nach dem sich aller Augen wandten, nach dessen leisestem Lispeln alles lauschte. Franz Grillparzer hatte nichts zu sagen.

Da ritt mich abermals der Teufel, mit dem hehren Namen anzubinden, und ich faßte mir ein Herz und warf – die Musen mögen mir die Missetat verzeihen! – in noch immer jugendlichem Ungestüm und in überströmender Verehrung, die mich zeitlebens für den teuren Mann erfüllte, einen versifizierten und gereimten Aufruf auf das Papier, den ich »An Einen!« adressierte und – o der Dreistigkeit! – mit meinem vollen unberühmten Namen fertigte. Das Poem, die lauterste und zweifelloseste Gymnasialpoesie (obwohl ich der betreffenden Charge längst entwachsen), war wohl ehrlich gemeint und beschwor in aufrichtiger und glühendster Inbrunst den geliebten Dichter, mit einem einzigen Liede hervorzutreten und der Stunde der erlangten Preßfreiheit damit die Weihe zu geben; aber es war trotzdem eine schmähliche Pfuscherarbeit, die mich heute erröten macht und die des erlauchten Adressaten wahrlich nicht würdig war. Um dies zu erkennen, fehlte mir die ruhige Einsicht, die prüfende Überlegung, ja jegliches Verständnis, das mir im Taumel der Verzückung völlig abhanden gekommen. So lief ich denn atemlos zu Adolf Bäuerle, dem Mäzen aller nicht zu honorierenden Beiträge, und übergab ihm mit wogender Brust das fast noch nasse Manuskript. Bäuerle las, las funkelnden Auges, las laut, in Gegenwart von zehn bis zwölf mir unbekannten Herren und Damen, und umarmte mich! Der Schäker!

Wer war glücklicher als ich! So mußte Hutten zu Mute gewesen sein, als er in Augsburg vom Kaiser Maximilian zum Ritter geschlagen wurde. Bäuerle hörte nicht auf, mein Opus zu loben, er las einzelne (besonders schwulstige) Stellen zum zweitenmal, und als er die (närrische) Passage

> Rustan war nicht der letzte deiner Helden,
> Den du geschöpft aus der Begeist'rung Bronnen!

mit nachdrücklicher Betonung sprach, da weinte der Heuchler, und alle Anwesenden weinten mit. Es müssen Komödianten gewesen sein, weil sie die Grimasse so *a tempo* und so packend zu machen verstanden. Ich stürzte ab. Ich irrte planlos durch die Straßen, dann über die Basteien. Meine Füße schlotterten, meine Pulse pochten hörbar. Da drang im Mondenschimmer das Giebeldach des Theseustempels aus dem kahlen Geäste des Volksgartens hervor. Eine olympische Form! Warum hat Wien noch keine Walhalla? Plötzlich durchfuhr wie ein Blitz mich ein fürchterlicher Gedanke: Ich hatte keine Abschrift von dem Gedichte! Bäuerle, der leichtsinnige Mann, besaß mein alles! Wenn es verloren ging! Ach, die Götter verstehen auch boshaft und grausam zu sein, sie verhüteten es, daß dieses befürchtete Unglück eintrat und sorgten vielmehr dafür, daß es auch den lachenden Epigonen erhalten bleibe, denn am nächsten Morgen stand das Gedicht gedruckt an der Spitze der noch allmächtigen »Theaterzeitung!« Nun schien's doch um mich geschehen zu sein. Ich verlor die Sprache und lallte nur mehr; das Gedicht nun gedruckt zu lesen, war mir unmöglich, denn es flimmerte mir vor den Augen. Warum sehen die Leute mich so staunend an? Weiß man bereits allüberall davon? Freunde und Bekannte schütteln mir auffallend die Hand und grüßen mich fast ehrerbietig. Wenn der Vater meiner Braut erfährt, welch ein Glanz auf meinen Namen gefallen.

Erst nach drei Tagen hatte ich den Mut und die Kraft,

bei Bäuerle wieder vorzusprechen. Er empfing mich mit übertriebener Freundlichkeit, gab mir zwei Freiexemplare jener Nummer, wofür ich mich tief verbeugte, und erzählte in seiner Plauderweise, wie Grillparzer erfreut von dieser »Huldigung« gewesen, wie er mir danke dafür und wie er angedeutet, daß mein Wunsch bald erfüllt werden würde. Auch wollte er mich persönlich kennenlernen. »Ich begreife Sie nicht, junger Mann, daß Sie die Gelegenheit, die sich Ihnen so günstig und so ehrenvoll (!) darbietet, nicht benützen und Grillparzer Ihre Aufwartung machen! Sie hören ja, daß er Sie sprechen will! Gleich gehen Sie hinauf zu ihm!«

Ich ging, aber ich ging (mit den zwei Freiexemplaren) heim in mein Kämmerlein, schloß hinter mir die Türe und begann mein »Werk« zu lesen. Das erstemal in gedruckter Form. Ich las es auch nur einmal. Meine Brust drohte zu zerspringen, alles Blut drängte zum Herzen, und um die Schläfe perlte mir kalter Schweiß. Die Krisis war vorüber. Ich stand auf, mein Blick fiel zufällig in den Spiegel – mein Gesicht war kreidebleich, und ich zitterte am ganzen Leibe. Ein namenloses Schamgefühl erfaßte mich, ich trat vor das Bild des Dichters, das zu Häupten meines Arbeitstisches hing (und noch hängt) und stammelte: »Verzeih', Gütiger, was geschehen! Auch das ist eine Art der Jugendeselei, die Heine so spöttisch besungen, und sie ist bedenklicher, als in ein süßes Wesen bis über die Ohren verliebt zu sein. Aber an dieser Untat, die an dir (Stilistisch- und Metrisch-) Reiner, nun öffentlich begangen worden, trifft mich nur der kleinere Teil der Schuld, die größere Verantwortung fällt auf jene, die, als erfahrene Männer, ein solches Zeug in Druck gaben! Und nun kein Wort im Leben mehr davon!«

Nun kam aber erst die eigentliche Überraschung. Grillparzer, der seit dem Unglücksabend am 6. März 1838, wo man durch verkehrte Besetzung sein köstliches »Weh' dem, der lügt!« so brutal zu Fall brachte, mit Wien und den Wienern schier unversöhnlich grollte, trat ein paar Wochen nach meinem naiven Appell wirklich mit einem Liede, einem einzigen hervor, es war der Ruf an Radetzky:

Glück auf, mein Feldherr, führe den Streich!

Das Lied durchzog die Welt und wurde genugsam kommentiert. Wie Grillparzer übrigens zu vertrauten Freunden später geäußert, erfüllte es ihn mit Wehmut, daß man seine nur patriotisch erdachten Strophen vielfach mißverstanden und teilweise sogar eine rohe Tendenz hineingelegt habe, die ihm unbekannt gewesen. Ungeachtet dieser posthumen Abwehr klang der Vorwurf an die Jugend:

Dort ist kein Jüngling, der sich vermißt,
Es besser als du zu kennen,
Der, was er träumt und nirgends ist,
Als Weisheit wagt zu benennen –

nicht sonderlich freundlich und stach merkwürdig ab von den Jubelhymnen, die der todesmutigen akademischen Legion, die das alte verhaßte System gestürzt und die Freiheit geschaffen, allerorten gesungen wurden. Genug an dem, Grillparzer brachte damals der gewaltigen Erhebung und dem Segen der freien Presse wirklich nur ein einzig Lied, das »Radetzkylied«, als Weihespende dar. Nachmals opferte er noch manche einzelne Gnomen, Glossen und gallige Vierzeiler.

Dennoch blieb er uns allen teuer, und wenn eines seiner gedankenvollen Dramen zur Aufführung kam, so drängten wir uns doch in den Pferch des alten Burgtheaters und lauschten und horchten mit feuchten Augen und mit gehobener Seele.

Und es verflossen wieder fast anderthalb Dezennien, und zum dritten Male brachte mich mein Unstern in unerfreulichsten Kontakt mit dem Dichterfürsten, der noch dazu schon recht mürrisch geworden, teils körperlicher Leiden, teils widerlicher Familiengeschichten wegen, die dem feinfühligen Manne stark an die Ehre gingen. In den ersten sechziger Jahren war es. Grillparzer hatte mittlerweile seine Sterbewohnung in der Spiegelgasse Nr. 21 bezogen, wo er tagsüber hoch oben, wie ein Aar in den Lüften, weilte und nur abends die stille Behausung verließ, um mühsam die vier Stockwerke herabzukeuchen, worauf er in das letzte Zimmerchen der im Parterre gelegenen Restauration (heute »Zur Stadt Amberg« genannt) trippelte und daselbst sein Mahl einnahm, ruhig und einsam, bescheiden und karg. Mayr, der prächtige, intelligente Wirt, der damals das Geschäft leitete, erzählte uns nachträglich, daß der »Herr Hofrat« allabendlich nie mehr als ein einziges Wort, eine einzelne Silbe spreche: das Wort »Weich!«, das sich auf die gewählte Speise bezog, die er dem Kellner (nach alter Gewohnheit) mit dem Finger auf der Karte bezeichnete. Hatte er seine Fleischration, vorsichtig und mit Anstrengung kauend, genossen und sein Gläschen Wein getrunken, dann langte er nach einer (beliebigen) Zeitung und hielt sie, ohne eine Zeile zu lesen, wie geistesabwesend eine Stunde lang vor sich hin. Geistesabwesend? Ach, welche Phantasien, welche Gedankensymphonien mögen das Haupt des Edlen in solchen Ruhepausen durchschwirrt haben! Hatte er die Traumgebilde von sich abgeschüttelt, oder sie in seinem Innern festgehalten und zu Gestalten geformt, die Fleisch und Blut werden und Mark in den Knochen haben sollten, hatte er geschaffen und beendet, was er schaffen wollte, dann legte er die Zeitung, die ihm als Schild gedient und ihn von der Außenwelt abgetrennt, beiseite, tippte an das Glas, was für den Garçon das Zeichen war, die Rechnung – wortlos – zu ordnen und das knapp bemessene Douceur schweigend einzustreichen. Dann erhob sich der Herr Hofrat und kletterte ächzend nach oben. Und auch dieses wirtshäusliche Stilleben des genügsamen Poeten sollte ich Pechvogel stören!

Wir saßen abseits, an einem sogenannten Katzentischchen, die übrigens in dem »Kleinen Casino«, wie sich die schmucke Taverne damals titulierte, in der Majorität waren, und plauderten, selbstverständlich ohne Lärm zu machen. Wir sprachen über dies und das und kamen hiebei auf ein heikles Thema, auf literarische Jugendsünden, zu welchen sich fast jeder, wenn auch seufzend, bekannte. Nur einer, der in Selbstliebe und Aufschneidereien groß war, gab derlei Schuldbewußtsein auch in bezug auf seine Erstlingsarbeiten nicht zu, obwohl männiglich bekannt war, daß just er mit einem Liebesgedichte, das in einem Buchbinderalmanach im Vormärz erschien, sich schaudervoll blamiert hatte, worüber er seinerzeit viel gehänselt wurde. Nun aber glaubte er die Sache längst vergessen und renommierte mit seiner Frühreife, die ihm einen lyrischen Fehltritt angeblich ersparte. Diese gänzlich unmotivierte Großtuerei und Prahlerei verdroß mich und ich rief, ziemlich laut, den Finger warnend erhoben, scherzweise:

Jason, ich weiß ein Lied ...!

»Zahlen!« klang es mit zitternder Stimme aus dem Winkel des Stübchens. Alle Heiligen! Der zaghafte Ton machte mich erbeben; vor länger als zwanzig Jahren vernahm ich ihn ebenfalls, und heute wie damals scholl er mir wie ein Klageruf, wie ein Vorwurf entgegen, der mir und meiner vermeintlichen Rücksichtslosigkeit galt. Scheu blickte ich nach dem Mahner, es war Grillparzer; er erhob sich, wankte fort und kam nie wieder. Er wählte sich als sein Kosthaus nun den »Matschakerhof«, dem er bis an sein Ende treu blieb. Wie weh tat mir diese Flucht, und wie verwünschte ich meine wiederholte Unvorsichtigkeit.

Und es vergingen wieder zehn Jahre. Mittwoch, den 24. Januar 1872, kehrte ich aus zeitungsarmen Distrikten von einer Reise zurück, als ich die Straßen von einer dichtgedrängten, lautlosen Menschenmasse erfüllt fand, durch die ein imposanter Leichenzug sich bewegte. Ich sprang aus dem Wagen und frug, wem die Feier gelte. »Dem Dichter Grillparzer!« Ich erschrak, ich zog den Hut, da kam der Sarg, und Tränen entströmten meinen Augen. Tot! Tot! Tot!

Im Januar 1817, vor fünfundfünfzig Jahren, führte mein Vater den aufgeregten Dichter, der sich in der Nähe des Theaters an der Wien versteckt hielt, nach der glorreichen ersten Aufführung der »Ahnfrau« nachts nach Hause. Grillparzer dankte gerührt. Der Sohn handelte, wenn auch absichtslos, nicht mit gleicher Liebe und bereitete dem Edelsten der Edlen Verdruß und Ärgernis. Grüßt' es dennoch verzeihend aus dem Sarge? Erkennst du den unschuldigen Missetäter? Ich glaube, ich stotterte damals zerknirscht und demutsvoll und beschämt die Variante:

Ja, ich bin's – der Unglücksel'ge!

GLOSSAR UND EIGENNAMENVERZEICHNIS

Seite		
7	defraudiert	defraudare (lat.) = betrügen, defraudieren (veraltet) = etwas unterschlagen, jem. hintergehen
	auf Puff leben	auf Borg, Kredit leben
8	anstrudeln	überschwenglich reden, auch mit Liedern überhäufen
	Nickl	Dickkopf, Schmähwort für Kinder
10	vergitschen	verkaufen
	Remasuri	Wirbel, lärmendes Durcheinander, auch turbulente Unterhaltung; ital. ramassare = sammeln, häufen
	Galenus und Heinroth	1) Galenus, röm. Arzt (130 n. Chr. – zw. 201 u. 210), Leibarzt des Kaisers Marc Aurel 2) Johann Christian August Heinroth (1773–1843), Psychiater und Psychologe
11	deliberieren	überlegen, beratschlagen
	Bresthafter	bresthaft = gebrechlich, krank
12	riegelsam	rührig, geschäftig; Riegl = athletischer Mann
13	Köllnische	Zigarrensorte
	Preference	Kartenspiel
	Tapper	Tarock zu dritt
	Liner	Dialekt für Linie; Gürtellinie, die die ehemaligen Wiener Vororte umschloß
14	eppa	vielleicht, etwa
	Marqueurbub	auch: Markör = Aufseher, Punktezähler beim Billardspiel
	Weltausstellung	1873 in Wien
	Grundbezirk	Grund = Vorstadt, Bezirk; er is aner vom Grund = er wohnt seit Generationen da
	everdent	evident
16	Bäuerle	Adolf Bäuerle (1786–1859), Verfasser von Volksstücken und Herausgeber der »Wiener Theaterzeitung«
	Deinhartstein	Johann Ludwig Deinhardstein (1794–1859), Vizedirektor des Burgtheaters, Bücherzensor, Dramatiker
	Castelli	Ignaz Franz Castelli (1781–1862), Lyriker, Erzähler, Theaterdichter am

	Teixelskerle	Kärntnertortheater, Gründer der »Ludlamshöhle« Teixel = Teufel
17	Sedlnitzky	Josef Graf Sedlnitzky (1778–1855), Präsident der Obersten Polizei- und Censurhofstelle, verhaßter Repräsentant des Metternichschen Systems, 1848 gestürzt
	Ludlamshöhle	von I. F. Castelli gegründete humoristische Künstlervereinigung; Mitglieder: u. a. Anschütz, Deinhardstein, Grillparzer, Saphir; 1826 als vermeintlich staatsgefährlich aufgelöst
	Zuchipassen, Anbugeln, Kopf oder Wappen, Grad oder Ungrad	zeitgenössische Unterhaltungsspiele
	Hacklzieg'n	Haglziagn = ein Kräftemessen per Fingerhaken
18	soi-disant	sogenannt, angeblich
	Proch	Heinrich Proch (1809–1878), Komponist, 1840–70 Kapellmeister am Hofoperntheater, populär durch seine Lieder, z. B. »Von der Alpe tönt das Horn«
	Saphir	Moritz Gottlieb (eig. Moses) Saphir (1795–1858), Journalist, satirischer Schriftsteller, Herausgeber der Zeitschrift »Der Humorist«
	J. N. Vogl	Johann Nepomuk Vogl (1802–1866), Beamter, Lyriker, Erzähler
	Müllner	Gottfried Adolf Müllner (1774–1829), Dramatiker, Trauerspiel »Die Schuld« (1812)
	Cachucha	aus Andalusien stammender, dem Bolero verwandter Tanz im Dreiertakt in gemäßigtem Tempo, von einer einzelnen Tänzerin ausgeführt, die sich mit Kastagnetten begleitet
20	Kreuzköpfel	kluges Kind
	käwiger Preuß	kewi, auch: ghebig = überheblich, zänkisch
	Karamboleballen	Karambole = roter Spielball im Billard
21	Schlittasch	Schlittenpartie

24	Hesperus	oder Hesperos = Abendstern (mythol.)
26	Ludwig Devrient	(1784–1832), Schauspieler am Berliner Hoftheater, mit E.T.A. Hoffmann befreundet
	Heinrich Anschütz	(1785–1865), zählte zu den berühmtesten Burgschauspielern seiner Zeit
27	mesquinste Kalupe	mesquin (frz.) = kleinlich, schäbig, armselig; Kaluppen = ein altes, baufälliges Haus, tschech. chalupa
	Pfründner	Insasse eines Altersheimes oder Armenhauses
28	Coterie	(frz.) verschworene Gesellschaft, Clique
	Spittelberg	Spelunkengegend, damals übel beleumdetes Viertel
29	Brentano	Clemens Brentano (1778–1842), Dichter der Romantik
	Sperrsechserl	Aufsperrgeld für den Hausmeister für nach 22 Uhr kommende Hausparteien
30	equivok	äquivok = doppelsinnig
	Knickebein	Mischung aus Likör oder Branntwein und Eigelb
	aufgereimt	aufg'ramt = in heiterer Laune sein
	Gepasche	påschen = in die Hände klatschen
	haranguieren	eine feierliche, langweilige Rede halten, viele Worte machen
	Zichy	Michael von Zichy (1827–1906), Historien- und Genremaler, Schüler Waldmüllers, schuf für die Pariser Ausstellung ein kolossales Wandgemälde »Die Waffen des Teufels« (November 1878)
33	Distichon	Zweizeiler aus Hexameter und Pentameter
	Phäakentum	aus Friedrich Schillers »Xenien«: Donau in O**; »Mich umwohnet mit glänzendem Aug das Volk der Fajaken, / Immer ist's Sonntag, es dreht immer am Herd sich der Spieß.« Fajaken/Phäaken = das gastfreundliche Volk auf der Insel Scheria, das dem gestrandeten Odysseus freundliche Aufnahme gewährte
	Franc-Tireurs	Freischärler

	Cotillonorden	Kotillon = Gesellschaftstanz, oft als Abschluß einer Tanzveranstaltung, bei dem Geschenke verlost oder vergeben wurden
34	Mirfamenen	Mirfamane = Meerschaumpfeife
	Hirschl	Moriz Hirschl, Holzhändler, der – im Zusammenspiel mit Beamten – den Wienerwald abholzen wollte. Nach jahrelangem Kampf konnte dies der Landtagsabgeordnete (1870–73) und spätere Mödlinger Bürgermeister Josef Schöffel – publizistisch unterstützt von Ferdinand Kürnberger – verhindern
35	entern Gründ	bis Mitte des 19. Jh.s die Dörfer jenseits des Alserbaches
	Biermanen	Analogbildung zu den »Biermanen-Kriegen« in Nestroys »Eisenbahnheiraten«. In Liesing, einem beliebten Ausflugsort der Wiener, befand sich eine große Brauerei
36	Niernbratl	Nierenbraten
	Chlum	Stellung der Österreicher in der Schlacht bei Königgrätz (1866)
	Kohlkreunze	Kreunzen = buttenförmige Rückentrage aus Stäben, hier: Name einer Gaststätte
	Abfahrer	ohfåhrn = abfahren, verschwinden; fig. sterben
	Akzessist	Zugangsberechtigter (Berufstitel)
	Plunzen	Blunzn = Blutwurst
37	Spanfadlköpfl	Spanfadl = Spanferkel
	Preferanzepartie	Preference-Spiel = Kartenspiel
	Burzeln	Bürzel = Jägersprache: der Schwanz des Wildschweins, des Bären und des Dachses; Zoologie = hinterste Rückengegend der Vögel
	Daxel	Dachshund
	Chan	Khan = mongol.-türk. Herrschertitel
38	Füster	Anton Füster (1808–1881), Politiker; 1847 Prof. für Religion u. Pädagogik in Wien, kämpfte 1848 als Feldkaplan der Akademischen Legion auf den Barrikaden, 1849 Flucht nach Amerika, 1876 Rückkehr, lebte in ärmlichen Verhältnis-

		sen von Freunden unterstützt in Wien und Graz
39	Fatiguen	von fatiguer (frz.), fatigieren = jem. ermüden, langweilen
40	Arthaber	Rudolf von Arthaber (1795–1867), Industrieller und Kunstfreund
42	»Die Garde stirbt und ergibt sich nicht.« (La garde meurt et ne se rend pas.)	Fälschlicherweise General Pierre Cambronne (1770–1842) zugeschriebener Ausspruch, den dieser in der Schlacht bei Waterloo am 18. 6. 1815 auf die Aufforderung der Engländer, sich zu ergeben, gesagt haben soll
43	Hermandad	span. Verbrüderung zur Aufrechterhaltung des Landfriedens, sank um 1550 zu einer Gendarmerie herab, scherzhafte Bezeichnung der Polizei als »heilige H.«
	Dach	Simon Dach (1605–1659), Dichter
44	Schenkendorf	Max Gottlob Ferdinand von Schenkendorf (1783–1817), vaterländischer Dichter der Befreiungskriege
48	die »Gutgesinnten«	Den Ausdruck prägte Eduard von Bauernfeld im Feuilleton der »Ost-Deutschen Post« vom 24. 4. 1849
49	verzunden	verzündn = jem. heimlich verraten, hier offenbar im Sinne von beseitigen
50	Seressaner	Serezaner, Rotmäntel; seit 1700 den früheren österr. Grenzregimentern beigegebene berittene Mannschaften, roter Mantel und rote Kappe, seit 1871 Grenzgendarmerie
	Hardiesse	(frz.) Kühnheit, Furchtlosigkeit
51	Világos	ungarischer Aufstand nahe Arad (13. 8. 1849), Kapitulation General Görgeys vor den Russen (Bundesgenossen der kaiserlichen Truppen)
52	Beichtzettel	Beweis für abgelegte Beichte
	Knebelbärte	Knebelbärte, lange Haare und Kalabreserhüte waren Zeichen für revolutionäre Gesinnung
	Severinusperiode	s. Anm. zu S. 172: Severinusverein
54	»Der Müller und sein Kind«	Allerseelenstück »Der Müller und sein Kind« (1835) von Ernst Raupach (1784–1852)
	Gallmeyer	Josefine Gallmeyer, Schauspielerin u. Sängerin (1838–1884)

	Zacharias Werner	(1768–1823), Konvertit, seit 1814 in Wien Kanzelredner, stand dem Romantikerkreis um den hl. Clemens Maria Hofbauer nahe; Lyriker, Erzähler, Dramatiker
56	Veith	Johann Emanuel Veith (1787–1876), Arzt, Konvertit, Einfluß Hofbauers, 1832–45 Domprediger
57	Alboin	»Alboin«, Trauerspiel in fünf Akten von Anton Pannasch (1789–1855), wurde zwischen dem 18. 12. 1833 und dem 22. 3. 1840 neunzehnmal am Burgtheater aufgeführt
	Rustan	Figur aus Franz Grillparzers »Der Traum ein Leben« (Uraufführung am 4. 10. 1834)
	Mortimer	Figur aus Friedrich Schillers »Maria Stuart«
	Kapistran	Johannes von Capestrano (Franziskaner), dt. Johann Kapistran, 40 Jahre Wanderprediger (15. Jh.)
58	V. U. W. W.	Viertel unter dem Wiener Wald
60	Causerie	Plauderei
63	perhorreszieren	verabscheuen, entschieden ablehnen
	galloniert	mit Borten versehen
64	Proverbe	Proverbe dramatique (frz.), französische literarische Gattung; kurzes, meist heiter-erbauliches dramatisches Stück, dessen im allgemeinen sehr einfache Intrige auf einem Sprichwort beruht, das illustriert werden soll
	Siebenundsiebziger	Lotterieausdruck
	estratto	ital. die verloste Nummer, Gewinnnummer
66	Ridicule	Ridikül = Handtäschchen (der feinen Damen), v. frz. réticule; auch lächerlich v. frz. ridicule
69	Stremayr	Dr. Karl von Stremayr, im deutschliberalen Kabinett 1871–1879 unter Ministerpräsident Fürst Adolf Auersperg Unterrichtsminister, später Leiter einer Übergangsregierung
	»Vaterland«	katholisch-konservative Zeitung, herausgegeben von Karl Freiherr von Vogelsang
71	Küfer	Faßbinder

73	Semele	Tochter des Kadmos, in die Zeus sich verliebte, ihr gemeinsames Kind war Dionysos
74	Tanzlätizel	Lätizerl = kleines Vergnügen; v. lat. laetitia = Freude; Tanzlätizerl = ein mit Tanz verbundener Schmaus im Grünen
75	Terpsichoren	(griech.) Terpsichore; eine der neun Musen, u. a. der Lyra und der Kithara
	Ziment	ein blechernes oder zinnenes Gefäß von verschiedenem Rauminhalt, zum Ausmessen von Bier und Wein
	Irtag	Dienstag; mhd. ër-tac d. h. Tag des Kriegsgottes Ares
	Bikennte	Bekannte
	Deutschmeister	berühmtes Regiment
	gschiärng'lt	scheangeln = schielen
	ins Nähen gehen	Näharbeiten übernehmen
	Mussi Franz	von Monsieur, Herr
	Himmeltrager	Baldachinträger bei kirchlichen Prozessionen
76	umsetzen	ein Pfandgeschäft im Leihhaus erneuern
	Platzaufheben	vor dem Beginn der Predigt einen Platz in der Kirche besetzen, um ihn dann gegen eine Entlohnung an eine später kommende Partei abzutreten
	ins Läuten gehen	Kirchenglocken läuten
	Csakan blasen	Czakan (ungar.) = Stockflöte
77	Rein	Pfanne, Kasserolle
	Gollasch	Gulasch
	Vierting	Viertel eines Maßes oder Gewichts, bes. ein Viertelpfund
	Powidl	tschech. povidli = eingedicktes Zwetschkenmus
	Seitl	Seitel = ein Drittelliter
	Mili	Mülli = Milch
	ablasen	ohlåssn = das Obers bei der Milch entfernen
	refüsieren	zurückweisen, ablehnen, verweigern
78	Patchouli	Patschuli; beliebter Duftstoff, gewonnen aus der ostindischen Lippenblütergattung Pogostemon patschuli
	Bagamotenöl	Bergamottöl = aus der Schale der B. gewonnenes Öl, Unterart der Pomeranze

	Maxenpfutsch	Maxn = bayrische Goldmünze mit dem Bild des Königs Maximilian, pfutsch = fliehen, entschwinden (ital. fuggire); vgl. Johann Nestroys Figur des verschuldeten Kapitalisten Povernius Maxenpfutsch, Besitzer von Schuldenfeld, aus J. N.: Nagerl und Handschuh oder Die Schicksale der Familie Maxenpfutsch, 1832
	Betteltutti	bett'l-tutti = bettelarm, ganz und gar bettelhaft, Mischbildung des dt. Wortes (mhd. beteln) mit it. tutto, Mz. tutti ›all‹, ›ganz‹
79	Kapäunlerin	Geflügelhändlerin
81	Wahlzensus	bestimmte aufgrund der Steuerleistung die Wahlberechtigung
	wällischer Salat	ital. Salat, mit Krebsen, Sardellen, geräuchertem Lachs, Oliven und Kapern bereitetes Luxusgericht
85	Zedlitz	Joseph Christian Freiherr von Zedlitz (1790–1862), Beamter Metternichs; Lyriker, Epiker, Dramatiker
	Vicinalstraßen	vizinal = nachbarlich, angrenzend
86	Weinberlkipfel	Weimberl = Weinbeere, Rosine
	Göden und Godeln	Göd = (Firm-)Pate, Godel = Patin
87	Schellerltanz	Schellerl = die Schelle bei Schlittenpferden und Hunden
	Comfortable	auch: Komfortabel, komfortabler, einspänniger Mietwagen und dessen Kutscher
88	Gugel	Gugl = Kopftuch
89	Gmoanwirt	Gemeindewirt
	Nicolai	Christoph Friedrich Nicolai (1733–1811), verfaßte u. a. Reiseschilderungen, besonders über Wien, in denen er gegen Unterdrückung, Bigotterie und Aberglauben auftrat
90	Wellington	Arthur Wellesley Herzog von Wellington, brit. Feldmarschall u. Politiker (1769–1852), Hauptbevollmächtigter beim Wiener Kongreß
91	Façon	Form, Muster
	Agio	Aufgeld
94	Pockerl	ungar. pulyka; Truthahn, Pute
	Bratel	Bratl (ugs., auch bayr.); Braten, bes. Schweinebraten

	Tandler	Händler, Trödler
95	Indian	Truthahn
	Hackelputz	Speise; aus der Gaunersprache; v. hebräisch achol = essen, Überreste
	Gschnattl	Geschnatter, gekochte Innereien, das Zusammengeschnittene
99	Inf. lax. Vien.	Infusum laxativum Viennense, mittelstarkes Abführmittel, »Wiener Trank«
	tart. emet.	Tartarus emeticus = Brechweinstein, medizinische Anwendung als Brechmittel und auswurfsförderndes Mittel; 0,2 g für Erwachsene bereits letal
101	Stoffade	lat. extufare, ital. stufare = wärmen, Ableitung ital. stufato; Saftbraten, Ofenfleisch, gedämpftes Fleisch
102	Talmibraten	talmi (frz.) = unecht
	Poulardschenkelchen	Poularde = junges, verschnittenes Masthuhn
	Kaschernat	Kåschernât = Speisengemisch
	Fricandeau	zarter Fleischteil der Kalbskeule
	Palliativ	Linderungsmittel
	Adelung	Johann Christoph Adelung (1732–1806), Sprachforscher, Verfasser eines bekannten Wörterbuchs
103	Tartufferie	nach Molières Stück »Tartuffe« (1664)
	Linien	Linienwall umgab die Stadt vom Donaukanal bei St. Marx bis zum Lichtental, an den wichtigsten Straßenzügen Tore und ärarische Gebäude, im Volksmund »Linien«, ab 1873 Gürtelstraße
104	Erdäpfel in der Montur	Schälkartoffeln
105	unter dem Strich	Platz des Feuilletonteils einer Zeitung, durch einen waagrechten Strich über die ganze Seite vom Nachrichtenteil getrennt
	Charcutier	(frz.) Schweineschlächter
	Glaßbrenner	Adolf Glaßbrenner (1810–1876), »Bilder und Träume aus Wien« (1836)
106	biderb	bieder, von mhd. für brav, ehrenwert, tüchtig
107	Roratewoche	rorate (lat.) = tauet; in der Adventszeit zu Ehren der Gottesmutter abgehaltene Frühmessen, auch Engelämter

	Schusterkerze	Wachsstück zum Imprägnieren von Nähfäden
108	Wippchen	Wippchen aus Bernau, von Julius Stettenheim in die Witzblattliteratur eingeführte Figur. Der Humorist J. Stettenheim (1831–1916) gründete in Hamburg das satirische Witzblatt »Die Wespen« (seit 1868 »Berliner Wespen«)
109	Jaroschauer	von Jaroslau, poln. Jaroslaw, bekannt für Bier
	Saint-Julien	Bordeauxweinsorte
	schnores	Schnorrer = verschämter Bettler
110	Teilsames	Rindfleisch
	plempern	trinken, saufen
111	Börnescher Eßkünstler	Ludwig Börne (1786–1837), politischer Publizist, verfaßte den Aufsatz »Der Eßkünstler. Ein artistischer Versuch« (1821), in dem er einen Menschen beschreibt, der das Essen nach bestimmten Regeln zelebriert
	Table d'hôte	gemeinsame Speisetafel im Hotel
112	Br. Stift jun.	Andreas Freiherr von Stifft (1819–1877), Beamter, seit 1849 Journalist und Redakteur, Schriftsteller
114	Obermayer	Besitzer des »Winterhauses«, das im 19. Jh. eines der beliebtesten Bierhäuser beherbergte; Vater Rosa Mayreders
117	Dr. Herbert Pernice	(1832–1875), Verfassungshistoriker
120	ekli	heikel
	pokulieren	zechen
121	St. Beuve	Charles-Augustin Sainte-Beuve (1804–1869), französischer Literaturkritiker und Schriftsteller
122	Füsilladen	füsilieren = standrechtlich erschießen
	Petroleumfässer	bezieht sich auf Brandstiftungen während der Pariser Kommune (März–Mai 1871)
124	Betti Paoli	eig. Babette Elisabeth Glück (1814–1894), Journalistin, Lyrikerin, Erzählerin
	regalieren	jem. (reichlich) bewirten, beschenken, von frz. régaler

125	dischcusiv	von Diskurs = Gespräch
126	Endymion	ein Hirt oder Jäger, der Geliebte der Mondgöttin Selene, die ihn in Schlaf versenkte, um ihn ungestört küssen zu können
128	Stoß	Eisstoß
	Theben	slowakisch Devin, Ortschaft an der Donau oberhalb von Preßburg
	Inundations- ...	Inundationsgebiet = Überschwemmungsgebiet der Donau in Wien
129	Schinakl	Boot, Kahn; nach ungar. csonak
	Kanotier	vgl. Kanu, im 18. Jh. aus engl. canoe, frz. canot, span. canoa entlehnt
	enragiert	erregt
135	Galgendanzinger	Danzinger = eine Sorte Branntwein, nach Danzig benannt
	Janhagel	Pöbel, hergelaufenes Volk
	Unblachter	(billiger) Schnaps, v. ungebleicht
	Ebergeny	Sensationsprozeß um Julie Ebergenyi von Telekes, die des Giftmordes an der Gattin ihres Liebhabers Graf Chorinsky-Ledske beschuldigt wurde
136	Bawlatschen	auch: Pawlatschen; Bretterbühne, Tribüne
139	sotan	derartig, so beschaffen, solch
140	karbatschen	Karbatsche = Riemenpeitsche
141	schallern	singen; eine Ohrfeige geben
142	Brillantengrund	Schottenfeld (selbst. Vorstadt, heute 7. Bezirk), Volksbezeichnung durch Reichtum der dort angesiedelten Seidenfabrikanten, Hochblüte 1790–1830
	Rastelbinder	slowakische Drahtbinder, die Küchengeräte reparierten
	Nabob	reicher Mann
143	Kaliban	grobschlächtiger, primitiver Mensch nach Caliban (Figur in Shakespeares Drama »Der Sturm«)
	ferm	fest, vollkommen, fesch; ital. fermo
145	englisieren	anglisieren
	Rattler	Rattenfänger = bes. für Rattenfang geeigneter Hund, z. B. Pinscher
	Hieronymus Lorm	Ps. für Heinrich Landesmann (1821–1902), Journalist, Schriftsteller und Literaturkritiker

148	Gluthäferl	ein mit Glut gefüllter Topf, dessen sich die Marktleute zum Wärmen der Hände oder Füße bedienen
	Fratschlerin	Marktweib, neugierige Person
	frozzeln	frotzeln = foppen
149	Porte-épée	Portepee = Quaste am Offizierssäbel
150	Bagaschi	Schimpfwort für liederliches, gemeines Volk, Pack, Gesindel; nach frz. bagage
	Conduitelisten	Konduite = Führung, Betragen
	Klampfl	bissige Bemerkung, üble Nachrede
151	Flitschen	Flitscherl = leichtsinniges Mädchen
	die Näherin	Näherin
152	Bruder Lorenzo	bezieht sich auf die Gestalt in Shakespeares »Romeo und Julia«
	Dalkerln	Mehlspeise: böhmische Dalken, v. tschech. vdolek = Vertiefung, vielleicht auch odolek = Aschenkuchen
	Schluf	Schlu(p)f = Schlupfwinkel
	Areopag	höchster Gerichtshof im antiken Athen
153	braseln	prasseln
	Schlager	eine Leistung, die Aufsehen macht, einschlägt
	Petschierstöckel	petschieren = versiegeln, mit Petschaft versehen; v. tschech. pecet = Siegel
154	Schwemm	Pferdeschwemme, meist aber dasjenige Zimmer eines Wirtshauses, in dem auch die Leute der niedrigen Klassen Platz nehmen durften
155	Moser	Johann Baptist Moser (1799–1867), bedeutender Wr. Volkssänger, dichtete und komponierte zahlreiche Wiener Lieder
	Taaffe	Eduard, Graf von (1833–1895), konservativer Politiker, 1868–70 und 1879–93 Ministerpräsident
156	Sauter	Ferdinand Sauter (1804–1854), Beamter, Lyriker, schrieb Volkslieder, Gassenhauer, politische Gedichte
	Stegmayer	Matthäus Stegmayer (1771–1820), Wanderschauspieler, seit 1801 im Burgtheater, verfaßte zahlreiche Operntexte, Singspiele, Schauspiele und Lustspiele

	Emballage	Verpackung einer Ware
	Neophit	Neophyt = ein neu in Mysterien, esoterische Orden oder Geheimbünde Aufgenommener
	Gottscheer	Gottscheer, auch Godschéwerer; die Bewohner von Gottschee waren als Warenhändler in Wien sehr bekannt, dt. Sprachinsel in Slowenien
	Amphion	Amphion und Zethos (griech. Mythos): Zwillingsbrüder, Söhne des Zeus und der Antiope, Amphion wurde Musiker, Zethos Jäger, gelten als Verkörperung des theoretischen und praktischen Lebens
157	»Haarbeutel«	ein kleines schwarzseidenes Säckchen, in das die langen Nackenhaare eingeschlagen wurden
	drapfarben	drapp (frz.) = sandfarben
158	Ausflugscortèges	Kortege = Ehrengeleit, Gefolge
159	Bünkel auffihängen	Binkel, auch Binkerl = Traglast, die durch ein Tuch zusammengehalten wird, fig. Sorgenlast
	Tupfer	leichte Berührung
160	Tazerl	Tazen = Tasse, von ital. tazza
161	Sumper	introvertierter Phlegmatiker
	Gaudé	Vergnügen, Spaß; von lat. gaudium = Freude
	dudeln	Wr. Variante des Jodelns, auch Sackpfeife blasen
162	Linserl	s. Flinserln: kleine, runde mit einem Loch versehene Metallschuppen, trugen Fiaker, angeblich auch Zuhälter
163	Gerstel	Geld
	Schani	Johann, Jean; in alten Komödien, Feuilletons u. Humoresken heißt der hochherrschaftliche Diener fast immer Jean
164	Schäler	Schäln = Schale, Kleidung; Mz. Schäler
	Kur schneiden	jemdm. die Cour schneiden/machen = jemdm. den Hof machen
165	Gschwufen	Gschwuf = Stutzer, Snob, Liebhaber
166	notig	notich sein = in Not sein, etwas nötig haben, aber auch geizig, kleinlich
	Erzschießer	Schießer = sehr schnell rennende Pferde

	Volkskuchl	von Küche, öffentliche Ausspeisung
	Schendlmen	Gentleman
	Reinion	Reunion = Versammlung, Vereinigung; Tanzveranstaltung
168	auszipfeln	geizig und sparsam verteilen, hier: gemessen trinken
	Spitz-Essen	Spitz = Kurzform für Tafelspitz, besonderes Stück vom Rind
169	Dischpatat	Streit, Gezänke
	Ulmer	Ulmerkopf = ein aus Fladerholz (gesprenkeltes Nußbaumholz) geschnitzter Pfeifenkopf
171	Katzenmusi	Lärmen und mißtönendes Musizieren; 1848 beliebte Art, Unbehagen gegen mißliebige Personen deutlich zu machen; vgl. auch Charivari (frz.) = Wirrwarr, buntes Durcheinander, Katzenmusik, Lärm (am Polterabend)
	Krowot	Kråwåt = Kroate, aus einem Balkanland stammender Mensch, auch: Wanderhändler, genügsamer Mensch
	Xifon	Siphon = Sodawasser
172	Severinusverein	1848 gegründeter katholischer Verein, der sich auf religiöse und karitative Belange konzentrierte, unterstützte Lehrlinge und Gesellen
	Aschio	vgl. Agio = Aufgeld; Agiotage = Ausnutzung von Kursschwankungen an der Börse, Agioteur = Börsenspekulant
173	Posamentierer	österr. für Posamenter, Bortenmacher
	Wichshändler	Wichsleinwand (österr.) = Wachstuch
	Sponpanaden	Sponpernadln = Unsinn, Widerrede, Aufschneidereien
174	»Hans Jörgel«	Zeitschrift, herausgegeben von 1850 bis 1879 von Anton Langer (1824–1879), Schriftsteller, Journalist, Übersetzer, Theaterkritiker, verfaßte 120 Volksstücke
	Deutscher Schulverein	betont national orientiert, 1880 gegründet
176	Schwomma	Schwåmmer = Rausch
177	Maschandmodmadln	Marchande des Modes (frz.) = Modewarenhändler

178	mudelsauber	sehr schön, besonders hübsch, meist von jungen Mädchen gesagt
179	krabsen	grapschen, auch: grapsen = stehlen
	Gfraßt	Schimpfwort, auch: wertloses Zeug
	Catalani	Angelica Catalani (um 1780–1849), italienische Opernsängerin, große Konzertreisen in Europa
	Mannsfeld	Antonie Mannsfeld, Volkssängerin, zweideutige Lieder
	Patsch	Påtsch = ungeschickter Mensch
180	loskneifeln	von knäufel, knäufeln = knüpfen, knöpfen
181	tschaligehen	zugrunde gehen
182	Putz	Modeaufwand
186	Gawlir	Gawlier = Kavalier, meist ironisch
	Schein	Papiergeld
	Caput	ein langer Winterrock
	Povel	Pofel = minderwertiges Zeug, Schund, v. jidd. bafel
188	Gais	Geiß = Ziege
	Paradeisgartl	»Paradiesgärtchen«, Gartenanlage und ehem. Vergnügungs- und Erholungsstätte der gehobeneren Bürgerschaft und der aristokratischen Gesellschaft Wiens, 1872 demoliert, um für Burgtheater und Volksgarten Platz zu schaffen
192	Crimen	lat. Verbrechen
	Tropus	bildlicher Ausdruck (Rhetorik)
193	Kurszettel	Kursbericht, Kursblatt, regelmäßig erscheinende Liste der amtlichen Börsenkurse
	Tant de bruit pour une omelette!	Viel Lärm um eine Omelette!
194	Indigo	Blaufarbe
	Corti	Pietro Corti aus Bergamo hatte dem Staat wichtige Spionagedienste geleistet und erhielt von Kaiser Franz das Privilegium, im Paradeisgartl und im Volksgarten die »Kaffeehausgerechtigkeit« auszuüben. Kaffeesalon
	Schaner	von Jean, hier für Johann Strauß Sohn
	Zahlmarqueur	Markör = (österr.) beim Billardspiel bedienender Kellner

195	estropiert	verkrüppelt, krüppelhaft
	Tromlitz	Karl von Tromlitz (A. v. Witzleben, 1788–1847), historische Erzählungen, v. a. 30jähriger Krieg, Epigone Scotts
198	Reisekautelen	Kautel (meist Pl.) = Vorbehalt, Absicherung, Vorkehrung
199	Löwe	Ludwig Löwe (1794–1871), Schauspieler, ab 1825 am Burgtheater, spielte u. a. Jaromir in der »Ahnfrau«
	Palffy	Ferdinand Graf Pálffy von Erdöd (1774–1840), Theaterdirektor, 1817–25 Theater a. d. Wien
202	herostratisch	aus Ruhmsucht verbrecherisch handelnd; nach Herostratos, einem Bewohner von Ephesos, der 356 v. Chr. den Artemistempel seiner Vaterstadt anzündete, um dadurch seinen Namen berühmt zu machen
203	»Diesen Kuß der ganzen Welt«	aus: F. Schiller: »An die Freude«
	Ferdinand Kürnberger	(1821–1879), Schriftsteller und Journalist, u. a. »Der Amerika-Müde« (1855)
	Anastasius Grün	Ps. für Anton Alexander Graf von Auersperg (1806–1876), Lyriker, ab 1861 Herrenhaus-Mitglied, Führer der Deutschliberalen
	Alfred Meißner	(1822–1885), Erzähler, Dramatiker
	Moriz Hartmann	(1821–1872), Lyriker, Erzähler, Radikaldemokrat, Abg. im Frankfurter Parlament, lange Jahre im Exil
	Karl Beck	(1817–1879), Journalist, Lyriker, Epiker
	L. A. Frankl	Ludwig August Frankl (1810–1894), Lyriker, Epiker, Journalist, Verfasser des 1848er Kampfliedes »Die Universität«, seit 1876 Ritter von Hochwart, Sekretär der Israel. Kultusgemeinde in Wien
	Eduard Bauernfeld, von	(1802–1890), Beamter, dann freier Schriftsteller, Dramatiker des Burgtheaters
	Siegfried Kapper	(1821–1879), Arzt; Lyriker, Erzähler, Übersetzer
	Emil Kuh	(1828–1876), Journalist, Lyriker, Erzähler, Kritiker

	Johannes Nordmann	urspr. Rumpelmayer (1820–1887), Schriftsteller, Präs. d. Wr. Journalisten- u. Schriftstellervereinigung »Concordia«
204	Hutten	Ulrich von Hutten (1488–1523), Humanist u. polit. Publizist, wurde 1517 von Kaiser Maximilian in Augsburg zum Dichter gekrönt
205	Theaterzeitung	herausgegeben von Adolf Bäuerle
207	Radetzky	Joseph Wenzel Graf (1766–1858), österr. Feldmarschall, stellte durch die Siege bei Custozza (1848) und Novara (1849) die österr. Herrschaft in Oberitalien wieder her; volkstümlichster Heerführer Österreichs im 19. Jh.
209	Douceur	Trinkgeld, Geschenk

Karlheinz Rossbacher

Nachwort

I

Als im Jahre 1873 Friedrich Schlögls »Wiener Blut«, die erste Buchsammlung seiner Wiener Skizzen, erschien, war sie sofort in aller Munde. Den gleichnamigen Walzer komponierte Johann Strauß (Sohn) erst nachher, gleichsam als musikalisches Echo auf einen literarischen Erfolg. Andere versuchten mitzunaschen: »Wiener Blut« hieß auch eine Posse, die Schlögl als »grotesk-derbe Form« seiner Vorlage bezeichnete.[1] »Wiener Blut« nannte sich auch ein Wochenblatt, für das Schlögl noch schärfere Worte fand. Heute kennt man zwar noch den Walzer, aber kaum jemand weiß, wem die Schlöglgasse im 12. Wiener Gemeindebezirk ihren Namen verdankt.

Friedrich Schlögl, am 7. Dezember 1821 in Wien geboren und am 7. Oktober 1892 dort gestorben, war in den Jahrzehnten nach 1848, und besonders in der Gründerzeit und ihren Folgejahren, der literarisch-publizistische Soziograph, Psychograph und Alltagshistoriker Wiens. Seine Form war die kulturhistorische Skizze mit feuilletonistischer Einfärbung. Er wußte, wo und wie in der Wiener Seele, einer gewichtigen Teilmenge der österreichischen, dreiviertaktige Beschwingtheit und Verstocktheit sitzen; er erforschte auch, wo sich darin Aufsässigkeit und Wut notdürftig verbergen.

Der Erfolg von »Wiener Blut« war entscheidend auch für den des Folgebandes »Wiener Luft« und eines dritten, »Wienerisches« (1883). Ferdinand Kürnberger, der für die Ära so wichtige Essayist und Feuilletonist, konnte in seiner Besprechung vom April 1873 vom einmütigen Lob in der österreichischen Presse berichten und fügte hinzu: »Hier hat der rechte Mann das rechte Buch geschrieben.«[2] Er nannte es die »beste Studie, welche die belletristische Ethnographie über Wien und die Wiener zutage gefördert hat«. Auch der Dramatiker, Erzähler und Publizist Ludwig Anzengruber besprach das Buch, nannte es, Schlögls eigene Charakterisierung aufgreifend, einen »sozialen Wegweiser« und den Autor »das Gewissen Wiens«.[3]

II

Friedrich Schlögl kam von unten, war erstes von 14 Kindern eines Hutmachers in Mariahilf, später Billeteurs am Kärntnertortheater, trat 1833 in das Schottengymnasium ein, mußte es 1838 verlassen, um zum Familienunterhalt beizutragen. Er fand Anstellung in einer Militär-Rechnungskanzlei, zunächst unbesoldet, und war dann 32 Jahre lang Subalternbeamter. Er war einer der zahlreichen schreibenden Beamten in der österreichischen Literatur des 19. Jahrhunderts, aber mit den höheren Beamten Franz Grillparzer, Joseph Christian von Zedlitz, Eduard von Bauernfeld ist er nicht zu vergleichen. Ohne einen Blick auf die damaligen niederen Beamten wären Schlögls Begeisterung für die Revolution des Jahres 1848 und sein kritischer Liberalismus hernach nur unzureichend zu verstehen. Strenger Dienst in einer strengen Hierarchie, 14 Tage Urlaub, aber durchaus nicht jedes Jahr, so hat er es geschildert.[4] In den Jahren nach 1848 sprachen sogar amtliche Quellen von einer Proletarisierung der Beamtenschaft. Nicht Leistung, sondern soziale Angepaßtheit war gefragt, und das Reglement sah drastische Strafen vor. Schlögl hat es bezeugt: Als er es im Jahre 1840 einmal gewagt habe, sich 15 Minuten vor 18 Uhr aus der Amtsstube zu entfernen, habe nur ein glücklicher Umstand es verhindert, daß er am nächsten Tag mit Fußeisen an den Kanzleitisch angeschlossen wurde.[5] Sein Freund und Herausgeber Fritz Lemmermayer überlieferte Schlögls bittere Bemerkung, er könnte über das Beamtentum im alten Österreich eine Komödie schreiben, aber keine göttliche.[6]

Unter solchen Umständen wurden Lesen und Schreiben zur Imagination von einem anderen Leben. Es begann schon im Elternhaus, mit den literarischen Bedürfnissen des Vaters: Nach Einbrennsuppe und Kartoffelspeise Balladen von Schiller und Bürger am Eßtisch.[7] Lektürefavoriten des kleinen Schlögl waren, kaum überraschend, klassische Entgrenzungslektüren: »Tausend und eine Nacht«, »Robinson Crusoe«.[8] Sein Werdegang ist eine der Geschichten vom Lesehunger begabter Unterschichtkinder im 19. Jahrhundert, städtisches Pendant zu denen von Peter Rosegger oder Franz Michael Felder auf dem Lande.

Schlögl gehörte nicht zu jenem Typ des Journalisten, der eigentlich nichts als Schriftsteller sein möchte, aber für den Lebensunterhalt in der Redaktionsstube malochen muß. Auf ihn trifft nicht zu, was von zahlreichen seiner Zeitgenossen zu sagen ist, daß die journalistische Tagesfron das eigentliche Schreibbedürfnis ausgehöhlt habe.[9] Seine fruchtbarste Zeit kam, als er mit 50 in Pension ging. Mit der kulturhistorischen Skizze und dem Feuilleton hatte er sich schon vorher Formen gewählt, die ihn nicht unter ständigen Terminzwang und Schreibdruck stellten, sondern seiner Begabung für aufmerksames Gehen, Schauen, Hören, Sammeln, auch Interviewen, entgegenkamen. Daß er sich von unmittelbaren Tagesaktualitäten fernhielt, brachte ihn in der Zeit vor und nach dem Börsen- und Wirtschaftskrach von 1873, als »die Schweigegelder auf der Straße lagen«,[10] nicht in die Versuchung, journalistische Recherchierpflicht zu unterdrücken. Er wußte, wo er stand und wo viele andere standen: »Die Mehrzahl ist Schmock oder noch Ärgeres!«[11]

Bei der 1857 gegründeten Zeitschrift »Figaro« blieb er mehr als zwanzig Jahre, andere Blätter kamen hinzu: »Der Wanderer«; ab 1867 das »Neue Wiener Tagblatt«, liberal wie die »Neue Freie Presse«, aber auflagenstärker, die Zeitung Moriz Szeps', des späteren Vertrauten des Kronprinzen Rudolf; dann auch die »Deutsche Zeitung«; ab 1876 die Beilage »Wiener Luft« des »Figaro«; Peter Roseggers Zeitschrift »Heimgarten«.

Im literarischen Leben Österreichs sah sich Schlögl mit Ludwig Anzengruber und Peter Rosegger, so letzterer, in einer »Tripel-Allianz«,[12] doch war das Verhältnis nicht immer ungetrübt. Etwas vom kritischen und manchmal auch tadelnden Duktus seiner Texte spiegelt sich auch in seiner Person. Ein lapidarer Brief an Rosegger, in dessen Funktion als Herausgeber des »Heimgarten«, zeigt jene Mischung von nur zum Teil fingierter Ruppigkeit und Humor, mit der er so manche seiner Arbeiten gewürzt hat: »Herr Redakteur! Sie danken mir für den Beitrag! Dank brauche ich keinen, ich will Honorar. Die Kinder haben kein Brot, der Vater kein Bier. Ihr wohlaffektionierter F. S.«[13]

III

Schlögl hat sich als »gewöhnlicher Localfeuilletonist« bezeichnet.[14] Das wirft die Frage nach der Gattung seiner Texte auf bzw. die Frage, was ein Feuilletonist war. Das bezeugte »gediegen Philiströse« von Schlögls persönlichem Habitus[15] spricht zwar nicht sofort für jene Verbindung von Flaneur und Feuilletonismus, die Walter Benjamin am Beispiel Charles Baudelaires beschrieben hat,[16] andere Züge hingegen doch. Schlögl ist der langsam Schreitende, immer Beobachtende, der solide Sammler von Wahrnehmungen (der es auch von Büchern und alten Dingen war), der es liebte, im Gespräch stehenzubleiben, ohne sich aus dem Beobachten herauszunehmen. Auch er will, wie Benjamins Flaneur, »die sozialen Schichtungen« der Gesellschaft erkennen »wie ein Geologe die Erdschichten«.[17] Auf ihn trifft zu, was Benjamin über Pariser Stadtgänger gesagt hat: »Den Flanierenden leitet die Straße in eine entschwundene Zeit«,[18] womit Schlögls Neigung zur Beschreibung der Alltagskultur und ihrer geschichtlichen Verankerung durchaus treffend bezeichnet ist. Und schließlich ist da auch der Journalismus als gesellschaftliche Grundlage des Flanierens: »Als flâneur begibt sich der Literat auf den Markt, um sich zu verkaufen«,[19] was bei Schlögl so richtig ab den Gründerjahren der Fall war.

Und doch wollen einige Versuche, das – keineswegs leicht zu fassende – Genre Feuilleton zu bestimmen, nicht so recht auf Schlögls Texte passen. Was der einflußreiche Feuilletonist Ludwig Speidel (1830–1906) anläßlich des zu seinem 70. Geburtstag gegebenen Festbanketts als einzigen und seither oftzitierten Satz von sich gab – »Das Feuilleton ist die Unsterblichkeit eines Tages« –, ginge am Wert von Schlögls Texten vorbei.[20] Er war kein Adabei-Journalist. Er mußte nicht einer Sache nachlaufen und sie bis Blattschluß niederschreiben, sondern er suchte sich, wie es sich heute nur mehr Qualitätsjournalisten leisten können, seine Sache selbst und steckte so seine Themenbereiche ab: Er schreibe über jenes Leben, von dem sich »noble Stylisten« und »elegante Essayisten« unwillig abwenden, weil es für sie »plebejische Stoffe« sind.[21] Über seinen Realismus in Thematik und Darstellung äußerte er sich ähnlich wie Ludwig Anzengruber über seinen: kein Thema zu minder und nur keine Verklärung. Schlögls Vergleich: So wie der Naturforscher sich nicht nur mit hübschen Schmetterlingen abgeben muß, sondern auch mit weniger appetitlichen Insekten, so müsse auch der Chronist der Lokal- und Tagesgeschichte zeitweise »in die unsaubersten Räume« hinabsteigen.[22]

Schlögls Stil ist durchaus eigenwillig. Er brilliert nicht mit jener Entschlossenheit, die man bei selbsternannten Stilisten gar rasch bemerkt, und der Selbstverweis auf die gesucht-witzige Formulierung, Stolz und Schwäche so mancher Kollegen, ist bei ihm selten. Was Karl Kraus das »Auf-einer-Glatze-eine-Locke-Drehen« nannte,[23] war nicht seine Sache. In Schlögls Sprache liegt ein gegen das glatte Konsumieren widerständisches Element. Er verzichtet, wie er selbst gesagt hat, auf die »Beigabe stylistischer Delicatessen«.[24] Dort, wo Schlögls Sätze lang werden, vermeint man gelegentlich einen Ton von bürokratischer Sprache zu hören; offenbar ist man nicht ohne Folgen jahrzehntelang Beamter. Dialekt gibt er als Dialekt wieder, auch wenn es rüde klingt. Er vermeidet die Phrase, ein Produkt der seit 1848 expandierenden Publizistik, die in Ferdinand Kürnberger und später in Karl Kraus ihre scharfen Kritiker gefunden hat.[25] Es gibt bei ihm verhältnismäßig zahlreiche Fremdwörter, und zwar nicht nur solche, die sich der Wiener Dialekt einverleibt hat und die geradezu eines seiner Merkmale sind (z. B. Pompfineberer), sondern auch solche, die zu gebrauchen zum »bon ton«[26] der gebildeteren Kreise gehörte. Damit wird auch Schlögls wichtigste Leserschicht faßbar.

IV

Schlögls geistiger Bezugsrahmen war der Liberalismus, jene ideologische Strömung des 19. Jahrhunderts, die mit dem österreichischen Obrigkeitsstaat einen langen Kampf um die demokratischen Grundrechte führte, der in der Revolution von 1848 scheiterte, erst 1867 seine wichtigsten Ziele erreichte, dann aber nur ungefähr zwei Jahrzehnte die Machtverhältnisse bestimmte. Noch im Jahre 1883 hat sich Schlögl seiner Revolutionsbegeisterung in glühenden Worten erinnert:

> (...) und als das tolle Jahr 1848 anbrach und ich von Gott begnadet wurde, die glorreichen Märztage und Wiens Erhebung und Metternichs und Sedlnitzkys Sturz zu erleben, da lachte ich nicht nur, ich jubelte laut auf und vergaß, hingerissen von der Größe des Augenblicks, von der Erhabenheit der Geschehnisse, im Taumel der freudigsten Begeisterung all der Misere, die mich im Leben bisher verfolgte (...).[27]

Aus dem hingerissenen wurde ein enttäuschter Achtundvierziger. Er mußte, wie viele andere bürgerliche Schriftsteller auch, zusehen, wie die Revolution aus dem Ruder lief und an reaktionärer Staatsgewalt scheiterte. Er sah aber auch, wie sich nach 1867, als der Verfassungsstaat Gestalt annahm und die Liberalen den Rückschlag von 1849 überwanden, eine Kluft zwischen den Idealen von 1848 und der politischen Praxis der liberalen Ära auftat. Und so ist die Skizze »Alte ›Achtundvierziger‹« nicht nur eine Mahnung, die Verlierer gegen Windischgraetz und Jellachich nicht zu vergessen und sie nicht als bemitleidenswerten Veteranenverein zu betrachten, sondern auch eine Kritik am Geist der Gründerzeit, den er als »Glücksjägerei« in alle Schichten der Gesellschaft dringen und den Geist von 1848 verdrängen sah.

Der Druck des Systems Metternich hatte Schlögl, wie

Anton Bettelheim schrieb,[28] zu »unausrottbarem Mißtrauen erzogen«. Das merkt man auch dem Gegenstück, der Skizze »Alte ›Neunundvierziger‹«, an. Schlögl gibt darin, Parteilichkeit nicht verleugnend, aber nicht triumphierend-besserwisserisch, eine Beschreibung der in und nach jeder Revolution auftretenden politischen Wendehälse. Der Dramatiker Eduard von Bauernfeld, der bissige Aristophanes Wiens, hatte diese Opportunisten im Frühjahr 1849 getauft: »Die Gutgesinnten«.[29] Die »Naderer« vor der Revolution, die Spitzel des Polizeipräsidenten Sedlnitzky, kamen wieder aus den Nischen und sicherten das Ancien régime. Ihre Zahl wurde um so manche ihre Gesinnung wechselnden Liberalen, besonders auch aus Kreisen des Geldmarkts, vermehrt.

Schlögl sah scharf und hat mehrfach betont, daß es Ursachen und Faktoren in der Geschichte Wiens gab, die die Eigenheiten seiner Bewohner, gerade auch die kritikwürdigen, bewirkt haben. Wenn er moralischen Tadel austeilt, dann bedeutet das nicht von vornherein, daß er die Wiener für eben so und nicht anders beschaffen und damit für unveränderlich tadelnswert hält. Er betreibt historische Ursachenforschung, die man beim Lesen seiner Skizzen immer mitbedenken sollte. Dafür ein Beispiel, in dem er diese Ursachenforschung explizit gemacht und auf die Zeit vom frühen Vormärz bis zur Börsenkatastrophe vom Mai 1873 bezogen hat:

> Wen wundert die Chamäleonsnatur des heutigen Wieners? Wenn man so fünfzig Jahre selbst mitgemacht und der Eindrücke der verschiedenen Epochen gedenkt, als da sind: die alte patriarchalische Polizeistaats-, die Fiebertaumel-, die Standrechts und Belagerungs-, (…) die Schmerlings-, die volkswirtschaftliche Aufschwungs- und schließlich die Krachära, so greift man sich nicht selten an seinen eigenen Kopf, um zu fühlen, ob er noch fest am Halse sitze oder bereits zu wackeln beginne. Bei allen Lobhudlern und Pessimisten! es kam Viel und Mancherlei über das arme Wien (…)[30]

V

Schlögl, der Liberale, war auch eine Stimme im sogenannten Kirchenkampf, in dem die regierenden Liberalen die Macht des Klerus schwächen wollten. Sie vertraten Bürgerbewußtsein aus dem Geist der Aufklärung gegen den Anspruch der katholischen Kirche, sich Schule, Lehrpläne und Schulaufsicht zu unterstellen, also die Köpfe, und durch die Ehegerichtsbarkeit auch das Intimleben der Staatsbürger zu beherrschen. Ein Gegenstand seiner Wachsamkeit waren daher die Kirchenkanzeln, die er während des Kirchenkampfes zwischen 1868 und 1872 zum »Tummelplatz der Polemik« werden sah, wie er in »Fastenpredigten und ihr Publikum« schrieb. Er vergißt dabei nicht, einen Blick in die Tiefe der Jahre zu tun und sich zu erinnern, daß er in den fünfziger Jahren für seine jetzigen Polemiken gegen die Knierutscher in den Kirchen wegen »Verspottung der Religion« ins Gefängnis gekommen wäre.

Friedrich Schlögl wurde in der Gründerzeit zum Kritiker des Liberalismus, zum Altliberalen, der mit mißtrauischen Augen verfolgte, wie bei den Gründern der Geist der Aufklärung sich in instrumentalisierte Vernunft verwandelte und ein umfassender Begriff von Fortschritt sich auf technisch-wirtschaftliche Innovation und Expansion reduzierte. Er hing am alten Wien, das zur Zeit seiner eifrigsten Schreibjahre, in den sechziger, siebziger und achtziger Jahren, zur Metropole verändert wurde. Das Schwinden des Alten war einer seiner Schreibantriebe, auch reizte es seine vielfältige Sammelleidenschaft. Das Sammeln ist bei Schlögl eine symbolische Rettung des Vertrauten; gleichzeitig ist sie der ebenfalls symbolische Versuch, die zunehmende Schnellebigkeit des metropolitanen Lebens zu verlangsamen. Hand in Hand mit der

Rettung des Gedächtnisses an das vom Verschwinden bedrohte Althergebrachte geht Schlögls Kritik an dem vom populären »Wiener Spaziergänger«, dem Feuilletonisten Daniel Spitzer, so benannten »Verschönerungs-Vandalismus«.[31] Schlögl sieht sich um und registriert, z. B. in der Skizze »Sonderbare Käuze«, was und wieviel »die Krampen und Schaufeln der Neuzeit« vom Alten übriggelassen haben. Die Demolierung des alten Wien ab 1857 ist für Schlögl Anlaß darzulegen, daß die von allerhöchster Stelle gewünschte und von riesigen Baufirmen durchgeführte Stadterweiterung Gemütswerte der Wiener auslöscht. Darin trifft er sich mit Ferdinand Kürnberger, der 1875 darüber einen seiner besten feuilletonistischen Essays geschrieben hat.[32] Einen der »sonderbaren Käuze« läßt Schlögl, in das Wort »schwindlig« eine zweite, auf Korruption bezogene Wortbedeutung verpackend, sagen: »In dem schwindeligen Wirbel moderner Glücksjagd komme ich mir oft selbst wie ein Gespenst, wie ein Wesen aus einer anderen Welt vor.« Der Moralist verweigert sich dem neuen Zeitgeist.

Schlögls Entwicklung hin zu einem Wertkonservativen läßt sich auf einer psychologisch-soziologischen Ebene beschreiben. Es ist die Ebene, auf der der Wissenssoziologe Karl Mannheim in einer heute noch überzeugenden Definition zwischen Traditionalismus und Konservatismus unterschieden hat. Traditionalismus bedeute »ein vegetatives Festhalten am Althergebrachten«, das Mannheim als eine »allgemein menschliche Eigenschaft von Konservatismus als einem spezifisch historischen und modernen Phänomen« trennt.[33] Traditionalismus, so Mannheim, ist »die ursprüngliche Verhaltensweise gegenüber (…) jedem gewollten Neuerungsstreben«. Traditionalistisches Handeln sei, im Unterschied zu konservativem Verhalten, fast rein reaktives Handeln. Erst wenn sich Traditionalismus auf eine betont reflexive Ebene begibt und sich zudem ein Handlungsprogramm verschreibt, werde ein (politisch zu bewertender) Konservatismus daraus.

Die Skizze »Sonderbare Käuze« schrieb Schlögl im Jahre 1872, sie ist ein Dokument eines verwundeten Traditionalismus. Es geht darin um den Abriß des »Paradeisgartls« (Paradiesgärtchens). Das war ein bei den Wienern überaus beliebter Erholungsort mit Kaffeehaus auf den Basteien, in der Nähe des heutigen Burgtheaters. (Die ganze Anlage erstreckte sich bis zum Michaelerplatz, wo heute in der Ausgrabung eine ihrer Eckmauern zu sehen ist.) Das Paradeisgartl fiel 1872, nach langem Widerstand von zum Teil prominenten Wienern, endgültig der Spitzhacke zum Opfer. Schlögl, in dessen Arbeitszimmer später, als ein Geschenk des Malers Rudolf von Alt, ein Aquarell des Paradeisgartls hing, das ihm auf solche Weise zu einem Teil seines Mobiliars wurde, stellt unter anderem fest, das Paradeisgartl sei für viele Wiener »Mobiliar ihres Herzens« gewesen. Damit beschreibt er sehr bildkräftig eben jenes »vegetative Festhalten«(-Wollen) des Vertrauten, von dem Mannheim spricht, und die eine topographische Verbundenheit sprachlich beseelende Metapher erscheint einem sofort als die einzig mögliche und richtige. (Die Frauenvorkämpferin und Essayistin Rosa Mayreder und ihr Mann nannten übrigens ihr eheliches Heim gern »Paradeisgartl«.[34]) Sentimentalität läßt Schlögl in seinem Text nicht wuchern, den Abriß nennt er lapidar ein »Crimen«. Schlögl ist hier der Gemüt zeigende und Gemütswerte verteidigende Großstädter, der es noch nicht sein will. Drei Jahrzehnte später wird der Kultursoziologe Georg Simmel den psychischen Habitus des modernen Großstädters beschreiben. In dem Essay »Die Großstädte und das Geistesleben« legt er dar, wie der großstädtische Mensch, gerade auch der, der den gigantischen Bevölkerungszustrom miterlebt, die »Steigerung des Nervenlebens«, die in der Steigerung des Lebenstempos und der Menschenzirkulation angelegt ist, abfängt, indem er sich durch seinen Verstand »Blasiertheit« anbefiehlt, einen psychischen Mechanismus zum Schutze des Gemütes und der Sensibilität.[35]

Schlögl hatte als Publizist den soziologischen Blick. Was er sah, verflocht er mit einer geschichteten Darstellung der Alltagskultur und verschwieg dabei seine Parteilichkeit sozialen Fühlens nicht. Beispiele dafür sind in dieser Ausgabe »Der Fasching der Armen«, »Vom Stoß«, »In der Firmwoche« und »Aschermittwoch«. Im zuletzt genannten Text bietet Schlögl, noch in der Kritik die unterschiedliche Genußfähigkeit unterschiedlicher Sozialschichten herausarbeitend, eine Brummschädelkur in demokratiepolitischem Sinne, und zwar entlang der Frage: Wer aus welcher Wählerklasse (des damaligen nach Steuerleistung gestuften Kurienwahlrechts) bekämpft mit welchen Mitteln welchen Schweregrad von Aschermittwochskater? Er tut das auch, indem er den moralischen Katzenjammer des Faschingausklangs nach Sprachschichten differenziert, ähnlich wie bei Nestroy das höhere Paar anders spricht als das niedere. »In der Firmwoche« ist eine Skizze, in der Schlögl der sozialen Schichtung eine topographische Differenzierung beigesellt: »Göden« und »Godeln« traktieren ihre Firmlinge im Prater, »Paten« und »Patinnen« in der romantischen Brühl bei Mödling.

Was Schlögl in »Der Hausmeister« zu dieser Institution zu sagen hat, ist nicht wenig. Er leitet es in gut rhetorischer Manier von einer These ab: »Der Hausmeister ist nie witzig!« Offenbar geleitet von der Sehnsucht nach Zeiten, als das Wünschen noch geholfen hat, behauptet er, daß das »alte Geschlecht der Hausmeister (...) in kürzester Zeit auszusterben« drohe. Er konnte nicht wissen, daß dessen große Zeit noch bevorstand, auch in der Literatur, und auf jeden Fall hätten ihm Elias Canetti und Heimito von Doderer schneidend widersprochen.

In »Der Fasching der Armen« schwingt Schlögls Respekt vor Menschen mit, die mit wenig Geld und Aufwand zu genießen verstehen. In »Allerweil fidel!« hingegen erkennen wir einen politischen Kopf, der sich über jene Mischung aus Leichtsinn und Unterhaltungsgier sorgt und erregt, die zu den tradierten Bildern vom Wiener gehört. Das rührt daher, daß er in dieser Mischung eine vulgäre Form von Hedonismus sieht, eine phäakische Mixtur, an der ihn das Allerweil mehr stört als das Fidel-Sein. Es geht ihm nicht darum, den gelegentlichen »Dulliöh«, wenn er Ausdruck der Lebensfreude ist, madig zu machen, sondern um die Befürchtung, daß das Allerweil zu einer Haltung wird, in der Sparsinn und Lebensplanung, Gemeinsinn und gesellschaftlich-politische Verantwortung untergehen. Das läßt sich mit einem Satz illustrieren, den Schlögl seinen Herrn von Grammerstädter in seine Stammtischrunde hineinsprechen läßt: »A Bürger, der seine Steuern und Abgaben zahlt und mit die Behörden nie in ein' Konflikt kommen is, kennt nur a Regierung, und dos is die Regierung, was d' Regierung is.« Schlögls Kritik an der Vergnügungssucht meldet sich dort, wo er sieht, daß sie bürgerliches Selbstbewußtsein aufweicht. Er wußte sich in seiner Dulliöh-Kritik einig mit Anzengruber, der in seinem Volksstück »Das vierte Gebot« (1878) an der Familie Schalanter die destruktive Dynamik des Dulliöh in ein negatives Szenario übergeführt hat: Eltern schädigen ihre Kinder fürs Leben.

Als »Die Unheilbaren« erschienen Schlögl jene Tausende von Wienern, die am 4. Juli 1866, am Tage der Nachricht von der Niederlage der österreichischen Armee gegen die Preußen bei Königgrätz, nicht etwa nur den Sommerabend trotzdem zu genießen entschlossen waren, sondern sich zu besonders intensivem Völlern und Trinken angeregt fühlten. Dem Liberalen erschien die sich darin äußernde Politikverdrossenheit als »Geistesversumpfung«, hinter der er »frivole Spekulanten« als Drahtzieher vermutete, die die »Verflachung der Wiener« planmäßig betrieben. Wenn er die Wiener und Österreicher am hedonistisch gepolsterten Einnicken erblickte, bezeichnete er sie als »Muster-Untertanen«, die eine den mächtigen antiliberalen Kreisen willkommene Gemütlichkeit pflegen: »An erlaubten G'spaß – ka Silb'n Politik – und an Dischcurs voll Hamur!«[36]

Wenn Schlögl vorführt, wie man in Wien für das leibliche Wohl sorgt, dann geht es, besonders beim Essen, immer auch um Quantitäten und Portionen, die heute noch den Westösterreicher in Erstaunen versetzen können. Hinter den Schilderungen stehen Schlögls Sorge, die Leute könnten sich durch kalorische Exzesse selbst politisch ruhigstellen, und der Argwohn, daß sie solch pantagruelischen Appetit pflegen, um sich von staatsbürgerlicher Verantwortung in der Politik freizufressen. In »Wiener Feiertage« führt Schlögl an der Eßkapazität des Mittelstandes eine kulinarische Mengenlehre vor. Verglichen mit den geschilderten Speisequanten und ihren Vertilgern erscheint Josef Weinhebers notorischer »Phäake« beinahe als ein Hungerkünstler. (Freilich muß man dabei bedenken, daß Weinheber seinen Mengenvertilger nicht in seiner Feiertags- und Hochform, sondern in seiner täglichen Normalform vorführt.)

Dem Alltagsgeschichtsschreiber unserer Gegenwart, der sich mit der Geschichte des Essens befaßt, dürfte »Die Saison der Wurst« Interessantes zu bieten haben. Bei Schlögl ist die Wurst die Signatur dafür, daß mehr und mehr Menschen von der Wurst des Lebens mehr wollen als einen Zipfel. Dieser Versuch, auf dem Weg über den Gaumen ein Stück Gesellschaftsgeschichte zu erfassen, ist nur eines der Beispiele für Sinnlichkeit in der kulturhistorischen Schreibarbeit Schlögls.

So als ob er sich auf keinen Fall als Asketen und Moralisten markieren wollte (der er nicht war), hat Schlögl in puncto Wein nicht so nachdrücklich und letztlich mißbilligend über Mengen geschrieben wie in puncto Essen. Er wußte einen sehr guten Tropfen von einem guten und einen guten von einem durchschnittlichen zu unterscheiden. Er gehörte phasenweise, wenn er nicht gerade einen unbestimmten und auch im nachhinein nicht erläuterten Groll hegte, zu Ludwig Anzengrubers Gasthaus-Tischrunden, die den literarisch interessierten Zeitgenossen als »Anzengruben« bekannt waren. Und so wie bei diesen Zusammenkünften nie nur über Literatur allein – oder Wein oder Bier allein – gesprochen wurde, sondern immer auch Politik mitspielte, so auch in der Skizze »Ein Tröpferl noch!« Sie mündet in einen weinseligen Traum, den Schlögl, in einem von ihm favorisierten kühlen Klostergarten sitzend, träumt:

> Auf bäumendem Rosse durchfliege ich Ungarns Steppen, ich halte vor den Mauern Tokays und fordere die Stadt zur Übergabe auf. Statt des Bürgermeisters erscheint der Kellermeister, in Gestalt meines ehrwürdigen Paters, und bringt auf rotsamtnen, von Weinlaub umkränzten Kissen einen Bund Schlüssel, die sämtliche Keller der Abteien und Stifte des gemeinsamen Vaterlandes öffnen würden.

Bekanntlich gestalteten sich nach 1867 die periodisch anstehenden Ausgleichsverhandlungen mit Ungarn nicht immer kollisionsfrei. Schlögls geträumte Ausgleichslösung im Zeichen des berühmten Tokayer ist denn auch am Anfang konflikträchtig, aber letztlich friedlich. Nicht ganz so friedlich behandelt er den Klerus und die Klöster. Das Motto zu »Ein Tröpferl noch!«, das einen Ausspruch des liberalen Ministers Karl von Stremayr aus Anlaß der konfessionellen Gesetzesvorlagen des Jahres 1874 zitiert, deutet es schon an: »Denn sie haben auch Weinsammlungen.« Und so ist Schlögl in diesem Feuilleton der Weinflaneur, der an der Hand eines Paters durch die Weinkeller eines Klosters schlendert und die gesamte Flaschensammlung verkostet. Die besondere und subtile Note dieses Feuilletons entsteht dadurch, daß der kirchenkritische Weinliebhaber, durch sirenengleiche Locktöne wieder und wieder zum Verkosten verführt, in eine Ambivalenz zwischen Zungensinnlichkeit einerseits und Vernebelung des Hirns andererseits gerät. Der letzte Satz – »Ach, mein armer Kopf!« – deutet an, wie sogar ein Liberaler der Kirche sozusagen auf den gerebelten Leim gehen könnte.

Nicht Wohlleben, kulinarische Befriedigung und Feiertagsleben beschreibt Schlögl in »'s is a Leben bei der Nacht!«, sondern ein latentes Anarchiepotential. Die österreichische Seele hat ihre schwarzen Stellen, und wenn Schlögl sie bei den Randseitern aufsucht, so bedeutet das nicht, daß sie nur dort allein zu finden wären. »Die Wut der Österreicher ist bekanntlich tief«, schrieb unlängst ein österreichischer Journalist; »jahrhundertelanges Ducken hat eine spezielle Staatsfeindlichkeit hervorgebracht, unter der Gemütlichkeit lauert stets die Lust auf eine Hetz«.[37] Die »Hetz« – der Herkunft dieses Ausdrucks für Gaudium ist Schlögl einlässig nachgegangen (s. »Die Jungens des alten Wien«) – kann auch in Haß auf Ordnung umkippen, wie »'s is a Leben bei der Nacht!« beweist. Es ist ein Nachtstück, in dem Schreibweisen der Reportage, des Feuilletons und des Essays ein besonders eindringliches Gefüge eingegangen sind. Es ist eindrucksvoll, wie Schlögl auf die Frage, warum Leute in Spelunken eine ganze Nacht versitzen, keine billigen Antworten sucht, vielmehr zeigt, daß es der Gattung Essay zukommt, den Gegenstand der Neugier mit Fragen und Thesen einzukreisen. »Was fesselt diese Menschen bei knappesten Mitteln an die kostspielige Spelunke? Welche Macht hält sie zurück, welcher Zauber, welcher Reiz liegt in dem Gedanken, in dem *Willen*, eine Nacht zu durchwachen, zu durchschlemmen?« Der – meist nur mehr gelallte und nicht mehr »hamur«-fähige – »Dischcurs«? Das böse Eheweib zu Hause? Der unstillbare Durst? Schlögl arbeitet sich mit diesen Fragen, die ihm zu kurz greifen, heran an eine wahrscheinliche Antwort: Sie liege »in dem Reize, welchen die Regellosigkeit als solche besitzt«. Wenn er für diese Antwort Belege sucht, blickt er auf die Nachtseite der bürgerlichen Normalität. Beim Studium der Spelunkenphysiognomien entdeckt er Widersprüche zwischen äußerlichem und innerlichem Wohlbefinden, die er als Signatur eines Widerstandes gegen die zivilisatorischen Zwänge der Gesellschaft deutet. Und so ist es nicht nur ein schwarzes Stück der österreichischen, sondern der zivilisatorischen Seele, das Schlögl hier beobachtet hat.

Friedrich Schlögl hat sich immer auch für ein Phänomen interessiert, von dem man zwar sagt, es sei eine Wiener Besonderheit, das aber so auf Wien zu begrenzen sowohl die Stereotypen- und Vorurteilsforschung verbietet, als auch die nationale Merkmale analysierende: die Schaulust der Massen. Wenn man allerdings Schlögls Reportage »Vom Stoß« liest, die über die Gaffgier der Zuschauer bei einem Eisstoß samt Überschwemmung der Donauufer berichtet, kann man nicht umhin, an die Gaffgier des »Herrn Karl« von Helmut Qualtinger und Carl Merz, dieser anerkannten Inkarnation eines Wiener Typus, zu denken: »...i siech gern Feuer«, »wann wo a Unfall is..., da renn i hin... glei bin i dort«.[38] Schlögls Interesse ist es, das »Gemma-Eisstoß-Schau« mit Theatermetaphern satirisch zu bedenken: Wenn die Sensation auf sich warten läßt, entsteht dieselbe Ungeduld, wie wenn der »Zwischenakt« zu lang gerät. Auch führt er ironisch vor, was man heute, da jene Schaulust vom sogenannten »reality TV« bedient wird, als die Durchdringung von Nachricht und sensationsversprechender Verpackung, in diesem Fall Sex, kennt. Zuerst schaut er dorthin, wohin die anderen nicht schauen, dann lädt er ein, die Unterkünfte für die Überschwemmungsopfer zu besichtigen; da gebe es spärlich verhüllte Hüften und Schultern zu sehen, »wie bei Theaterdamen in einer glänzend ausgestatteten ›Corruptions-Operette‹«, nur daß eben Hüften und Schultern deshalb spärlich verhüllt sind, weil die wärmende Kleidung fehlt.

Zwei Skizzen sind es, in denen Schlögl, so als traue er seiner eigenen aufklärerischen Überzeugung vom stetigen Fortschritt der Zivilisation nicht oder kaum, Fragen nach dem derzeitigen Stand der Kultur und der menschlichen Verfeinerung stellt. In »Unterm Galgen« beobachtet er die Massen, die zu einer öffentlichen Hinrichtung bei der »Spinnerin am Kreuz« strömen, durchaus als ein Liberaler, der gelernt hat, daß der Dynamik von Massen schlecht zu trauen ist. Mit dem Hinweis, daß in den USA heutzutage die televisionäre Live-Übertragung von Hinrichtungen bereits zahlreiche Lobbyisten findet (die Filmindustrie ist erfolgreich vorgeprescht, Fernsehstationen scharren bereits in den Startlöchern), liest man »Unterm Galgen« doch anders als noch vor 30 Jahren, nämlich als eine Aktualität von ehedem, die es wieder werden könnte, und man versteht, warum Schlögl das Hauptaugenmerk auf die Schaulustigen richtet. Die Hinrichtung selbst schildert Schlögl nicht. Offenbar befürchtete er jene tückische Dialektik, die selbst eine in kritischer Absicht geschilderte

Hinrichtung nicht nur abschreckend, sondern, gegen ihre Intention, auch anziehend wirken lassen könnte. Deshalb beschränkt er sich auf die Schilderung der Massen, die schon in der Nacht sich an der Hinrichtungsstätte einfinden, um auf den eigens errichteten Tribünen einen günstigen Platz zu ergattern. Es ist durchaus ein Querschnitt durch die Gesellschaft, der da zusammenkommt, und für die eleganten Damen, die nicht auf die Tribüne wollen, tut es der Kutschbock auf dem eigenen Fahrzeug auch. In der (in diesem Band nicht vertretenen) Skizze »Von Henkern, Hinrichtungen und dergleichen«[39] blickt er ins 18. Jahrhundert zurück und recherchiert eine Auflistung aus der »Taxordnung«, einer Gebührenordnung für den Henker, der damals auch die Folterdienste verrichtete. Die aufgelisteten und jeweils verschieden taxierten Handreichungen des Henkers ergeben eine Tabelle des Grauens. Und noch etwas ergibt sich: ein Zweifel hinter der Frage, ob er und seine Zeit sich genügend weit entfernt hätten von solchen Manifestationen kollektiver und legitimierter Brutalität. Unter dem Titel »Die Jungens des alten Wien« versammelt Schlögl Schilderungen von öffentlichen Grausamkeiten, auch und besonders an Tieren, die wenige Jahrzehnte zuvor noch als alltäglich gegolten hatten. Zu Tier-Schaukämpfen in einem Wiener Hetz-Theater fanden sich Zuschauer aus allen Schichten in Logen und Galerien zu grausamem Vergnügen ein. (Daher rührt die Bezeichnung »Hetz« für Gaudium. Eine der Formen des Tierhetzens, das »Fuchsprellen«, zählte noch im 18. Jahrhundert zu den besonderen Lustbarkeiten des Adels.[40]) Was heute die Medienwissenschaftler, die über Wirkung von Gewalt in Kino und Fernsehen forschen, polarisiert – stiftet vorgeführte Gewalt Aggression oder leitet vorgeführte Gewalt Aggression ab? –, war für Schlögl keine Frage: Das Wiener Tierhetztheater machte er für einen Verrohungsschub im Umgang mit Tieren und Menschen verantwortlich. Zwar konstatiert er einen Fortschritt im allgemeinen Zivilisationsprozeß der Menschheit, fügt jedoch deutliche Einschränkungen an. Die ärgsten Grausamkeiten, eben auch die öffentlichen Tierhetzen, seien wohl verschwunden, aber es kommen ihm, der als ein Liberaler ein Kritiker des real existierenden Liberalismus war, andere Faust- und Ellbogenkampfbereiche in den Blick, wenn er ihn auf das Laissez-faire-System des Wirtschaftsliberalismus richtet:

> Keine Schonung des Nächsten, kein Mitleid, kein Erbarmen und die Ausbeutung und Benützung der uns untertanen, zugewiesenen oder leibeigenen Kräfte bis zum letzten Tropfen des ausgepreßten Schweißes.

Historische Persönlichkeiten oder lebende Zeitgenossen zu porträtieren gehörte nicht zu den Spezialitäten Schlögls. Er gleicht hierin jenen Historikern, die um die Biographie als einer geschichtsschreibenden Textsorte einen Bogen machen. Allerdings gehören zwei erfundene, doch durchaus lebensechte Figuren zu Schlögls Hinterlassenschaft, lebensecht, weil aus realen Vorbildern synthetisiert. Es sind die Herren Biz und Grammerstädter. Ihre Namen sind heute nicht mehr geläufig, was sie hingegen als Typen verkörpern, ist es durchaus und auf langlebige Weise. Wir kennen ihre Transformationen. Sich Qualtingers Herrn Karl in Weste aus gutem Tuch und mit goldener Uhrkette vorzustellen, dürfte keine Überforderung sein.

Der Herr Biz ist der mit einem gewissen Wohlstand gepolsterte Bürger. Er ist intellekt- und bildungsfeindlich und darin ein Verwandter jenes christlich-sozialen Abgeordneten mit Namen Hermann Bielolahwek, der im Parlament breitbeinig bekannte: »Wann i a Büchl siech, hab i scho gfressn.« Schlögl hat Herrn Biz insofern als Typus verstanden, als er »der Sammelname (ist) für die Gattung, die darum merkwürdig, weil sich sämtliche Exemplare sämtlicher Zeitläufte wie ein Ei dem anderen gleichen. (...) Biz Vater wird sein, wie und der er immer war, das einzig Dauernde im steten Wechsel!« Das Ewige an Biz: fidel sein, und zwar allerweil, viel vertragen beim Essen und beim Trinken am Stammtisch, vorstädtische Eleganz schätzen, von Gleichgesinnten umgeben sein, das Lesen hassen, Wählerversammlungen scheuen, leben und, die Zeche seiner Freunde bezahlend, leben lassen. Er ist die fleischgewordene Lebensmaxime »An erlaubten G'spaß – ka Silb'n Politik – und an Dischcurs voll Hamur«.

Herr von Grammerstädter gleicht Herrn Biz in vielem, steht aber, was seine Lebensfinanzen betrifft, eine Stufe höher, und auch das »von« läßt er sich gerne gefallen. In jeder gemütlichen Runde führt er den Vorsitz, er haßt die Roten, will jedoch beim Essen keine Politik und sonst auch nur selten, denn davon hat er seit 1848 genug. Gleichheit will er nur unter Besitzenden verwirklicht sehen, öffentliches Bürger-Räsonnement kümmert ihn nicht. Besonders in der Zeichnung seiner Frau, die mit einer Freundin diskuriert, allerdings ohne sie je zu Wort kommen zu lassen, ist Schlögl ein Meister des Dialekt-Parlandos im O-Ton, das eine Person szenisch, durch ihre eigene Rede, sich darstellen und bloßstellen läßt, darin durchaus ein Vorläufer von Karl Kraus.

»Ein lobscheuer Poet« ist im Werk Schlögls, der nur wenige Porträts historischer Personen verfaßt hat, eine Besonderheit und dürfte selbst Grillparzer-Spezialisten unbekannt sein. Die Beglaubigung für den Umstand, daß Schlögl den berühmten und notorisch grantigen Franz Grillparzer tatsächlich in einem entlegenen Wirtshaus angetroffen hat, hat Grillparzer selbst geliefert, wenn auch zeitverschoben. Im Tagebuch von 1828 hat er die enervierenden Umstände umrissen, in die er nach der Uraufführung seines Dramas »König Ottokars Glück und Ende« am 19. Februar 1825, trotz Publikumserfolgs, durch die Kritik geraten war[41]:

> Obwohl nämlich das Stück bei der Aufführung sehr zu gefallen schien, so wendete sich doch die Meinung der sogenannten Gebildeten mit solcher Wut gegen das Stück, daß ich kaum über die Gasse gehen konnte, ohne mich aufs bitterste verletzt zu finden. (...) Es war damals ein Zeitraum, wo ich die unbesuchtesten Speisehäuser zu der ungewöhnlichsten Essenszeit besuchte, um nur vor dem ewigen Gerede sicher zu sein.

Es entbehrt also nicht der Plausibilität, wenn Schlögl Grillparzers innere Verfassung so ähnlich deutet, und es dürfte nützlich sein, sich Grillparzer auch in späteren Jahren so vorzustellen. Als Erinnerungsbild ist es sicherlich eine literarisch-publizistische Kostbarkeit.

VI

Zehn Jahre nach Schlögls Tod schrieb Karl Kraus über ihn, er sei »der bürgerlich radicierte Oberraunzer der Stadt Wien« gewesen.[42] Das Bonmot charakterisiert einen Teil seines Werks, aber nicht das ganze. Raunzen ist letztlich nur eine Facette des Einverstandenseins. Schlögl hingegen sah sich schon zu seinen Lebzeiten dem Vorwurf ausgesetzt, er »stigmatisiere seine engeren Landsleute«.[43] Das war das Risiko, das ihm aus seinem aufdeckenden Blick erwuchs. Was er auch beobachtete, er sah es in seinen Zusammenhängen mit der sozial geschichteten Kultur Wiens. Dabei nicht unparteiisch zu bleiben, gehörte zu seinem Anspruch als Schriftsteller. So wie sein Freund Ludwig Anzengruber mit seinen Stücken »in kleiner

Münze«, wie er einmal sagte, Volksaufklärung schreiben wollte, so schrieb Schlögl in kleiner Münze Sozial- und Mentalitätsgeschichte, in literarisch-publizistischer Form, aus aufklärerischem Geist. Er beobachtete die Wiener durch viele Jahre, historische Ereignisse und zahlreiche Umbrüche hindurch und wußte daher sehr wohl, daß gesellschaftliche Umstände, aber auch psychische Dispositionen, historischer Ursachenforschung bedürfen. Aber er sah keinen Grund, deshalb moralische Unbedenklichkeitszeugnisse auszustellen. Und so ist seine mosaikartig zusammensetzbare Beschreibung Wiens und der Wiener nicht nur Mentalitätsgeschichte, sondern auch Mentalitätskritik. Beiden Leistungen wünscht man möglichst viele Leser.

ANMERKUNGEN

[1] Friedrich Schlögl: Wiener Luft. Kleine Culturbilder aus dem Volksleben der alten Kaiserstadt an der Donau (1875). Wien, Pest, Leipzig: Hartleben o. J. (1893), 1 (= Friedrich Schlögls Gesammelte Schriften 2).
[2] Ferdinand Kürnberger: Friedrich Schlögls »Wiener Blut«. In: Die Gegenwart, 5. 4. 1873; in: F. K.: Literarische Herzenssachen, Reflexionen und Kritiken. Neue, wesentlich vermehrte Ausgabe München und Leipzig: G. Müller 1911, 251–259, hier 255.
[3] Ludwig Anzengruber: Briefe. Mit neuen Beiträgen zu seiner Biographie hgg. von Anton Bettelheim. Bd 2. Stuttgart und Berlin: Cotta 1902, 273 und 274.
[4] Friedrich Schlögl: Aus meinem Felleisen. Kreuz- und Querzüge eines Wiener Zeitungsschreibers. Touristische Studien nach Wiener Anschauung und Empfindung. Wien und Leipzig: Weichelt 1893, 9.
[5] Friedrich Schlögl: Aus Alt- und Neu-Wien. Nebst einem Stück Autobiographie. Vortrag, gehalten Samstag, 28. Jänner 1882 im Bösendorfer-Saale zu Wien. Hgg. vom Wiener Studenten-Club. Wien: Teufen 1882, 22.
[6] Fritz Lemmermayer: Einleitung zu F. S.: Wiener Blut. Kleine Culturbilder aus der alten Kaiserstadt an der Donau (1873). Wien, Pest, Leipzig: Hartleben o. J. (1893), 3 (= Friedrich Schlögls Gesammelte Werke 2).

[7] Constantin von Wurzbach: Biographisches Lexikon des Kaiserthums Österreich. Dreißigster Theil. Wien: k. k. Hof- und Staatsdruckerei 1875, 128.
[8] Lemmermayer, Anm. 6, 2.
[9] Karlheinz Rossbacher: Literatur und Liberalismus. Zur Kultur der Ringstraßenzeit in Wien. Wien: Jugend und Volk, Dachs Verlag 1992 (jetzt Pichler), 88–93.
[10] Ludwig Hevesi: Wiener Totentanz. Gelegentliches über verstorbene Künstler und ihresgleichen. Stuttgart: Bonz 1899, 370.
[11] Brief an J. Gundling, 11. 12. 1877, zit. bei Anton Öllerer: Friedrich Schlögl. Phil. Diss. Wien 1928, 118.
[12] Peter Rosegger: Gute Kameraden. Persönliche Erinnerungen an berühmte und eigenartige Zeitgenossen (1893). Leipzig: Staackmann 1916, 219.
[13] Ebenda, 217.
[14] Julius Newald: Friedrich Schlögl. Erinnerungen an einen alten Wiener. Zur dritten Wiederkehr seines Todestages. Wien 1895, 29.
[15] Ebenda, 24.
[16] Walter Benjamin: Das Passagenwerk. Hgg. von Rolf Tiedemann. Band 1. Frankfurt/M. 1982, 524–570 (= e. s. 1200).
[17] Ebenda, 546.
[18] Ebenda, 524.
[19] Ebenda, 559.
[20] Ludwig Speidel: Fanny Elßlers Fuß. Wiener Feuilletons. Hg. von Joachim Schreck. Wien, Köln: Böhlau 1989, Nachwort des Hg.s, 503 (= Österreichische Bibliothek 11).
[21] Friedrich Schlögl: Wienerisches. Kleine Culturbilder aus dem Volksleben der alten Kaiserstadt an der Donau (1883). Wien, Pest, Leipzig: Hartleben o. J. (1893), 2 (= Friedrich Schlögls Gesammelte Schriften 3).
[22] Friedrich Schlögl: Wiener Blut. Kleine Culturbilder aus der alten Kaiserstadt an der Donau (1873). Wien, Pest, Leipzig: Hartleben o. J. (1893), 18 f. (= Friedrich Schlögls Gesammelte Werke 2).
[23] Karl Kraus: Aphorismen. Sprüche und Widersprüche. Pro domo et mundo. Nachts. Frankfurt/M. 1986, 118 (= suhrk. tb. 1318).
[24] Schlögl, Wiener Blut, Anm. 22, 18.
[25] Rossbacher 1992, Anm. 9, 232 f.
[26] Schlögl, Wiener Blut, Anm. 22, 46.
[27] Schlögl, Wienerisches, Anm. 21, 288.
[28] Anzengruber, Anm. 3, Einleitung Bettelheim, LVI.
[29] Eduard von Bauernfeld: Die Gutgesinnten. In: Ost-Deutsche Post. Wien, 24. 2. 1849 (Feuilleton).
[30] Schlögl, Wiener Luft, Anm. 1, 9.
[31] Zit. bei Jörg Mauthe (Hg.): Wiener Meisterfeuilletons von Kürnberger bis Hofmannsthal. Wien: Wiener Verlag 1946, 79.
[32] Ferdinand Kürnberger: Ich suche im Nebel meinen Weg (14. 3.

1875). In: F. K.: Fünfzig Feuilletons. Wien: Daberkow 1904, 396–403. Dazu Rossbacher 1992, Anm. 9, 230–234.

[33] Karl Mannheim: Konservatismus. Ein Beitrag zur Soziologie des Wissens. Hgg. von David Kettler, Volker Meja und Nico Stehr. Frankfurt/M. 1984, 92 f. (= suhrk. tb. 478).

[34] Rosa Mayreder: Mein Pantheon. Nach Rosa Mayreders handschriftlichem Konzept. Vorwort von Susanne Kerkovius. Dornach: Gelring 1988, 147.

[35] Georg Simmel: Die Großstädte und das Geistesleben (1903). In: G. S.: Das Individuum und die Freiheit. Essais. Berlin: Wagenbach 1984, 192 ff.

[36] Schlögl, Wiener Luft, Anm. 1, 72.

[37] Armin Thurnher: Servus, Österreich! Das setzt dem Volk die Krone auf. In: Die Zeit, Nr. 6, 3. 2. 1995, 79.

[38] Helmut Qualtinger und Carl Merz: Der Herr Karl und weiteres Heiteres. rororo Taschenbuch-Ausgabe 1964, 9.

[39] Schlögl, Wiener Luft, Anm. 1, 278–288.

[40] Hartmann Böhme und Gernot Böhme: Das Andere der Vernunft. Zur Entwicklung der Rationalitätsstrukturen am Beispiel Kants. Frankfurt/M. 1993, 43 f. (= suhrk. tb. wiss. 542). Zum Hetztheater vgl. z. B. auch Gerhard Roth: Eine Reise in das Innere von Wien. Essays. Frankfurt/M.: S. Fischer 1991, 7–13.

[41] Franz Grillparzer: Sämtliche Werke, Bd. 4. Ausgewählte Briefe, Gespräche, Berichte. Hgg. von Peter Frank und Karl Pörnbacher. München: Hanser; Darmstadt: WBG 1965, Nr. 1631, 444.

[42] Karl Kraus: Die Fackel, Nr. 124, Mitte Dezember 1902, 1.

[43] Schlögl, Aus Alt- und Neu-Wien, Anm. 5, 7.

EDITORISCHE NOTIZ

Der Abdruck erfolgt nach folgender Ausgabe:
Friedrich Schlögls Gesammelte Schriften: Wien, Pest, Leipzig: A. Hartlebens Verlag 1893.
Erster Band: Wiener Blut. Kleine Culturbilder aus dem Volksleben der alten Kaiserstadt an der Donau. (Erste Buchausgabe 1873.) Einleitung von Fritz Lemmermayer.
Zweiter Band: Wiener Luft. Kleine Culturbilder aus dem Volksleben der alten Kaiserstadt an der Donau. (Erste Buchausgabe 1875.)
Dritter Band: Wienerisches. Kleine Culturbilder aus dem Volksleben der alten Kaiserstadt an der Donau. (Erste Buchausgabe 1883.)

Friedrich Schlögl unterstrich seine Schreibweise durch eine Unzahl von Hervorhebungen: Anführungszeichen, Sperrdruck, Sperrdruck mit Anführungszeichen, Hervorhebungen durch unterschiedliche Drucktypen, Erwartungsstau durch Gedankenstriche. Ob diese Hervorhebungen jemals lesesteuernd und verständnislenkend gewirkt haben, möchte man heute eher bezweifeln. Heute wirken sie, zusammen mit der Unzahl von Apostrophen, besonders bei der Wiedergabe von Dialekt, lese-kontraproduktiv. Schreibweise und Interpunktion wurden deshalb weitgehend normalisiert. Offensichtliche Druckfehler wurden stillschweigend beseitigt.

Schlögl verwendet für die Beschreibung seiner Figuren, im fortlaufenden Text, auch deren eigene mündliche Rede, in Dialekt oder in die Standardsprache umgesetzt. In diesen Fällen bleibt die Hervorhebung durch Anführungszeichen erhalten.

Die Anrede an die Leser mit Du, Ihr, ein interessanter Beleg für den Wunsch des Feuilletonisten, sich mit seinem Publikum in eine Art briefliches Verhältnis zu setzen, wurde normalisiert: du, ihr; aber: Sie.

Gekürzt wurden »Fastenpredigten und ihr Publikum«, »Acht Wochen mit einem echten Spießer«, »Die Familie Biz«, »Die Familie Grammerstädter«. Die Auslassungen sind mit (...) gekennzeichnet.

Zur Auswahl: Bloß zeitgenössisch Aktuelles, das zudem viel Kommentierung erfordert hätte, blieb unberücksichtigt. Trotzdem erwies sich ein Anmerkungsteil für typische, z. T. schon historisch gewordene Wiener Ausdrücke sowie für zeitgenössische Eigen- bzw. Lokalnamen dort als nötig, wo der Textzusammenhang sie nicht erklärt.

INHALT

»Allerweil fidel« 7
Vom »G'spaß« und »Hamur« 16
»'s is a Leben bei der Nacht!« 22
Die Unheilbaren 32
Alte »Achtundvierziger« 38
Alte »Neunundvierziger« 45
Fastenpredigten und ihr Publikum 54
»Ein Tröpferl noch!« 69
Der Fasching der Armen 74
Aschermittwoch 80
In der Firmwoche 85
Wiener Feiertage 93
Die Saison der Wurst 100
Fresser und Säufer 110
Die Unappetitlichen 120
Vom Stoß 128
Unterm Galgen 134
Die Jungens des alten Wien 137
Der Hausmeister 148
Die Familie Biz 155
Die Familie Grammerstädter 168
Acht Wochen mit einem echten Spießer 184
Sonderbare Käuze 191
Ein lobscheuer Poet 197

Glossar und Eigennamenverzeichnis 211
Nachwort 228
Editorische Notiz 253